企业IT战略规划方法与实务

Methodology and Practice of
Enterprise IT Strategy Planning

李娟 徐伟 / 编著

中国科学技术大学出版社

内容简介

本书围绕企业IT战略规划的方法与实务,从企业战略的理解与分析、企业业务架构分析与规划、企业应用架构分析与规划、企业IT基础设施分析与规划、企业信息安全规划、企业IT治理规划、企业IT战略规划的实施计划与预算共七个方面阐述了相关理论、方法、经验与实例。本书可作为软件工程及相关专业学生的教材,也可作为企业信息化与数字化实践者的参考读本。

图书在版编目(CIP)数据

企业IT战略规划方法与实务/李娟,徐伟编著. —合肥:中国科学技术大学出版社,2022.9
(2023.10重印)

ISBN 978-7-312-05500-3

Ⅰ. 企⋯ Ⅱ. ①李⋯ ②徐⋯ Ⅲ. 企业管理系统 Ⅳ. F272.7

中国版本图书馆 CIP 数据核字(2022)第 123663 号

企业 IT 战略规划方法与实务
QIYE IT ZHANLÜE GUIHUA FANGFA YU SHIWU

出版	中国科学技术大学出版社
	安徽省合肥市金寨路 96 号,230026
	http://press.ustc.edu.cn
	https://zgkxjsdxcbs.tmall.com
印刷	合肥皖科印务有限公司
发行	中国科学技术大学出版社
开本	787 mm×1092 mm 1/16
印张	10.5
字数	256 千
版次	2022 年 9 月第 1 版
印次	2023 年 10 月第 2 次印刷
定价	40.00 元

前　　言

近年来，随着互联网、大数据、云计算、5G、区块链等信息技术的快速发展，我国产业界正在经历数字化转型升级的浪潮。从产业界的实践来看，站在一个企业的视角，信息技术的应用是非常需要顶层设计的。如何建立业务、管理和技术相结合的思考分析框架，制订和执行符合企业发展要求的 IT 战略规划，将是企业信息化与数字化取得成功的关键。

在学术界和产业界，围绕企业信息化、业务数字化、数字化转型等做过不同视角的阐述与讨论。无论是信息化，还是数字化，均需要从企业战略出发，以企业商业模式为核心，研究、规划与构建支撑企业运营与管理的信息技术体系。在实践中，很多企业面临信息化与数字化战略难以落地、无从入手的问题，企业 IT 战略规划方法正是解决此问题的重要工具。企业 IT 战略规划方法是企业整体 IT 顶层设计的高级软件工程方法，属于信息技术与管理科学的交叉领域。

本书共 8 章。第 1 章为导论，介绍了企业 IT 战略规划方法的发展历程，说明了企业 IT 规划的必要性，并讲解了基于开放标准与来自 IT 咨询公司实践的两种企业 IT 战略规划方法概况。

第 2 章介绍了企业战略的概念、层级、过程与工具，从企业 IT 战略规划方法的角度提出并说明了企业战略的理解框架与应用要点。

第 3 章介绍了企业业务架构的相关概念，说明了组件化业务架构方法与行业参考业务架构，提出了一种面向实践的业务架构方法并结合示例进行了讲解。

第 4 章介绍了企业应用架构的定义、目的、内容、原则及参考因素，结合实务说明了企业应用现状分析、方案综合调查与架构规划的方法。

第 5 章介绍了企业 IT 基础设施的相关知识，从务实角度提出应关注的 5 个企业 IT 基础设施能力，并说明了企业 IT 基础设施的现状分析、来自企业应用架构的要求、差距分析及规划方法。

第 6 章介绍了企业信息安全的概念、风险分类及法规政策，说明了企业信息安全体系标准与等级保护制度，围绕企业信息安全规划分别说明了组织、制度、人员、IT 基础设施、应用系统、数据及应急等领域的方法应用。

第 7 章介绍了企业 IT 治理的定义及与 IT 管理的关系，说明了 COBIT 与 ITIL 两个主流企业 IT 治理工具，并从企业 IT 治理架构、IT 制度体系、IT 战略管理及 IT 组织管理 4 个方面说明了企业 IT 治理规划的重要内容。

第 8 章介绍了实施计划制订方法与预算编制方法。

本书通过企业 IT 战略规划的知识普及、方法总结与实务介绍，帮助读者建立企业整体视角的IT战略规划思考框架，并为读者提供相关参考工具。笔者希望通过本书分享在企业IT战略规划领域的经验和认识，为软件工程及相关专业的学生提供一本理论与实务相结合的教材，帮助企业IT新生力量理解与掌握相关的方法与知识，以便将来更有准备地投身到专业实践中。同时，本书也可以作为企业信息化与数字化实践者的参考读本。

由于作者水平有限，书中难免存在不足和疏漏之处，恳请读者批评指正。

编　者

2022 年 5 月

目 录

前言 ··· (i)

第1章 导论 ··· (1)
1.1 企业IT战略规划的源起 ··· (1)
1.2 企业数字化转型需要IT战略顶层设计 ························· (2)
1.3 企业IT战略规划方法 ··· (4)
1.3.1 IT战略规划的开放标准 ··· (5)
1.3.2 IT咨询公司的ITSP实践 ·· (7)
1.4 本书的主旨 ··· (9)

第2章 企业战略的理解与分析 ··· (10)
2.1 企业战略的概念简析 ··· (10)
2.1.1 企业战略的层级 ··· (10)
2.1.2 企业战略管理过程 ··· (11)
2.1.3 企业战略分析工具 ··· (12)
2.2 建立企业战略理解框架 ··· (14)
2.2.1 理解企业商业模式 ··· (14)
2.2.2 理解企业治理与管理 ··· (16)
2.2.3 企业战略的理解与分析 ······································· (18)
2.3 建立企业战略层的沟通机制 ······································ (24)
2.3.1 识别关键干系人 ··· (24)
2.3.2 做好沟通准备 ··· (25)
2.3.3 建立沟通管理机制 ··· (26)
2.4 建立企业战略理解基线文档 ······································ (29)
2.4.1 调研信息分类整理方法 ······································· (29)
2.4.2 企业战略理解基线文档 ······································· (31)
2.4.3 与关键干系人确认战略理解基线文档 ··············· (32)

第3章 企业业务架构分析与规划 ··· (35)
3.1 企业业务架构概述 ··· (35)
3.1.1 业务架构的层级 ··· (35)
3.1.2 业务架构实践的干系人 ······································· (36)
3.2 企业业务架构方法 ··· (38)
3.2.1 组件化业务架构方法 ··· (38)
3.2.2 行业参考业务架构 ··· (41)

3.3 面向 ITSP 实践的业务架构方法 …………………………………………（43）
　　3.3.1 一种业务架构方法 ……………………………………………（44）
　　3.3.2 业务架构方法应用示例 ………………………………………（49）

第 4 章　企业应用架构分析与规划 ………………………………………（53）
4.1 企业应用架构概述 ……………………………………………………（53）
　　4.1.1 企业应用架构的定义 ……………………………………………（53）
　　4.1.2 企业应用架构的目的与意义 ……………………………………（53）
　　4.1.3 企业应用架构的内容 ……………………………………………（54）
　　4.1.4 企业应用架构的原则 ……………………………………………（54）
　　4.1.5 企业应用架构的依据 ……………………………………………（55）
4.2 企业应用的现状分析 …………………………………………………（55）
　　4.2.1 企业应用的现状调查 ……………………………………………（56）
　　4.2.2 企业应用的差距分析 ……………………………………………（58）
4.3 企业应用方案的综合调查 ……………………………………………（59）
　　4.3.1 企业应用方案的市场调查 ………………………………………（60）
　　4.3.2 企业应用的研发方案调查 ………………………………………（61）
　　4.3.3 企业应用的新技术方法调查 ……………………………………（62）
4.4 企业应用架构规划 ……………………………………………………（65）
　　4.4.1 从业务架构出发的应用架构规划 ………………………………（65）
　　4.4.2 应用架构规划示例 ………………………………………………（71）

第 5 章　企业 IT 基础设施分析与规划 …………………………………（75）
5.1 企业 IT 基础设施概述 …………………………………………………（75）
　　5.1.1 公司战略与业务对 IT 基础设施的要求 ………………………（75）
　　5.1.2 信息安全对 IT 基础架构规划的要求 …………………………（76）
5.2 企业 IT 基础设施能力 …………………………………………………（77）
　　5.2.1 基础环境支持能力 ………………………………………………（78）
　　5.2.2 网络通信能力 ……………………………………………………（79）
　　5.2.3 计算能力 …………………………………………………………（81）
　　5.2.4 容灾备份能力 ……………………………………………………（82）
　　5.2.5 IT 管理能力 ………………………………………………………（83）
5.3 企业 IT 基础设施规划 …………………………………………………（84）
　　5.3.1 企业 IT 基础设施现状分析 ……………………………………（84）
　　5.3.2 企业应用架构对 IT 基础设施的要求 …………………………（85）
　　5.3.3 企业 IT 基础设施的差距分析 …………………………………（86）
　　5.3.4 企业 IT 基础设施规划方法 ……………………………………（87）

第 6 章　企业信息安全规划 ………………………………………………（99）
6.1 企业信息安全概述 ……………………………………………………（99）

6.1.1　企业信息安全风险分类 …………………………………………（99）
　　6.1.2　信息安全法规政策 ……………………………………………（100）
　6.2　信息安全管理体系 ……………………………………………………（102）
　　6.2.1　信息安全管理体系标准 ………………………………………（102）
　　6.2.2　信息安全等级保护制度 ………………………………………（104）
　6.3　企业信息安全规划 ……………………………………………………（105）
　　6.3.1　信息安全组织 …………………………………………………（105）
　　6.3.2　信息安全制度 …………………………………………………（106）
　　6.3.3　人员安全管理 …………………………………………………（108）
　　6.3.4　IT基础设施安全 ………………………………………………（109）
　　6.3.5　应用系统安全 …………………………………………………（111）
　　6.3.6　数据安全 ………………………………………………………（113）
　　6.3.7　信息安全应急管理与应急预案 ………………………………（117）

第7章　企业IT治理规划 ………………………………………………（122）
　7.1　企业IT治理概述 ………………………………………………………（122）
　　7.1.1　企业IT治理的定义 ……………………………………………（122）
　　7.1.2　企业IT治理与IT管理的关系 …………………………………（123）
　　7.1.3　企业IT治理工具 ………………………………………………（123）
　7.2　企业IT治理规划 ………………………………………………………（131）
　　7.2.1　企业IT治理架构 ………………………………………………（131）
　　7.2.2　企业IT制度体系 ………………………………………………（135）
　　7.2.3　企业IT战略管理 ………………………………………………（138）
　　7.2.4　企业IT组织管理 ………………………………………………（139）

第8章　企业IT战略规划的实施计划与预算 ………………………（144）
　8.1　企业IT战略规划的实施计划制订方法 ………………………………（144）
　　8.1.1　项目群与项目的关系 …………………………………………（144）
　　8.1.2　从规划出发定义项目群与项目 ………………………………（146）
　　8.1.3　编制实施计划 …………………………………………………（149）
　8.2　企业IT战略规划的预算编制方法 ……………………………………（153）
　　8.2.1　预算编制的假设与基础数据 …………………………………（153）
　　8.2.2　预算编制的概念与方法 ………………………………………（154）
　　8.2.3　IT预算编制应遵循企业预算管理机制 ………………………（155）

参考文献 ……………………………………………………………………（157）

第 1 章 导　　论

1.1　企业 IT 战略规划的源起

全球范围内的企业数字化方兴未艾，技术变革成为企业数字化的重要驱动力。无论是"数字化转型"，还是"业务数字化"，都需要在更高的层面重新审视企业所处的内外部环境，围绕企业的产品、服务和运营模式，研究与规划企业的信息技术战略，即企业 IT 战略规划。这既包括传统信息技术的应用，也包括新技术的导入与探索，从而谋求企业自身战略发展与数字化趋势的融合，构建与强化企业在所处商业生态中的竞争力，培育与推动创新商业生态的发展。

在产业界与学术领域，企业 IT 战略规划已经成为企业战略研究的重要内容之一，在研究分类上属于信息技术与管理科学相结合的交叉学科。回顾历史可知，作为信息技术在企业中应用的高层软件工程方法，企业 IT 战略规划实际上是伴随第三次工业革命而来的，目前在以广泛深度应用数字化技术为代表的第四次工业革命中更加凸显其重要性。

Yasmin Merali 等学者对 20 世纪 80 年代到 2011 年期间的企业 IT 战略规划研究历程进行了总结[1]，再结合十多年来企业信息化与数字化的发展，认为企业 IT 战略规划的研究与应用大致可分为以下 4 个阶段。

第一个阶段为 20 世纪 80 年代。在这个阶段，企业 IT 战略规划的重点是如何确保 IT 战略与业务战略保持一致。将 IT 战略纳入到企业战略之中，主要沿着两条主线开展工作：一条主线是如何使信息技术成为企业的战略优势之一，"战略信息系统"（strategic information system，SIS）的概念应运而生，例如航空公司的票务预订系统、制造业的计算机集成制造系统（computer integrated manufacturing system，CIMS），均属于这个时期企业依靠信息技术建立竞争优势的典型范例。另外一条主线是通过信息技术支持企业战略的落地实施，并确保二者保持一致，企业 IT 战略规划方法论成为重点。例如，IBM 公司在 1982 年公开发布了业务系统规划方法论（business system planning，BSP）。BSP 从数据分类与业务流程定义出发，通过定义企业信息架构来发现差距与不足，从而帮助企业管理层确定未来信息技术的投资方向与计划。BSP 对企业 IT 战略规划咨询领域产生了重要且深远的影响，20 世纪 90 年代兴起的业务流程再造（business process re-engineering，BPR）就源自 BSP。

第二个阶段为 20 世纪 90 年代至 2005 年前后。IT 驱动的企业转型（enterprise transformation）成为这个时期的主题，企业 IT 战略规划更加关注企业内部跨职能与企业外部跨组织边界的各类集成技术与方法。在这个阶段，企业资源计划（enterprise resource planning，ERP）、企业应用集成（enterprise application integration，EAI）、业务流程管理（business process management，BPM）、业务流程再造 BPR、企业数据仓库（enterprise data warehouse，EDW）等推动企业转型的 IT 技术与产品开始蓬勃发展。同时，伴随互联网 Web 1.0 的发展，电子商务也成为这个阶段企业 IT 战略规划的重要方向，产业界和学术界均看到了互联网可能带来的商业模式变革,通过互联网实现新商业模式创新成为焦点。此外,企业 IT 战略规划也在这个阶段正式成为管理咨询行业的重要细分领域,IT 咨询行业开始快速发展。例如,2002年,IBM 收购了普华永道的咨询业务,开始了传统 IT 巨头向 IT 服务巨头的转型之路。在此时期,各国际化 IT 咨询公司均提出了各自的企业 IT 战略规划咨询方法论并日趋体系化,像 IBM 提出的业务组件模型(component business model,CBM)就成为 IBM 咨询方法论的重要利器。

第三个阶段为 2005 年至 2015 年。J2EE(Java 2 platform enterprise edition)、面向服务的架构(service-oriented architecture,SOA)、Web 2.0 和网络通信技术的快速发展成为这个阶段企业 IT 战略规划不可回避的重要技术选择。随着这些技术的深入应用,这个阶段的企业 IT 战略规划往往会关注以下三个问题:① 如何帮助企业建立与其客户之间更加高效的互动机制与渠道? 例如,客户关系管理(customer relationship management,CRM)产品向更加多样化、全媒介的方向发展。② 如何通过 IT 技术来构筑企业的核心竞争力? 这促使许多在各自行业中领先的企业不再满足于引进 IT 厂商的技术产品,而是开始着手布局建立围绕核心竞争力的 IT 研发能力,某种程度上也促进了同一时期开源技术的发展。③ 伴随 4G 通信、智能手机、微信和微博的快速发展与普及,移动互联网成为企业 IT 战略规划必须纳入的选择,成为服务内部用户和外部客户的重要工具。

第四个阶段是自 2015 年至今。新一代企业数字化浪潮兴起,云计算、大数据、人工智能、区块链、机器人、5G、物联网、工业 4.0 等创新技术的发展与融合应用,推动企业 IT 战略规划向更加开放、面向商业生态变革的方向发展,对各行业的未来发展产生了深刻的影响,并带来更加强大的推动力。例如,在制造业,2015 年的全国"两会"上明确提出了实施"中国制造2025"国家战略,坚持创新驱动、智能转型、强化基础、绿色发展,加快从制造业大国转向制造业强国。又如,在金融业,2017 年成为金融科技元年,越来越多的新兴技术开始应用到金融领域,依托技术驱动的金融服务与产品创新成为金融业共同关注的焦点。在这个阶段,或者说在当前阶段,企业数字化已经不再是 CIO 推动的工作,而是已经成为董事长、CEO 及业务部门主动推动的战略重点。这也使得企业 IT 战略规划成为各行业企业开展数字化转型升级的必然选择。

1.2　企业数字化转型需要 IT 战略顶层设计

为什么说企业 IT 战略规划是数字化转型升级的必然选择? 全球数字化转型专家 Tony Saldanha 在其著作 *Why Digital Transformations Fail : The Surprising Disciplines of How to Take Off and Stay Ahead* 中指出,数字化转型通常会有 3 种形态:数字化商业模式创新(如线下销售向线上的转换)、技术驱动的产品创新(如无人驾驶汽车)和企业运营数字化(如人工智能技术在财富管理领域的创新)。[2] 但是,从实践来看,70% 的数字化转型项目是失败的。针对此,Tony Saldanha 提出了数字化转型的五阶段方法。其中,首要工作是制订数字化转型的战略目标与规划,并确保由企业管理层切实执行。

无论是哪种形态的数字化转型,都需要技术维度的充分考量与设计。实际上,从早期的企业信息化发展,到如今的企业数字化转型,企业 IT 战略规划都发挥了 IT 战略顶层设计的作用,"凡事预则立,不预则废",科学合理的规划往往是确保达成最终目标的前提。对此,笔者从公开资料中选择了两个海外案例进行说明。

案例1　喜得利集团(Hilti)的数字化历程

Hilti集团是一家总部位于欧洲的、全球领先的建筑行业技术服务商,在全球有3万名员工,分布超过120个国家。Brocke等学者在2017年出版的 *Shaping the Digital Enterprise*: *Trends and Use Cases in Digital Innovation and Transformation* 中针对Hilti的数字化案例进行了详细的介绍。[3]如图1.1所示,Hilti集团的数字化历程经历了建立数字化基础、利用数字化潜能两个阶段。

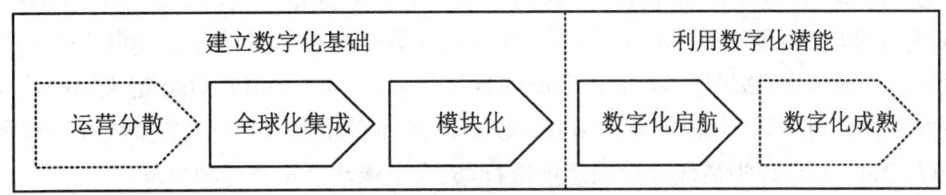

图1.1　Hilti集团的数字化历程

Hilti的数字化起步于2000年,从解决运营分散问题出发,Hilti启动了全球流程与数据集成的规划实施,并改由总部IT部门直接管理各地区IT团队。通过在全球各地区实施Hilti集团统一的解决方案,一方面,实现了全球化集成;另一方面,也兼顾了各地区销售过程的本地化。在此基础上,Hilti CIO提出了"稳固核心、灵活边界"(solid core and flexible boundary)的架构规划框架,用于实现可控的架构灵活性,目标是实现业务架构与IT架构的模块化。这种架构规划帮助Hilti取得了巨大的成功,也为Hilti的数字化启航奠定了基础。

Hilti的数字化启航阶段主要关注3个要素:数字化流程、数字化供给、数字化接口。

(1) 数字化流程方面。Hilti强调服务交付中能够确保业务流程为流程干系人带来价值。例如,Hilti采用了社交媒体、虚拟桌面、触摸屏等技术,将后台的专家服务集成到销售流程中,从而提升CRM应用水平。

(2) 数字化供给方面。Hilti聚焦于软件和基于软件的服务,从而更好地支持客户和产品相关的流程。例如,Hilti在为客户定制方案中,会采用包括传感器在内的诸多自适应技术,可用于探测环境变化或潜在问题,实现方案运行参数的自动调适,提升了预防性维护水平。

(3) 数字化接口方面。Hilti非常强调多种技术与产品的结合,Hilti的IT战略不提倡采用单一技术,而是更倾向于为客户提供创新技术、传统技术等不同的方案选择,并支持这些方案在Hilti技术体系下的高效、快速、简单的集成。

Hilti的数字化历程经过了20多年,从解决全球化流程与数据集成开始,到拥抱工业4.0和物联网,展示了传统建筑企业如何通过科学的IT战略和持续有力的IT战略执行从而成功完成数字化转型的整个过程。

案例2　美国第一资本金融公司(Capital One)的数字化银行

Capital One于1988年成立,最开始只是一家地区性小银行的信用卡部门,经过30多年的发展,已经成为美国领先的信用卡发卡机构和零售金融机构,更是美国最大的数字化银行。

早在公司创设初期,Capital One就提出了基于信息的战略,其目标是通过IT技术、科学的测试与高度灵活性的运营架构,确保将正确的产品在正确的时间以正确的价格交付给正确的客户。这个战略的核心是通过不同信息源的分析来定义客户盈利率梯度,通过持续的测试与学习机制来确保结果的适用性。例如,早在1999年,Capital One每周都会收到100万次客户咨询电话,在坐席接听客户电话之前,Capital One的IT系统就可以在100 ms内完成客户信息分析并预测客户可能希望购买的产品,该预测的准确率达到70%。依靠该战略的实施,Capital One实现了从1994年到2003年连续十年平均28%的客户增长率。[4-5]

2011年,Capital One进一步完善了IT战略,一方面,全面引入Scrum迭代式的敏捷方法;另一方面,开始建立自有的软件工程技术团队来替代外包开发方式。至今,敏捷管理实践已经成为Capital One的企业文化。2014年,Capital One宣布全面采用亚马逊AWS云计算的战略,并在2020年实现了该战略,彻底退出了传统数据中心。2018年,Capital One的CEO在致股东的一封信中,回顾了Capital One的数字化历程,将Capital One定义为一家从事银行业务的科技公司。截至2020年,Capital One已经拥有超过8000名工程师、1800项专利,被君迪(J. D. Power)评为最佳客户满意度银行,成为全球数字化银行的典范。[5-6]

从以上两个案例可以看出,所谓IT战略规划,在取得成功的时候,已经不再局限于IT领域。是否能够实现技术与业务的有效融合及创新,才是衡量企业IT战略规划成败的最重要试金石。2021年6月,腾讯研究院发布了国企数字化转型调研结果,通过60多家央企和地方重点国企的调研问题发现,各行业数字化转型的最主要挑战不是缺少领导支持和资金支持,而是数字技术与业务场景的融合困难,让许多企业管理层不知从何入手推动企业数字化转型。[7]实际上,这正是企业IT战略规划方法可以发挥作用的地方。

1.3 企业IT战略规划方法

关于企业IT战略,虽然有众多的研究与应用,但是在概念上尚未有业界公认的定义。针对此问题,Chen等学者在2010年的*MIS Quarterly*上发表文章,提出了IT战略的概念框架[8],如图1.2所示。

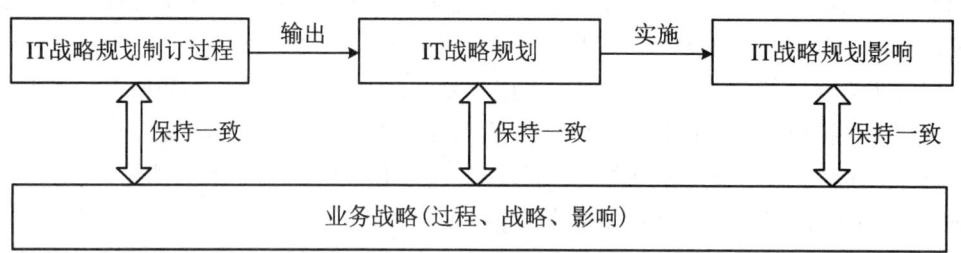

图1.2 IT战略的概念框架

这个概念框架描述了IT战略和各相关事项之间的关系。IT战略规划包括制订过程、规划本身及规划实施所带来的影响。同时,在制订过程、战略规划、实施与影响3个方面,IT战略规划需要与企业的业务战略保持一致。

在本书中,笔者将企业IT战略规划看作面向企业整体IT顶层设计的高级软件工程方法,其目标是帮助企业管理层审视企业业务战略与IT战略的一致性,从而制订与决策企业中长期IT整体建设方案、投资计划与行动指南。同时,企业IT战略规划的制订过程往往与企业业务战略规划的制订相辅相成,甚至可以是企业业务战略的组成部分,这个制订过程也是企业管理层与企业骨干团队在一起凝聚共识的过程。

从方法论的角度来看,企业 IT 战略规划需要信息技术、企业管理、行业领域经验与知识等相互紧密结合;从其发展来看,主要包括开放标准与 IT 咨询公司实践两个方面。

1.3.1 IT 战略规划的开放标准

IT 战略规划的开放标准是围绕企业架构(enterprise architecture,EA)展开的。1987 年,IBM 员工 John Zachman 发表《信息架构框架》,开启了企业架构的框架标准先河,Zachman 提出的信息架构框架成为企业架构的第一个参考模型。[9] 30 多年来,源自不同组织和专家的企业架构标准陆续被提出,除了 Zachman 之外,主流标准还包括 TOGAF、FEA、DoDAF 等。由于受到国际主流 IT 厂商的认可和推动,TOGAF 至今已经成为企业架构领域应用最为广泛的主流开放标准。

TOGAF 由 The Open Group(由众多国际领先 IT 厂商共同参与并致力于开放集成标准的国际组织)在 1993 年开始着手制定,1995 年正式发布,其全称为 The Open Group Architecture Framework。TOGAF 是一整套企业战略导向、业务流程驱动的企业架构规划开放标准框架与方法论。2018 年,TOGAF 发布了最新的 9.2 版本,可以在官网 https://www.opengroup.org/togaf 上下载。TOGAF 作为一种开放、成熟的企业架构方法指南,其标准体系结构清晰完整[10],如图 1.3 所示。

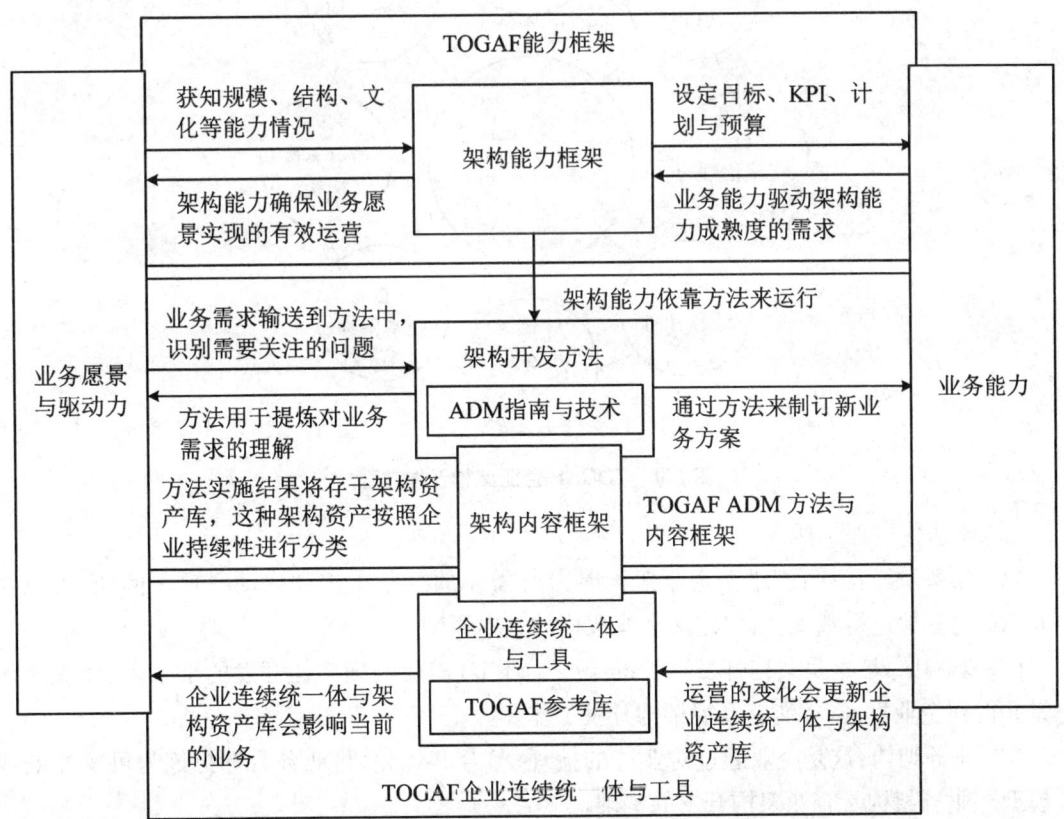

图 1.3 TOGAF 标准体系

TOGAF 的核心是架构开发方法(architecture development method,ADM),TOGAF 提供了 ADM 指南与技术来支持 ADM 方法的实施,架构内容框架则为架构开发的结果提供规范一致的内容描述与表达方式。企业连续统一体与工具是用于分类与归档架构开发结果的一套方法,从而保证架构资产库的可管理性、提升架构开发结果的复用性、可用性、可演进性。TOGAF 能力框架则侧重于在企业中如何建立与运行企业架构职能,包括专业组织、流程、技能、角色和职责等。

作为 TOGAF 的核心,ADM 提供了一种可测试、可重复的架构开发流程。ADM 包括建立架构框架、开发架构内容、架构转换以及对架构实现的治理。所有这些架构工作环节通过持续的架构定义与实现的迭代过程来执行,从而支持企业能够面向业务目标和机会,通过可控的方式实现企业架构的能力,如图 1.4 所示。

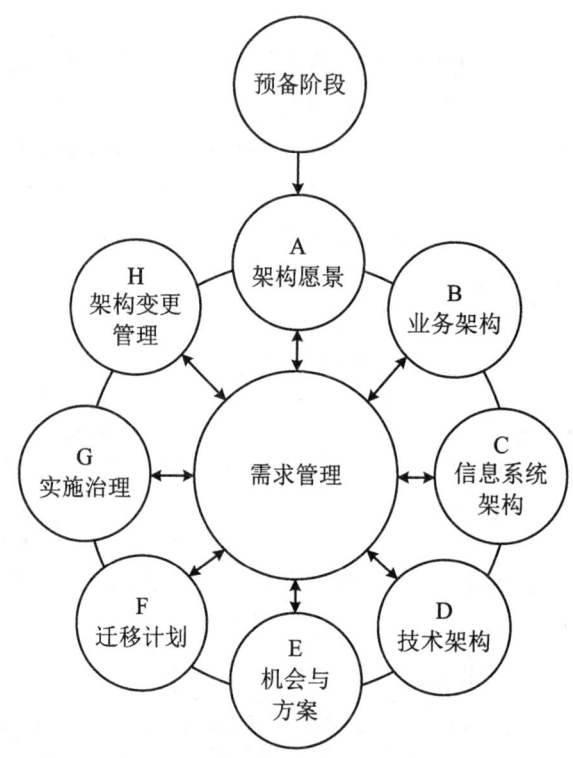

图 1.4 TOGAF 企业架构开发过程

ADM 迭代过程包括：

(1) 预备阶段:说明了建立企业架构能力所需要的准备工作和启动事项。例如,可以对 TOGAF 的框架进行裁剪,可以定义企业架构的基本原则。

(2) 架构愿景:这是架构开发过程的第一个环节,需要明确架构开发的干系人、建立架构愿景并得到企业批准,才能够开展架构开发工作。

(3) 业务架构:这是企业通过对业务的梳理、整合和优化,将业务目标提炼为可操作的业务模型。业务架构是企业架构开发的基础。

(4) 信息系统架构:包括数据架构和应用架构。数据架构是对企业数据资产进行标准化的分类整理和描述,建立统一的数据标准与信息共享模型;应用架构则是建立企业应用系统的建设规划,包括应用系统分类、功能模块、接口关系、建设标准及实现方式等。

(5) 技术架构:侧重于基于 IT 基础设施之上为数据架构与应用架构提供技术服务,包括应用系统的开发、部署、运行等。

(6) 机会与方案:包括架构开发结果的实施计划与交付手段。

(7) 迁移计划:通过详细的实施与迁移计划来实现基线架构(当前架构)到目标架构的转换。

(8) 实施治理:针对架构实施提供了一套监督管理方法。

(9) 架构变更管理:建立架构变更的过程管理。

(10) 需求管理:建立企业架构需求的过程管理。

ADM 方法提倡逐步迭代细化,并规定企业可以根据实际情况对标准框架进行裁剪后应用。正是因为 TOGAF 标准体系的完备详细及其兼顾面向实践的可操作性,因而成为业界广受欢迎的企业架构框架标准。

1.3.2　IT 咨询公司的 ITSP 实践

企业 IT 战略规划的实践多数来自于 IT 咨询公司,在 IT 咨询领域称为 ITSP(IT strategy planning)咨询服务。全球知名职业发展机构 Vault 每年都会发布全球咨询公司的排名,在 Vault 发布的 2021 年最佳 IT 战略咨询公司排名中,前五名分别是埃森哲、德勤、IBM、麦肯锡和 BCG。ITSP 方法论是 IT 咨询公司的知识资产,是不向业界公开的。本书仅从经验研究角度,对 ITSP 方法实践情况进行总结和介绍,包括 ITSP 项目过程和 ITSP 规划内容两个方面。

1. ITSP 项目过程

作为战略规划项目,ITSP 项目过程是典型的三阶段模式,如图 1.5 所示。

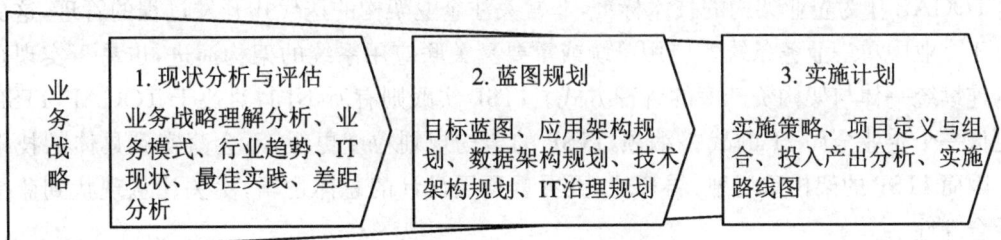

图 1.5　ITSP 典型项目过程

无论哪家 IT 咨询公司的方法论,都会从业务战略出发,开始 ITSP 项目。项目启动后,主要有以下三个步骤:

第一步是现状分析与评估阶段。需要通过收集资料、调研访谈等方式,对企业业务战略、业务模式、核心流程等进行深入分析,对企业 IT 现状的应用、基础设施、人员等进行分析评估,把握企业所属行业发展趋势与技术发展方向,对比标杆企业的最佳实践,以业务战略为目标寻找不足并进行差距分析。实际上,这个阶段的工作就是企业 IT 战略需求分析过程。

第二步是蓝图规划阶段。这个阶段既有按照专业工具与方法开展各类架构规划的内容,也有需要汇聚各方智慧的头脑风暴过程。这个阶段不仅需要借鉴最佳实践,为企业规划 IT 蓝图、应用架构、数据架构、技术架构与IT治理,还需要从企业实际的能力出发,围绕企业业务战略,聚焦企业痛点问题,完成适合于企业的规划方案。蓝图规划阶段是ITSP项目的核心生产环节,也是IT咨询顾问发挥聪明才智与专业水平的地方,需要专业力与创造力的充分结合。

第三步是实施计划阶段。其目标是将蓝图规划的内容分解成不同的IT项目组合,对IT项目投入产出进行分析(人员、资金、其他资源等),并通常会制订3~5年的实施计划,形成蓝图规划落地的实施路线图。

一般而言,多数IT咨询项目会按照以上三个阶段完成交付,按照项目规模的不同,项目周期通常为2~6个月。在每个阶段结束的里程碑,与项目关键干系人(客户方管理层)的沟通往往会成为推动项目继续有效执行的重要驱动力。所以,ITSP项目在企业中通常也是作为一把手工程来组织的。

2. ITSP规划内容

从ITSP实践来看,ITSP规划内容对比TOGAF框架标准而言,多数内容是符合或借鉴了TOGAF标准的,包括业务架构、应用架构、数据架构、技术架构、机会与方案等。但是,也有以下三个方面的显著不同:

(1) ITSP实践更加注重对业务的洞察与分析

TOGAF毕竟是源自于技术组织的标准,侧重于企业架构本身的开发过程。ITSP项目往往源自于企业高层管理者的推动,这些关键干系人更倾向于从商业角度来审视与分析ITSP项目结果。因而,ITSP实践会更加注重对业务的洞察与分析,包括业务战略理解、行业趋势发现、业务现状分析、业务痛点梳理等,基于业务因素来构建ITSP项目整体的逻辑基础,并通过业务语言来向关键干系人说明并取得其支持。

(2) ITSP实践更加注重IT顶层设计,较少涉及架构管理

TOGAF作为企业架构的技术标准,非常关注企业架构的迭代式开发过程的管理,这更加适合于企业中单一业务条线各应用系统或重要且关联应用系统的架构演进,也易于实现企业架构连续统一体与架构资产库的管理方式。ITSP实践则有所不同,对比于TOGAF,ITSP实践更像一个企业全局IT的战略纲领,ITSP的架构规划粒度更粗,不会落实到具体的技术实现。因而ITSP的架构重规划、弱管理,更看重顶层设计的总体逻辑,更关注从现状到蓝图的路径合理性。

(3) ITSP实践更加注重实施计划的制订

TOGAF可以成为企业IT部门进行架构管理的标准方法参考,但往往不易被企业管理层和业务部门理解。ITSP作为IT咨询公司的服务项目,只有被企业管理层和业务部门理解,才能最终完成ITSP的项目交付。所以,ITSP会最终落实到实施计划上,这也是与TOGAF显著不同的地方。站在企业管理层的角度,ITSP项目的交付往往意味着企业IT战略的重大决策完成,可能企业管理者不一定完全理解ITSP的蓝图规划,但是企业管理者一定能从实施计划的投入产出分析中看到ITSP是否能够达到自己的预期。实际上,实施计划的完备、合理与周密,往往在很大程度上决定了ITSP项目是否能最终顺利交付。

1.4 本书的主旨

正如前文所述,本书将企业 IT 战略规划看作面向企业整体 IT 顶层设计的高级软件工程方法。本书的主旨是期望通过企业 IT 战略规划各阶段的方法介绍与实例描述,帮助读者建立企业整体视角的 IT 战略规划思考框架,并为读者提供相关参考工具。

企业数字化转型的快速发展实际上也为众多的 IT 专业人士打开了走向业务的大门。在这个过程中,如何从传统的 IT 管理者、IT 架构师、IT 工程师向企业数字化的践行者转换,往往面临诸多挑战。笔者也希望通过本书分享在企业 IT 战略规划领域的经验和方法,为企业数字化践行者提供些助力。

最后,本书作为软件工程专业研究生高级软件工程课程的系列教材之一,期望帮助企业 IT 新生力量在实务角度掌握相关的方法与知识,以便将来更有准备地投身到专业实践中。

本 章 小 结

企业 IT 战略规划是信息技术与管理科学相结合的交叉学科,其源起与发展紧密伴随企业信息化的整体历程。企业 IT 战略规划需要从业务战略出发,并与之保持一致。在方法论角度,主要包括以 TOGAF 为代表的开放标准与 IT 咨询公司实践两个方面。TOGFA 围绕企业架构,提供了一种可测试、可重复的架构开发流程。IT 咨询公司实践则围绕企业 ITSP 项目执行,更强调对业务的洞察与分析,更注重企业 IT 的顶层设计。

练 习

1. 可通过互联网、图书、期刊等渠道,收集并选择一个实际发生过的企业信息化案例(成功或失败均可),并就该案例的情况进行说明与分析,不少于 500 字。

2. 可由学生自由分组,每个小组选择一个行业或领域,通过各种渠道收集该行业的信息化与数字化进展及趋势,进行总结说明与分析,不少于 1500 字。

第 2 章　企业战略的理解与分析

2.1　企业战略的概念简析

企业战略理论作为一门学科诞生于 20 世纪 60 年代。1962 年,美国著名管理学家 Alfred D. Chandler 出版著作 *Strategy and Structure: Chapters in the History of the American Industrial Enterprise*,提出企业经营战略应适应环境变化、满足市场需要,企业组织结构必须随着企业战略变化而调整,这开启了企业战略理论研究的历程,成为管理学界的一个新领域。[11] 至今,企业战略研究已经形成涵盖多个不同管理学派的庞大理论体系。由于企业战略本身的复杂性、动态性和多视角,企业战略的概念尚无公认的定义。在此,本书推荐《企业战略:理论方法与案例分析》一书中的定义:"战略就是企业依据其外部环境和内部资源能力状况,对企业的发展方向、达成目标的途径和手段的总体谋划。"[12]

2.1.1　企业战略的层级

在一个企业中,企业战略可以分为三个不同的层级[13],即公司级战略、业务单元级战略、职能级战略。

(1) 公司级战略是企业最高层次的战略,是企业整体战略。公司级战略通过企业内外部环境分析,按照企业使命和发展目标,结合企业在行业内所处的位置和所具备的能力及潜力,确定企业在未来一定时期内的资源分配方向与业务发展规划。简言之,公司级战略需要解决"做正确的事"的问题,通常包括三种类型:增长战略(求发展)、维持战略(做防守)、紧缩战略(求生存),也可以是不同类型的组合战略。

(2) 业务单元级战略是指企业内部业务单元在所处行业或领域中的经营战略。如果企业本身只有一个业务单元,那么业务单元级战略可视为公司级战略。业务单元级战略需要解决"在所处行业或领域中如何去竞争"的问题。美国学者 Michael E. Porter 于 1980 年在其出版的 *Competitive Strategy: Techniques for Analyzing Industries and Competitors* 一书中总结了三种卓有成效的竞争战略:总成本领先战略、差异化战略和专一化战略[14],如图 2.1 所示。这三种竞争战略并不相互排斥,在实践中往往可以互相组合使用。

(3) 职能级战略是公司级战略、业务单元级战略在企业各个职能中的落实,如市场营销战略、人力资源战略、财务战略、生产战略等。职能级战略需要解决的问题是"如何支撑公司级战略与业务单元级战略的实现"。职能级战略侧重于执行,是确保公司级战略和业务单元级战略成功的基础。通常 IT 战略是职能级战略之一,但是随着数字化转型的发展,在科技驱动因素主导的相关行业中(例如零售金融行业),IT 战略往往会被上升到业务单元级战略或公司级战略。

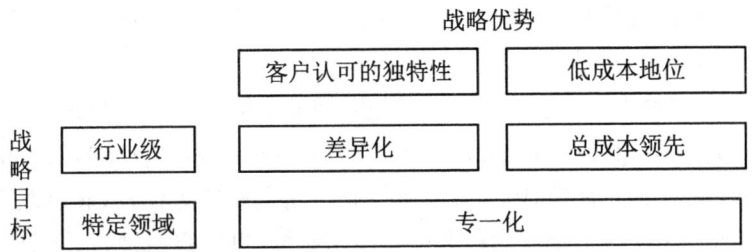

图 2.1　三种通用竞争战略[14]

2.1.2　企业战略管理过程

企业战略管理过程关注企业战略的制定、实施与变更,Balaji S. Chakravarthy 和 Roderick E. White 在 *Handbook of Strategy and Management* 中提出了战略管理过程框架[15],如图 2.2 所示。

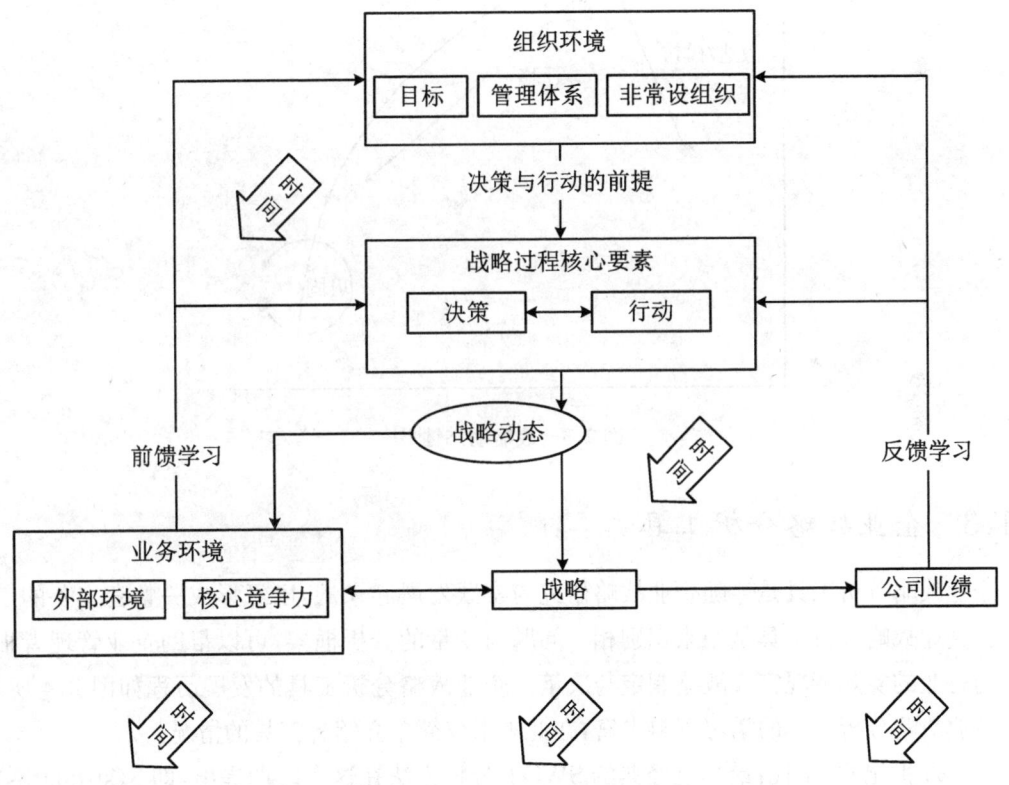

图 2.2　战略管理过程框架[15]

战略管理过程包含四个重要关系:

(1) 业务环境、战略、公司业绩:与业务环境相结合,公司战略决定了公司业绩。

(2) 决策、行动:决策和行动往往被视为战略制定与实施过程的核心要素。

(3) 组织环境:一个企业的组织环境是影响决策与行动的前提。

(4) 时间:战略管理过程框架的所有元素,如公司业绩、战略、决策、行动等,均受到时间因素的影响,或者说整个战略管理过程是动态的。

可以看出，企业战略管理过程是复杂的、动态的过程，需要全局地、集成地来进行过程管理。对企业 IT 战略而言，亦是如此。

如图 2.3 所示，这种战略动态性可以通过随时间变化而产生的结果进行分类，包括改进/模仿(improving/imitating)、迁移(migrating)、巩固(consolidating)和创新(innovating)。如果一个企业未处于行业领先地位，则其可以将行业领先企业作为标杆，通过改进和模仿，帮助自身提升行业排名。一旦这个企业达到了行业领先地位，巩固自身地位并保持一定的增长是必要的。与此同时，其还会在已经建立的行业最佳实践之外去谋求创新，提升行业领先的门槛。或者其也可能通过迁移来改变行业领先地位的门槛，比如可能将差异化竞争策略迁移到低成本竞争策略。所以说，对于战略管理过程的动态性，需要站在时势的角度去理解与审视。

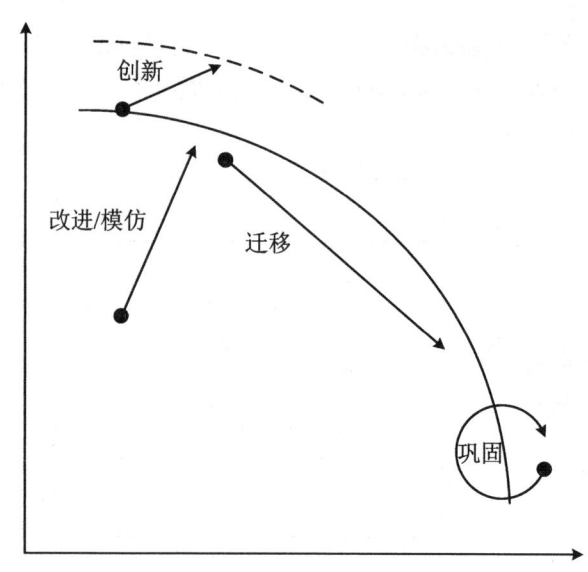

图 2.3　战略动态性[15]

2.1.3　企业战略分析工具

企业战略分析工具是伴随企业战略研究与实践发展起来的，已经形成一整套完备的工具体系。企业战略分析工具是用来识别相关问题与变量的分析框架，可以帮助企业管理者根据企业与行业的实际情况完成战略制定与决策。企业战略分析工具的发展历程如图 2.4 所示。由于企业战略分析工具的学习资料丰富，在此本书仅简单介绍各工具的情况。

(1) 20 世纪 60 年代：最早且经典的 SWOT 分析方法在这个时期提出，即 S(strengths)优势、W(weaknesses)劣势、O(opportunities)机会、T(threats)威胁。SWOT 方法认为企业要获得可持续的竞争优势，必须对环境变化带来的机会进行响应，拓展外部优势，抵消外部威胁，避免内部短板。

(2) 20 世纪 70 年代：这个时期，许多大型多元化企业由于现金流管理模式限制面临诸多财务问题，迫切需要方法来评价不同的业务机会并做出选择。波士顿咨询集团(Boston Consulting Group，BCG)提出了增长矩阵方法(growth-share matrix)，作为一种组合管理分析模型，其侧重于每个产品在企业中的定位分析，通过每个产品的现金流特征及相关市场份额，形成一个产品组合矩阵。同时期,通用电气(General Electric, GE)和麦肯锡合作,共同开发了 GE matrix,即 GE 矩阵,也被称为麦肯锡矩阵。GE 矩阵根据业务单元在市场上的实力和所在市场的吸引力两个维度,对业务单元组合并判断其强项和弱项。在每个维度上,GE 矩阵将之分为高、中、低三级,分为 9 个象限,比 BCG 增长矩阵的结构更为复杂。此外,这个时期,战略与绩效分析(profit impact of market strategy, PIMS)项目在 1972 年由哈佛商学院市场科学研究所启动,1975 年 PIMS 研究者成立了美国战略规划研究所并专注于推动 PIMS 研究。PIMS 是强调经验的战略分析工具,其主要目的是发现市场规律、寻找影响业务绩效的各因素之间的潜在经验关系。

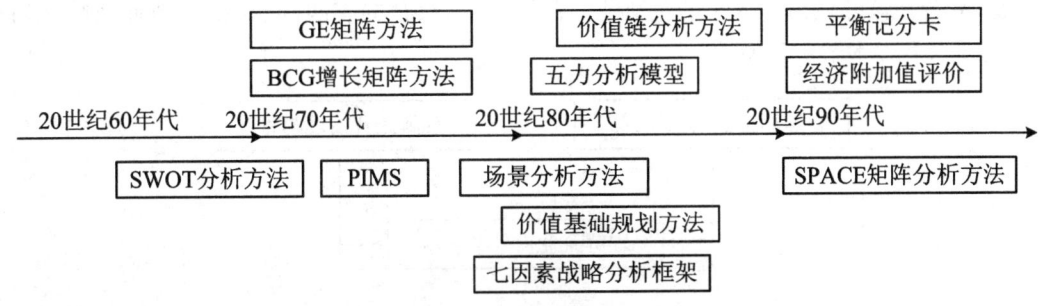

图 2.4 企业战略分析工具的发展历程

(3) 20 世纪 80 年代:著名的波特五力分析模型(Porter 5 force analysis)在这个时期由 Michael Porter 提出。五力包括供应商讨价还价能力、消费者讨价还价能力、潜在进入者威胁、市场替代者威胁、行业内竞争对手对抗。Porter 认为这五种力量的集合将决定企业的最终获利能力。这一时期,Porter 和麦肯锡公司都提出了价值链分析方法(value chain analysis),通过分解企业活动,分析单个活动本身及其相互之间的关系来确定企业的竞争优势。此外,场景分析方法(scenario analysis)和价值基础规划方法(value based planning)也在该时期提出,前者侧重在外部不确定性因素条件下(政治因素、社会因素等)帮助企业决策者进行预测与决策,后者则源自企业财务管理理论,以股东利益最大化为目标开展战略分析。针对战略管理,麦肯锡还提出了 Seven-S 框架,认为有效的战略管理至少包括七个因素:战略、组织结构、制度体系、管理风格、员工、技能和共同价值观。这些因素需要在整体上进行协调和管理,才能保证实现有效的战略实施。

(4) 20 世纪 90 年代:这个时期的战略分析工具主要侧重于战略管理与评价。跨国公司普遍采用的经济附加值(economic value added, EVA)业绩评价方法就是在这个时期被开发出来的。EVA 又称为经济利润,是一定时期企业税后营业净利润与投入资本的资金成本的差额,能够准确地反映企业为股东创造的价值。经典的战略绩效评价工具平衡计分卡(balanced score card, BSC)也在这个时期由哈佛商学院的学者提出。BSC 将组织的愿景转变为一组四项绩效指标结构,包括财务(finance)、客户(customer)、内部运营(internal business processes)、学习与成长(learning and growth),用来评价组织的绩效。在此时期,Rowe 等学者提出了 SPACE 矩阵(strategic position and action evaluation matrix)。SPACE 从 4 个象限,即进攻、保守、防御和竞争,来确定公司状态;同时,该矩阵两个数轴分别代表企业的两个内部因素——财务优势和竞争优势,以及两个外部因素——环境稳定和行业态势,通过分析企业竞争地位来帮助管理者决策相应的竞争战略。

2.2 建立企业战略理解框架

企业战略是企业IT战略规划制订的出发点。毋庸置疑,着手IT战略规划首先必须理解企业战略。2.1节简析了企业战略的概念,可以看出企业战略本身是一个复杂的课题,作为IT战略规划的制订者,虽然难以洞悉企业战略的方方面面,但是可以从IT战略规划要素获取出发,建立企业战略理解框架,从而确保IT战略规划的结果能够符合企业战略方向和要求。对此问题,笔者在该领域研究成果的基础上,结合过往ITSP的实践经验,提出企业战略理解框架(图2.5),并在本节进行说明。

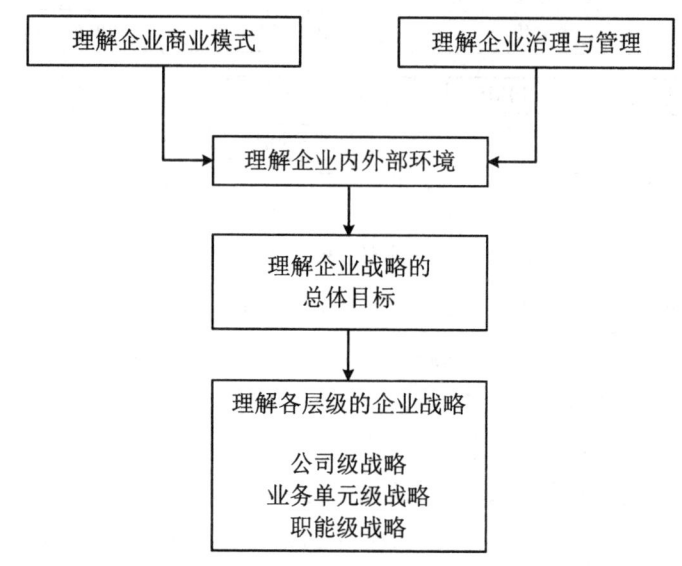

图2.5 企业战略理解框架

2.2.1 理解企业商业模式

商业模式(business model)一词于20世纪50年代被提出,一开始只是用于业务建模的方法。20世纪90年代以后,特别是电子商务出现以后,商业模式研究开始成为管理学研究的重要方向,研究成果也日益体系化。然而,由于研究者们的工作往往采用不同的研究角度与方法,商业模式的定义至今尚未有一致的答案。Christian Nielsen等学者在2018年出版的 *Business Models: A Research Overview* 中对商业模式的定义进行了综述,引用了多位研究者的典型定义。简言之,商业模式的定义可以分为狭义定义和广义定义两类。[16]

1. 狭义定义

商业模式的狭义定义将之视为企业自身业务体系运作的核心逻辑,企业在该逻辑之上开展各类业务活动与流程从而可以创造价值。在狭义定义中,站在IT战略规划的角度,本书推荐Alexander Osterwalder与Yves Pigneur在其畅销著作 *Business Model Generation: A Handbook for Visionaries, Game Changers, and Challengers* 中提出的结构化定义:一个商业模式是描述一个组织如何创造、交付与获取价值的基本原理。[17]商业模式包括9个方面的构成要素,如图2.6所示。

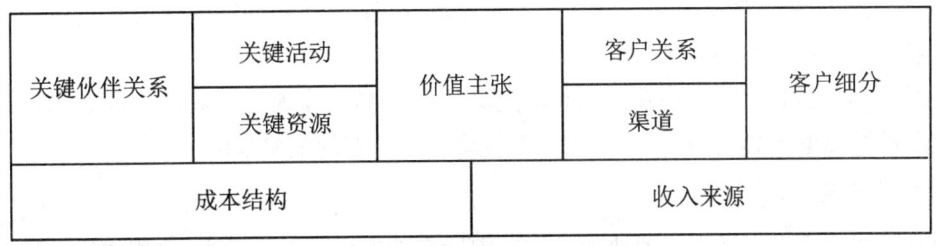

图 2.6　商业模式的 9 个构成要素

(1) 客户细分:是指企业希望触达和服务的不同客户群体,可以是个人客户,也可以是机构客户。客户是商业模式的核心,企业为了更好地满足客户,必须将客户进行细分,将有共同需求、行为及其他相关属性的客户纳入细分客户群组。对于企业商业模式而言,需要定义一个或多个客户细分。

(2) 价值主张:是指企业能够为特定客户细分带来价值的产品和服务。这可以是创新的产品和服务,也可以是与现有市场产品相似但具备附加属性和特点的产品和服务。

(3) 渠道:是指企业如何与其客户细分群体交流并交付企业的产品和服务。沟通、分发及销售渠道共同构成企业与客户之间的交互界面,渠道在客户体验方面发挥了非常重要的作用。

(4) 客户关系:是指企业必须清晰地建立与不同客户细分之间的不同关系及从个人关系层面直到自动化系统层面的各类客户关系。客户关系的驱动因素主要来自新客户开发、客户保留和促销活动等。

(5) 收入来源:是企业商业模式的"动脉",只有每个客户细分有意愿为其获得的价值付款,企业才能建立每个客户细分的收入来源。收入来源可以包括不同的报价机制,例如固定报价、议价、拍卖、基于销售量的报价等。收入来源包括两类典型类型:基于每笔交易的收入(来自客户的一次性付款)、可以重复发生的收入(产品和服务交付带来的收入以及售后支持带来的收入)。

(6) 关键资源:是指确保商业模式运转的最重要资产,使企业可以生产和交付产品/服务、触达市场、维护客户细分关系并获得收入。不同商业模式中的关键资源有所不同,例如,芯片厂商需要高价值的生产设备,芯片设计厂商则关注具备设计才能的人力资源。关键资源可以是物理的、金融的、知识产权的,或依靠人力,关键资源可以被企业拥有,也可以从关键合作伙伴处租用。

(7) 关键活动:是指确保商业模式运转的、企业必须投入的关键活动。和关键资源一样,关键活动使企业可以生产和交付产品/服务、触达市场、维护客户细分关系并获得收入。同样,不同商业模式的关键活动不同,例如微软公司的关键活动是软件开发,戴尔公司的关键活动是供应链管理,麦肯锡公司的关键活动是帮助客户解决问题。

(8) 关键伙伴关系:是指确保商业模式运转的企业供应商和合作伙伴网络。这种关键伙伴关系往往是许多企业商业模式的基石。这种关键伙伴关系可以分为4个类型:非竞争对手之间的战略联盟关系、竞争对手之间的战略合作、通过合资方式共同发展新业务、确保供应可靠的采购方与供应商之间的合作关系。

（9）成本结构：是指商业模式运转带来的所有成本。生产与交付产品/服务、维护客户关系、创造收入来源都会带来成本。在定义关键资源、关键活动和关键伙伴关系之后，就会比较容易地定义和计算各类成本。

从 IT 战略规划的角度，商业模式狭义定义的构成要素体现了企业核心业务的特点，对企业商业模式的抽象与总结是下一步开展 IT 战略规划工作的重要基础。

2. 广义定义

商业模式的广义定义则将商业模式运转中所有的方面都纳入进来，典型的研究如下：

（1）Timmer(1998)：商业模式是由产品、服务与信息流组成的结构，包括不同类型的业务参与者及其角色的描述、对不同业务参与者带来利益的描述以及各类收入来源的描述。[18]

（2）Marrs(2001)：商业模式是一个能够反映企业运营所处内部和外部环境的整体系统。它不仅可以帮助管理层理解企业的结构、本质和方向，也为与员工及各类干系人沟通提供了基础，说明了企业当前是什么状态，并指出通过哪些行动能否达到未来要发展的目标状态。[19]

（3）Morris(2005)：商业模式是来自于战略、运营架构及经济领域的一系列决策变量间的关系，涵盖六类组件：产品与服务提供因素、市场因素、内部能力因素、竞争战略因素、经济因素、员工与投资者因素。[20]

站在 IT 战略规划的角度，对于商业模式的广义定义，可借鉴的是，影响商业模式的因素是广泛的，对各类因素关联关系的发现与调查，会有助于更好地理解企业商业模式。

2.2.2 理解企业治理与管理

企业治理的概念可以参考剑桥商学院 1992 年的 Cadbury 报告中给出的定义："企业治理是指导与控制企业的体系。"[21]企业 IT 战略规划制订者需要理解企业治理模式，使 IT 战略的实施能够适应并遵循企业治理模式。在此，需要先说明企业治理模式的构成与元素。Stuart L. Gillan 在 2006 年发表的文章中对此做了精炼的总结，提出了企业治理的平衡表模型和广义框架。

企业治理的平衡表模型如图 2.7 所示，左侧是公司内部的治理。作为股东的代理人，管理层负责选择投资的资产并开展融资工作。董事会作为企业内部治理的最高组织，负责监督管理层，并向其提供建议，以及雇佣和解雇管理层成员，决定管理层的薪酬。右侧是来自企业外部的治理，包括公司股东和债权人。

进一步，Stuart L. Gillan 提出了企业治理的扩展框架，如图 2.8 所示，将企业内部与外部治理的主要因素进行了列示。[22]内部治理因素包括五个方面：董事会、管理激励、资本结构、法律与公司章程以及内部控制机制。外部治理因素同样包括五个方面：法律法规与监管政策（对金融行业等强监管行业尤其如此）、外部市场（资本市场、劳动力市场、产品市场）、资本市场信息与评级机构，资本市场的会计、财务及法律服务机构以及发挥监督职能的媒体与舆论（社交媒体等）。

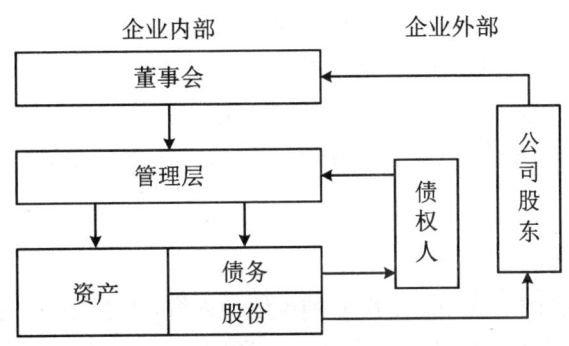

图 2.7　企业治理的平衡表模型[22]

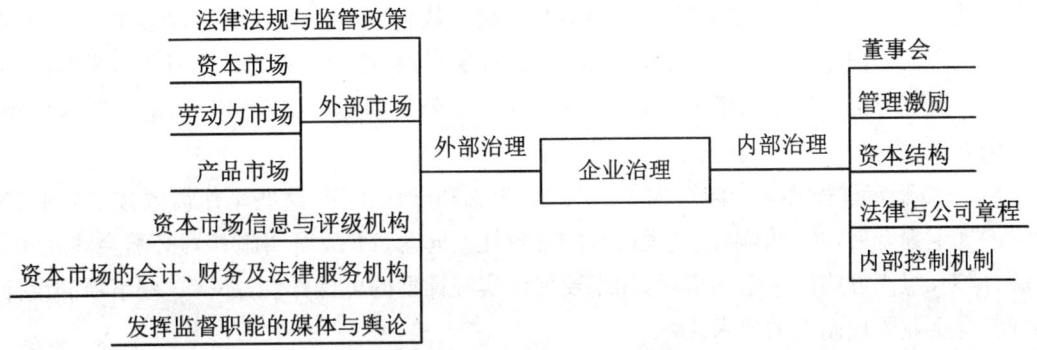

图 2.8　企业治理的扩展框架

可见,企业治理是建立企业的决策权、管理权和监督权之间相互协调、相互制衡的关系,保证企业在有效监督下运作,并保证企业的发展、股东的利益。如果说企业治理是企业宏观运行机制,那么企业管理就是企业微观作业机制。企业管理是对公司的经营活动进行组织、指挥、协调,以保证企业经营活动有序开展。对于企业 IT 战略规划制订者来说,至少需要从以下两个方面来理解一个企业在企业管理方面的实际情况。

1. 企业决策机制

企业决策机制往往取决于企业所有权性质、经营活动覆盖的行业情况、企业的规模(营收、员工数等)、企业的地域分布等诸多因素,可以从决策的分类、层级、方式三个方面来理解一个企业的管理决策机制。

决策可以依据决策内容进行分类,往往包括战略决策、投资决策、组织人事决策、业务决策、职能决策等不同的情况,通常在企业管理层形成一定的决策分工。战略决策、投资决策、组织人事决策一般由企业第一负责人承担或由其牵头制定决策程序来完成,而像业务决策、职能决策等偏重于企业运营层面的决策内容,通常由管理层成员按照分工安排各自承担相应事项的决策。

决策的层级与决策授权紧密相关,董事会的授权来自于股东和公司章程,企业管理层的授权来自于公司章程和董事会,这种授权也会根据企业的实际情况进行向下授权。例如,银行贷款审批业务会依据贷款授信金额在各层级机构及管理者中进行授权。对于企业 IT 战略而言,决策的层级一般到企业第一负责人甚至董事会来决策。

决策的方式既有常见的规则,也会根据不同企业的情况有所不同。一般而言,重要和重大的决策经常会通过会议方式进行决策,常规决策通常经过一位或多位有权人的审批方式进行决策。对于不同的情况,需要结合每个企业的实际情况来理解。例如,在公有制企业中,党委在重大决策中发挥政治领导作用;在非公有制企业中,企业实际控制人的意志是决定企业决策的最主要因素。

2. 企业管理制度体系

企业管理制度是制订 IT 战略规划时必须了解的内容,特别是 IT 战略制定过程和 IT 战略输出的实施计划需要符合企业管理制度的要求。通常而言,每个企业都会有管理制度汇编文件,涵盖公司治理、组织管理、业务管理、财务管理、人事管理、行政管理、风险与合规管理(金融行业尤其重视)等内容。企业管理制度的运行一般会依托制定一系列的管理会议和管理流程来实现。会议方面包括不同层级的定期会议(管理层会议、部门会议等)、由管理者发起的不定期会议。流程方面往往包括纸质文件的签批、OA(办公自动化)系统的审批、电子邮件的审批等不同方式。

IT 战略制定过程必然会涉及大量的沟通、交流和确认工作,这些工作需要按照企业管理制度的规定去开展,才能够确保过程执行的有效性。同时,IT 战略实施计划必然会涉及预算、资源、周期、组织方式等一系列事项,如果要保证实施计划的可操作性,那么这些事项的设计也必须符合企业管理制度的要求。

2.2.3 企业战略的理解与分析

当我们能够对企业商业模式、企业治理与管理有所认知之后,就会更好地理解企业战略问题。

理解企业战略首先需要知晓企业的战略规划期。因为战略规划都是面向中长期发展而制订的,通常企业的战略规划期会在 3~5 年,甚至更长时间。对于国有大中型企业而言,其战略规划会与国家的五年规划周期一样。例如,许多国有企业编制了企业自身的"十四五"发展规划(2021—2025)。

从 IT 战略制定角度来看,理解企业战略可以结合 2.1 节的内容来重点把握以下 5 个方面的内容。

1. 企业内外部环境

首先,需要理解企业所处的内外部环境。外部环境方面包括宏观环境、行业环境及竞争环境。在内部环境方面,重点关注企业资源与能力条件。[12]

(1) 宏观环境、行业环境及竞争环境

在企业战略规划报告中,一般会有专门章节陈述企业对宏观环境、行业环境及竞争环境的分析。然而,由于这些分析存在局限性,对于企业 IT 战略规划制订者而言,仍然需要从更多途径掌握和理解外部环境信息的多角度分析结果和观点。从国内的情况来看,可以通过以下方式完成信息收集与调研工作。

① 专业机构发布的宏观与行业发展报告:此类型报告往往以年度或半年度为周期发布,也有根据市场需要而非定期发布。此类专业机构包括行业咨询机构(如麦肯锡、毕马威)、市场

研究机构(如高德纳、艾瑞)、证券公司研究所(如中信证券、中金公司)、专业技术组织(如中国信通院、中国互联网信息中心)、行业协会(如中国证券业协会、中国地理信息产业协会)等。此类型报告的搜集途径较为多样化,就互联网渠道而言,信息质量较高的网站有经管之家、理想论坛等。

② 行业领先企业的定期报告:行业领先企业多数也是上市公司,按照上市公司的治理要求,都会定期发布季度、半年度和年度报告。在这些企业的报告中,可以及时地了解他们对于所处外部环境的分析与观点以及他们所采取的策略与措施。同时,可以通过一个行业中多家上市公司的定期报告来发现其所处行业的竞争态势与发展趋势。这些定期报告可以从上市公司官网中的"投资者关系"栏目中获取,也可以从交易所的公告栏目中查询。

③ 行业监管法律法规及监管机构政策文件:对于与国计民生紧密相关的行业企业而言,其发展战略必然会审慎考虑行业监管法律法规要求,需要持续关注监管机构发布的各项政策文件。例如,金融行业就是典型的强监管行业,金融企业的业务发展与运营必须在所属的监管框架下运行。如果为金融企业制订IT战略规划,就需要收集、学习和理解该行业的法律规制、监管政策与监管框架。在此方面,最好的信息收集渠道来自于监管机构和相关组织的官方网站、公众号和微博。

④ 行业专家与专业研究者发表的文章:虽然目前微信、微博等渠道已经成为大众获取信息、阅读各类文章的重要渠道,但是为了获得更为严谨和专业的观点,仍然需要通过各类专业期刊等载体收集行业专家与专业研究者发表的文章。在这方面,以知网为代表的学术期刊论文库是合适的收集渠道。

⑤ 专业书籍、博士和硕士论文:对于企业IT战略规划制订者而言,当进入一个不熟悉的行业领域为企业提供IT战略规划的时候,快速理解企业所处的行业情况是需要即刻着手开展的任务。在此方面,专业书籍的作用是不可替代的,只有专业书籍才能够系统地阐述一个行业及其领域。这些专业书籍可以是教材和专著,也可以是行业资格认证的培训资料(如证券从业资格考试指导教材是系统化理解证券行业的专业书)。此外,一个行业及其细分领域的优秀博士和硕士论文也往往是帮助企业IT战略规划制订者快速理解所处行业的重要参考书。通常这些论文都会对所处领域的知识与研究情况进行梳理和综述,并严谨地附上参考文献,这都为行外人士快速了解行业的知识体系提供了很好的参照。

(2) 企业资源与能力条件

企业是资源与能力的结合体。企业资源包括有形资源与无形资源两大类,前者包括企业生产经营所需的各类资产、决定企业投融资水平的财务资源、企业经营与发展所需的人力资源;后者包括企业的技术研发、品牌形象、社会及政府关系等。企业的能力体现在战略、管理、研发、营销、财务等方面,优势的企业资源可以转化为企业的能力,卓越的企业能力则能更好地帮助企业聚集各类资源。

对企业IT战略规划制订者而言,把握企业的资源与能力是非常重要的内容。一方面,有助于理解企业战略从哪里来、到哪里去、为什么等重要基本问题;另一方面,能够为企业量体裁衣地制订合适的IT战略规划,毕竟IT战略的实施必然需要企业各类资源的投入并依靠企业能力去实现。

在企业资源与能力方面,可以通过收集分析信息和调研访谈,来了解以下关键信息:

① 了解企业的基本情况,包括历史沿革、组织机构、股权架构及主要股东等。

② 了解企业的经营情况,包括营业收入、管理支出、产品与服务等。

③ 了解企业的管理团队,包括董事会成员与管理层成员的情况,特别是谁是企业"一把手"、谁是主要业务领导者、谁是企业IT事项的主要推动者和决策者。

④ 了解企业IT的投资能力,一方面既需要考虑企业的经营水平和营收能力,以及历史上的IT投资情况;另一方面也需要了解企业董事会和管理层的主要成员(董事长、执行董事、CEO、COO、CFO、CIO等)在未来企业IT投资上的意愿与思路。

2. 企业战略的总体目标

无论是三年战略,还是五年战略,在企业战略中,必然会确定战略发展的总体目标。总体目标是企业发展愿景和使命在战略规划期内的具体体现。

所谓企业愿景,就是企业长期发展的方向与目标,指明企业希望成为怎样的企业。例如,中国工商银行的愿景是"打造'价值卓越、坚守本源、客户首选、创新领跑、安全稳健、以人为本'的具有全球竞争力的世界一流现代金融企业";京东的愿景是"成为全球最值得信赖的企业"。企业使命则是表述企业在社会经济发展中所应担当的角色和责任。例如,华为的企业使命是"把数字世界带入每个人、每个家庭、每个组织,构建万物互联的智能世界";中国建筑集团的使命是"拓展幸福空间"。

通常企业战略的总体目标通过简练的语言来概括企业战略的目标体系,多数情况下企业使用经济目标来定义总体目标,跟企业的发展规模、行业地位、营业收入与利润挂钩,例如"五年内达到200亿元营业收入、10亿元利润"这样的描述。因为总体目标需要自上而下分解到企业的各业务单元、各层级,所以总体目标应当采用尽可能量化的方式定义,不仅有利于目标分解,也能够用于在未来验证目标是否达成。

3. 公司级战略

公司级战略是企业战略的大政方针,即企业整体战略。如2.1.1节所述,公司级战略通常包括三种类型:增长战略(求发展)、维持战略(做防守)、紧缩战略(求生存)。存在IT战略规划需求的企业通常在公司级战略中采用增长战略,下面就该类战略展开说明。

增长战略在于谋求显著的企业收入增加或者市场占有率增加,其实现方式存在两种情况:内生式增长、外延式增长。前者一般通过提升营收、生产效率和人力资源来实现,往往并不容易;后者经常通过企业并购方式来实现,这也是国内外许多头部企业走过的路径。

从分类角度,增长战略包含以下五种类别,当然,这些类别之间不是互斥的,而是经常同时存在于一个企业之中。

(1) 横向一体化

以谋求市场占有率优势为目标的企业往往会去收购同行业提供同类产品或服务的其他企业,从而快速提升其市场地位,并通过更加规模化运营的方式来取得规模优势——更强的生产能力、更多的客户覆盖、更有利的供应链掌控。这种增长战略称为横向一体化战略。例如,计算机制造行业、汽车行业的许多并购案例就属于此类型。

(2) 横向多元化

企业A收购企业B,企业B与企业A的经营内容不同,但是具有较强的相关性,在核心竞争力方面,二者有许多相同或互补的地方。通过收购,企业 A 可以整合企业 B 的核心竞争力来提升整体的竞争能力。这种增长战略称为横向多元化战略。例如,金融行业的许多并购案例就属于此类型,1.2 节中介绍的 Capital One 在起步阶段是一家信用卡公司,后通过收购区域银行、直销银行、医疗保健金融等业务快速成长为美国第五大零售银行。

(3) 非相关多元化

企业 A 收购企业 B,二者在行业关联方面没有关系,对企业 A 而言,这样的收购可以帮助其解决其所属行业周期性对业务收入与利润带来的影响,在财务角度实现更好的抗周期能力;或者企业 A 直接选择在另外一个行业中投资并谋求取得一席之地。这种增长战略称为非相关多元化,采用这种战略往往是财务因素驱动的。例如,2004 年,云南白药从医药行业跨界进入日化行业,推出了云南白药牙膏,就是非相关多元化的成功案例。

(4) 纵向一体化

企业 A 的供应商是企业 B,企业 A 的销售商是企业 C,企业 A 收购其产业链条中的企业 B 或 C,就属于纵向一体化战略。其中,企业 A 收购企业 B 属于反向一体化,企业 A 收购企业 C 属于正向一体化。这种纵向一体化战略可以帮助企业更好地掌控其产业链条,实现更低的成本、更高的质量和更多样化的产品及服务提供。例如,服装行业的许多领先品牌企业就采用了纵向一体化战略,实现了纺织、设计、成衣生产、终端销售的一体化模式。

(5) 战略联盟

多家企业之间通过建立战略联盟的伙伴关系,实现成本、风险与利益的共享,也属于增长战略的一种类别。战略联盟的形式可以是共同设立合资公司、运营协同合作、长期供应协议等。较常见的战略联盟案例之一是航空公司的战略联盟,如成立于 1997 年的星空联盟(Star Alliance),总部位于德国法兰克福,是世界上第一家全球性航空公司联盟,拥有 26 家航空公司成员,成员航空公司扩大了航班代码共享,而且各成员的常旅客计划实现了积分互通及优先旅客的权益互享。

4. 业务单元级战略

公司战略确定之后,需要将之落实到业务单元。如 2.1.1 节所述,业务单元级战略需要解决"在所处行业或领域中如何去竞争"的问题,有三种基本竞争战略,即总成本领先战略、差异化战略和专一化战略。

(1) 总成本领先战略

总成本领先战略是指企业业务单元在同行业中,在所提供的服务质量、产品功能差别不是很大的情况下,通过建立高效的生产设施和服务设施,强化对成本及管理费用的控制,有效管控研发、服务、促销、广告等方面的费用支出,从而确保总成本低于竞争对手,以此来获得竞争优势。例如,小米公司就是总成本领先战略的成功案例,在小米创立初期,其通过硬件研发与生产制造外包、用户参与 MIUI 系统改进、线上线下相结合营销等方式,塑造了"高性价比"和"为发烧而生"的口碑效应,取得了巨大的成功。

(2) 差异化战略

所谓差异化战略就是企业充分发挥和运用其产品或服务的部分甚至全部不同于同行业其他企业产品或服务的优势,依托企业现有的资源和能力水平,向顾客提供行业内独具特色的产品或服务,这种特色可以为产品或服务带来额外的溢出价格,并且该溢出价格超过了因其特色所增加的成本,这种差异化将使企业获得竞争优势。例如,著名的莱卡相机,因其昂贵的价格使其区别于其他品牌相机而拥有三大特色:供不应求、极致打造、经典流传,并且始终坚守严谨的德国制造,使得莱卡相机不仅是一个产品,更被视为极具收藏价值的"艺术品"。

(3) 专一化战略

专一化战略也称为集中化战略,是指企业业务单元的经营活动聚焦于某一特定的客户群体、产品或服务的某一特定类型或者某一行业细分领域的市场,通过为这个细分市场或特定客户群体提供比同业竞争对手更好、更有效率的产品或服务来建立企业的竞争优势。例如,在汽车产业链中就有许多专注于特定配件生产的专业领先厂商,像专注于制动系统产品的全球领先厂商菲罗多,有着100多年的品牌历史,在1897年制造出世界上第一个刹车片,一直专注于刹车片、刹车盘及制动液的研发与生产,目前是世界产销量第一的汽车制动系统供应商。

5. 职能级战略

在企业确定公司级战略、业务单元级战略之后,就需要制定职能级战略来支撑以上战略在企业的实施,如市场营销战略、人力资源战略、财务战略、生产战略等。在许多企业的战略规划中,往往会用"举措""保障""路径"来阐述职能级战略。以财务战略为例,财务战略的主要任务是根据企业公司级战略、业务单元级战略及其他职能级战略的要求,分析和确定企业的资金需求量,保证企业的经营活动对资金的需求,确定融资渠道和方式,调整和优化企业内部资本结构,通过有效投资和资产管理手段提高资金的使用效率,保证企业战略目标的顺利实现。财务战略的制定过程也是协调各职能战略的综合平衡过程,各职能战略的制定和实施也必须接受财务的检验。企业战略选择的重要标准是可行性,可行性的首要条件就是该战略是否有资金支持。[23]

6. 企业战略理解示例

为了更清晰地说明以上企业战略理解的方法和内容,本节使用具体企业战略的理解示例来说明。在示例来源方面,主要选择上市公司公开发布的企业战略规划文件,可以在上海证券交易所和深圳证券交易所的官方网站的上市公司公告栏目中查询和选择。

示例 某地产集团的发展战略规划纲要(2021—2025)[24]

从该企业发布的战略规划纲要文件中,可以通过以上战略理解框架,按照不同内容进行如下结构化分解与理解。

(1) 建立理解的基础

① 商业模式:可通过收集该企业及该行业其他上市公司的年度报告、相关行业书籍及文章,参考2.2.1节的介绍,理解企业所属的房地产业商业模式。例如,刘洋等在2016年《科技促进发展》上发表的《中国房地产业的商业模式》一文中就对该行业的商业模式进行了梳理和总结。

② 企业治理与管理:可通过企业历年的年报,特别是近几年的年报进行理解与分析。

(2) 内外部环境

① 国际环境:依据国家对国际形势的分析,企业认识到国际关系复杂度提升、不稳定性和不确定性增加,但和平与发展仍然是时代主题。

② 国内环境：国家优势带来经济社会发展的诸多有利条件，国家经济有希望、有潜力保持长期平稳发展。

③ 行业趋势：房地产市场总量稳定、按年微升；行业由规模化竞争进入差异化竞争阶段；数字化给房企运营模式带来颠覆；经营型房企将在企业价值上领先于销售型房企；美日房企在产品和业务创新的经验值得借鉴。

④ 第三方信息借鉴：通过近几年的行业报告、券商行业研究报告等资料来理解行业发展趋势。

(3) 总体目标

① 保持规模快速增长，2025年总销售规模达到4500亿元以上，年复合增长率为15%以上。

② "地产+"业务迅速发展，2025年该业务销售规模达到500亿元以上。

③ 经营管理能力与盈利能力显著提升，客户满意度达到行业先进水平（90%以上），"品质利润型"产品占比达到30%。

④ 财务结构持续优化，持续改善资产负债率等财务结构指标。

⑤ 创新驱动能力成效显著，设立创新研究院，战略制定能力、市场研究、产品开发、模式创新等均获得显著提升。

⑥ 品牌影响力不断扩大，品牌传播指数位居行业首列，打造国内知名最高级企业品牌。

(4) 公司级战略

未来五年的总体发展战略是"四位一体、生态协同"的高质量发展战略。即精耕地产主页，做强智慧服务，做优科技产业，做实商旅康养，在此基础上进一步整合产业链生态圈，扩大价值提供范围，提供高品质、多元化的美好生活产品与服务，形成生态协同的新战略格局。同时向产业链上下游进行投资布局，实现地产与产业链的双向赋能。

通过以上描述，可以理解该企业的公司级战略应属于横向多元化、纵向一体化及战略联盟（生态圈）3个类型基本战略的结合。

(5) 业务单元级战略

该企业的业务单元级战略主要包括以下3个方面：

① 地产主业发展战略：巩固发展民生地产为主体、民生地产与精品住宅相互促进的"双模驱动、创新发展"模式。

② 智慧服务发展战略：定位于全国领先的智慧生活服务商，围绕城市空间服务（以物业管理为核心并覆盖设施设备和资产管理等）、美好生活服务（面向业主生活需求提供各类服务）、智慧科技服务（智慧案场、智慧社区、智慧城市等）为核心的业务生态，打造以客户为中心、全国领先的智慧生活服务商。

③ "地产+"业务发展战略：提升"园区运营管理"轻资产业务与持有型物业优质资产经营；围绕商旅康养建设"大消费"和"大健康"板块。

(6) 职能级战略

像许多企业一样，该企业通过保障举措来定义职能级战略，涵盖了企业文化建设、创新能力建设、公司治理能力建设、科技能力建设、管控能力建设、执行能力建设、风险防控能力建设、战略制定能力建设、品牌经营能力建设、资本运作能力建设共10个方面。

(7) 提炼 IT 战略制定的依据

通过以上的结构化分解与理解,对该企业战略发展规划纲领文件的要点进行了梳理,作为企业 IT 战略规划制订者,可以从中获得企业 IT 战略制定的主要依据,包括以下 3 个方面:

① 从职能级战略发现 IT 战略制定的需求:首先,毋庸置疑,科技能力建设本身即是 IT 战略范畴;其次,从内部能力来看,公司治理、管控、风险防控往往也需要 IT 输出必要的支撑手段;最后,从面向客户的能力来看,品牌经营、创新通过也会需要 IT 战略给予支持。

② 从业务单元级战略发现 IT 战略制定的重点:显然,"智慧服务"应当成为该企业 IT 战略的重点内容,并与"地产+"业务存在紧密关联关系。

③ 从公司级战略确定 IT 战略制定的方向:IT 战略制定必须跟上公司增长战略的要求,符合横向多元化、纵向一体化和产业链生态圈的战略发展要求。

2.3 建立企业战略层的沟通机制

对企业战略的理解不应局限于对战略规划文件的理解。对企业 IT 战略规划制订者而言,在实际工作中,更重要的是能够建立企业战略层的沟通机制,能够直接听取与企业战略紧密相关的关键干系人对企业战略的观点与看法,并且逐步推动这种沟通机制向常态化与深入化发展。

2.3.1 识别关键干系人

IT 战略规划本身就是一个项目,因而项目管理协会(project management institute,PMI)发布的项目管理知识体系是适用的。[25]所以在 IT 战略规划制订中,应引入项目管理中的沟通管理技术,对关键干系人进行识别,这是项目成功的重要前提。

本书中的关键干系人是指对 IT 战略规划的决策、活动或结果产生重要影响的个人、群体或组织。徐丕尚在《探究项目干系人的管理实践》一文中总结了干系人识别的实务方法,包括建立干系人名单、对干系人进行分类、评估与识别关键干系人三个步骤。[26]

1. 建立干系人名单

如前文所述,建立企业战略层的沟通机制,首要目标是站在 IT 战略规划制订者的角度,更清晰地理解企业战略。其次,毕竟是识别 IT 战略规划的关键干系人,在名单建立中,也不应局限于企业战略本身的干系人范畴。因而可以将两者结合,用于建立干系人名单,通常包括以下角色。这些角色之间可能有交集,但这并不影响名单的建立。

(1) 企业战略决策者:可能是企业实际控制人、党委书记、董事长、总裁或 CEO,这取决于企业的所有权属性与治理结构。

(2) 企业战略决策的重要影响者:企业董事会成员、高级管理层成员及其他直接为企业战略决策者提供决策支持或带来重要影响的人员。

(3) IT 战略决策者:可能是企业战略决策者,也可能是企业 IT 最高负责人或负责组织,这取决于 IT 战略在企业战略中的定位和层级。

(4) IT 战略决策的其他干系人:企业 IT 管理的核心人员,包括 IT 部门及 IT 相关部门的负责人、IT 核心技术骨干人员；企业业务及支撑的职能部门负责人、各职能部门与 IT 工作关系紧密岗位的核心骨干人员；企业 IT 的用户群体代表，包括内部用户、外部客户的代表性人员或重要代表性机构；企业 IT 的关键合作伙伴群体，包括企业 IT 建设与运行所依赖的、可替代性低的关键合作伙伴群体。

2. 对干系人进行分类

通常 IT 战略规划可以使用干系人的职务层级、所负责专业领域这两个维度对干系人进行分类。由于每个企业的治理与管理情况有所不同，在干系人分类中，一方面，可以借助在前文中所谈的商业模式等知识和经验，遵循企业业务的主要分类方法；另一方面，也应当注重企业内部软信息的了解，例如，某职能部门的实际决策人是该部门的负责人还是企业高级管理层的某成员。

3. 评估与识别关键干系人

徐丕尚提供了一种评估与识别关键干系人的实务做法[26]，在其基础上，可以结合 IT 战略规划项目的特点，按照企业实际情况，建立可操作的多个维度开展评估与识别工作。可以在每个维度中建立不同计分等级，如 3、2、1 代表维度权值由高到低，通过多维度打分方式来识别关键干系人，见表 2.1。

表 2.1 关键干系人评估与识别示例

评估维度	干系人 1	干系人 2	干系人 3
决策影响力	3	2	1
职务与职权	3	1	2
专业贡献程度	2	3	3
受益程度	3	2	1
参与程度	1	3	1
影响变更的能力	3	1	2
总计	15	12	10
关键级别	高	中	低

2.3.2 做好沟通准备

许多企业 IT 战略规划制订者，也包括一部分 IT 咨询公司的专业人士，往往对于企业战略层沟通，或者说 IT 战略规划的调研交流，缺乏足够的沟通准备。特别是当他们进入一个新的行业或业务领域的时候，如果不做好沟通前的功课，沟通的效果就会打折扣。因而本书从实务角度出发，提出以下战略层沟通的准备事项：

（1）准备沟通工作底稿。可参照 2.2 节的内容，对企业战略文件及相关信息进行调研、梳理、总结与理解，形成沟通工作底稿，也便于在战略层沟通中通过关键干系人的反馈来确认、修正或补充自己对企业战略的理解。

(2) 重视关键干系人沟通。使用 2.3.1 节的方法,识别关键干系人,并针对关键干系人的管理层级、专业领域等提前做好个性化沟通准备,特别是准备适合向其提出的问题。

(3) 建立符合该企业行业特点的沟通术语表,理解行业内语言。术语是"实质概念"的词语表现形式,是通过语音或文字来表达或限定专业概念的约定性符号。[27]许多行业会正式出版或发布行业标准或实质使用的规范术语,例如《工程造价术语标准》《安全生产常用专用术语》。对于一些行业术语,在正式出版物难觅的时候,使用 2.2.3 节介绍的信息收集方法,收集各类信息来抽取和整理术语表也是一种有效的方法。

2.3.3 建立沟通管理机制

IT 战略规划的沟通管理机制应从两个方面运用相关管理方法,一是 PMI 项目管理知识体系的项目沟通管理技术,二是管理沟通的策略与方法。

1. PMI 项目沟通管理技术

PMI 项目沟通管理有 4 个基本分类,如图 2.9 所示,包括信息交换方法、沟通活动方法、沟通方法及主要沟通需要。[25]所谓建立沟通管理机制,其重要的任务就是洞察与理解不同干系人在不同场景下的项目沟通需求,采用适合的沟通方法,以有效的信息交换形式,有计划、可跟踪、可管理地组织开展各类项目沟通活动。

在实际项目执行中,往往大部分问题的根源都来自于沟通问题。PMI 的建议是在项目沟通中,需要尽力预防理解错误和沟通错误,并谨慎地选择沟通方法。针对书面或口头沟通,PMI 提出了"5C"沟通原则,以减轻理解偏差,包括正确的语法和拼写;简洁的表述和无多余字;清晰的目的和表述(适合读者或听众的需要);连贯的思维逻辑,如书面表达的写作思路连贯;受控的语句和想法承接,如可使用图表或小结来控制语句和想法的承接。

同时,"5C"原则强调沟通技巧的配合,包括积极倾听,与说话人保持互动,并总结对话内容,以确保有效的信息交换;理解文化和个人差异,这种对差异的认知可以减少误解并提升沟通能力;识别、设定并管理干系人期望,与干系人磋商,减少自相矛盾的期望;采用沟通强化技能,如说服、激励、鼓励、指导、解决冲突等。

2. 管理沟通的策略与方法

IT 战略规划项目由于其战略属性,往往需要与企业高层和中层的经营管理者开展沟通工作。在此方面,可以学习借鉴工商管理专业的必修课——"管理沟通"。所谓管理沟通,是指沟通者为了获取沟通对象的反应和反馈而向对方传递信息的全部过程。[28]实际上,管理沟通的目的就是寻求组织内外的理解、支持与合作,这也正是 IT 战略规划制订中所需要的。从效果而言,IT 战略规划过程就是寻求在企业高层管理者及其他主要干系人群体中达成共识的过程。由于管理沟通本身就是一门课程,因此本书仅从管理沟通基本策略角度做一说明。

信息交流的基本模式是基于社会信息环境在各种信息噪声干扰下,"信息源—信息渠道—信息用户"三者的相互作用构成信息交流的过程。[29]与之对照,管理沟通基本策略包括以下 5 个方面,如图 2.10 所示。

第 2 章 企业战略的理解与分析

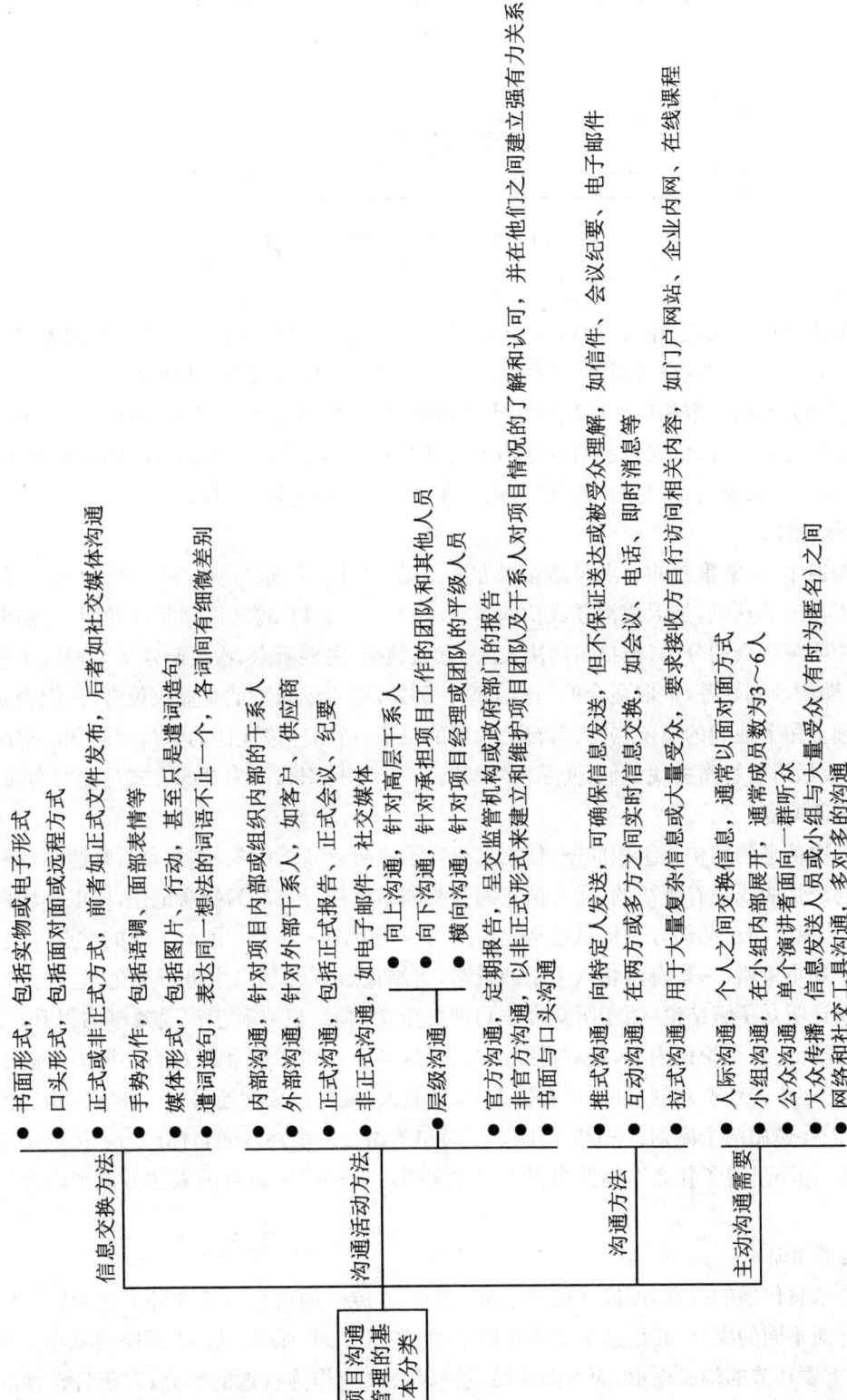

图 2.9 项目沟通管理的基本分类

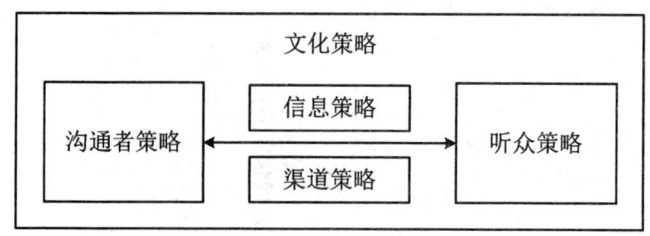

图 2.10　管理沟通基本策略[29]

（1）沟通者策略

首先解决自己的问题，让对方感觉到自己是值得为大家所信任的，自己表达的内容也是值得大家去接受的。所谓沟通者策略，是沟通者为达到某一目标，通过对自身的特点、身份背景、地位、素质等的分析，采取相应的策略去实现沟通的目标。[28]发起沟通的主体在建立清晰的自我认知和定位之后，可以依据自己对沟通内容的掌控程度，从强到弱采用对应的沟通者策略，即告知、说服、征询、参与，来与对方开展沟通工作，从而达成沟通的目标。

（2）听众策略

管理沟通中，非常重要的一点是站在对方的立场考虑问题，即"同理心"（empathy）。同理心是人与人沟通的基础，是促成沟通成功的基础。对于企业 IT 战略规划制订者而言，需要在沟通管理中明晰听众的分类，包括关键决策者、意见领袖、主要听众、次要听众等。通过了解听众的特点、期望及偏好等，采取适合的沟通策略。例如，对于创新型的企业决策者，他们会希望在事情处理上留下他们的痕迹，并具有自己独到的见识，所以应该让他们参与到问题的解决中来，不要拿着最后的答案去找他们，而是用"我建议……""您怎么认为？"的方式与他们沟通。

（3）信息策略

用来解决信息的结构化组织问题，使信息更容易给听众留下印象，这才是听众能够理解的前提。人的记忆曲线是有规律的，通常信息的开头和结尾部分最易为听众记住，所以开场白和介绍部分、结束语与总结部分是信息结构化中最为强调的两个环节。围绕沟通的重点，信息策略分为两个基本策略：一是直接切入主题的策略，将结论放到开场白中进行陈述，这种方式在开始阶段就让听众了解结论，便于听众吸收和理解全文内容，也有利于沟通效率的提升；二是循序渐进，先陈述各类论证内容，最后再提出结论，这种方式可以缓和因观点不同而可能引起的冲突，便于逐步转变听众的态度，步步推进，以理服人，最终达成沟通目标。在安排沟通内容结构方面，需要遵循两个原则：一是尽可能以最简单的语言来表述沟通目标；二是"沟通是你被理解了什么，而不是说了什么"，需要根据不同的沟通对象来确定适合的表达方式和内容结构安排。

（4）渠道策略

渠道是信息传播的媒介，而媒介在特定时间里能够传播的信息容量和种类成为媒介信息丰富度。针对不同的媒介，其信息丰富度有所不同，如图 2.11 所示。从 IT 战略规划项目角度来看，对于重要环节的沟通渠道，面对面谈话或视频会议应作为首选的媒介；对于日常性项目沟通，电话、即时消息、电子邮件是常用的沟通工具；对于项目定期沟通，通知主要干系人的项目，简报方式最为常见。

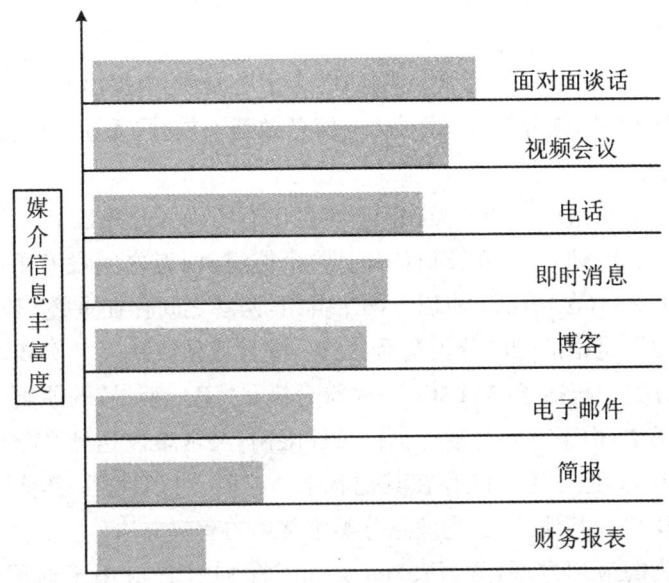

图 2.11 媒介信息丰富度比较[30]

(5) 文化策略

文化背景的差别会表现在国家、地区、行业、组织、性别、人种、专业团队等多个方面,文化因素会影响到以上 4 个策略的选择。对沟通者策略而言,沟通语言选择就是首要问题,肢体语言上也需要谨慎考虑不同文化的理解不同;对听众策略而言,不同文化特点的听众群体,其关注点及容易接受的表达方式会有很多差别,需要针对性理解其文化背景并采取适当的听众策略;对信息策略而言,文化因素会决定适合的信息结构,例如强调商业文化的企业更适合开门见山直接切入主题的方式;对渠道策略而言,针对同一个沟通目标,不同企业文化下往往会有不同的适合渠道,例如外资企业往往会习惯电子邮件的沟通渠道。

2.4 建立企业战略理解基线文档

前面章节讲述了企业战略理解的方法与 IT 战略规划项目沟通方法,就项目执行而言,这些方法运用的结果是需要文档化的。同时,需要关注的是,由于关键干系人的影响以及在企业战略理解中可能存在的偏差,对企业战略的理解会在 IT 战略规划过程中发生变更,甚至有时会产生对 IT 战略规划内容的重大影响。所以,在完成企业战略理解与分析工作之后,需要建立企业战略理解基线文档,作为后续该类文档管理的起点,对文档进行版本管理,以确保整体 IT 战略规划的出发点保持准确。

2.4.1 调研信息分类整理方法

战略理解基线文档撰写之前,需要先对调研收集到的各类信息进行分类整理,实际上,信息分类也是重要的学习与分析方法之一。在此,本书推荐两个方法的结合应用:一是 MECE (mutually exclusive collectively exhaustive)方法,即"相互独立,完全穷尽";二是从业务出发的方法。

1. MECE 方法

MECE 方法是麦肯锡顾问芭芭拉·明托在《金字塔原理》中提出的一个分类思考工具。[31] MECE 方法适合于开展问题分析，能够对相关信息做到不重叠、无遗漏的分类，而且能够借此有效把握问题的核心。

所谓"相互独立"，是指信息的分类在同一维度上有明确区分并且不可重叠。例如，我们将人口年龄群组划分为 0～20（含）岁、21 岁以上两个群组，两者之间没有重叠，属于 MECE 方法；而如果划分为 0～30（含）岁、21 岁以上两个群组，两者之间存在重叠，不符合 MECE 方法。

所谓"完全穷尽"，是指信息的分类全面、完整，没有遗漏或缺失。例如，一件事物有 A、B、C 三个状态，只有分类中包括了 A、B 和 C，才符合满足"完全穷尽"的原则。需要补充说明的一点是，在信息分类中，由于时间有限与执行条件限制，经常难以达到"完全穷尽"，比如，只收集到 A、B、C 三类状态，但是还可能存在其他状态。这时，可以使用"其他"来概括其他状态，将分类定义为 A、B、C 和其他，这也是信息分类中常用的有效方法。

在 MECE 方法的应用方面，W. Frazier Pruitt 将 MECE 应用于通用问题解决场景，与 SCQA[Situation（情景）、Complication（冲突）、Question（问题）、Answer（回答）]结构化表达方法相结合，给出了清晰的说明，如图 2.12 所示。[32]

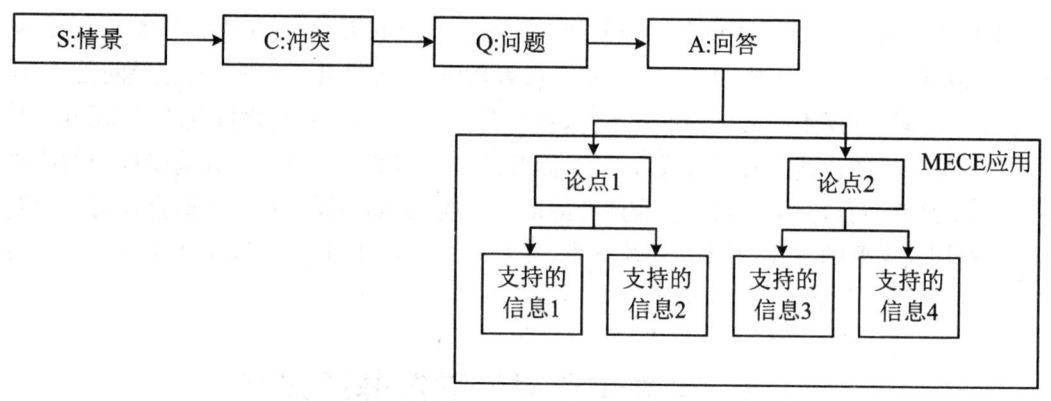

图 2.12　MECE 应用于 SCQA

之所以使用这个示例来说明 MECE 方法的应用，是因为从企业 IT 战略规划制订者角度，信息的分类整理正是为了形成和支持 IT 战略规划的论点，也必然需要通过结构化表达工具向关键干系人说明这些论点。

SCQA 是经典的结构化表达工具[33]，可以分 4 个步骤来使用，包括：

（1）S：情景。从听众熟悉了解的事物或情景引入，让听众与沟通者产生共鸣。

（2）C：冲突。在以上的事物或情景中存在哪些矛盾冲突，这些冲突最好由后面的"Answer"来解决。

（3）Q：问题。从矛盾冲突中引出问题，而这些问题正是听众所关心的。

（4）A：回答。沟通者将问题的解决方案提供给听众。

SCQA 是经过充分验证的结构化表达工具，也是麦肯锡等国际咨询公司提倡的沟通方法。而 SCQA 中，最关键在于回答的组织，这正是 MECE 方法发挥价值所在。

回答的组织恰如芭芭拉·明托所提出的金字塔结构，如图 2.12 所示。最顶层是"回答"，这个回答需要足够的论点来支持,而每个论点都需要足够的信息来支持,才能形成一个有足够说服力和逻辑结构的回答。在论点及其支持信息的组织中,必须贯彻 MECE 方法。也就是说,所有的论点必须属于同一维度分类,相互独立,彼此没有重叠,并且覆盖了所有的可能性(完全穷尽)。唯有如此,才能形成令听众清晰理解的回答,也助于说服听众接受回答。

2. 从业务出发的方法

在调研信息分类工作中,仅有 MECE 方法是不够的,大量的信息分类非常依赖于对于信息产生的背景知识的掌握。因而,还需要结合从业务出发的方法,实际上,这也是 2.2.3 节方法的应用与延伸。这里推荐两个方法,一是通过权威信息获取分类知识,二是通过调研沟通来获得企业管理者及专家的帮助。

在实践中,企业 IT 战略规划制订者所需要的信息分类多数情况下并不需要通过创新发明的方式去产生,而往往这些分类就已经在某个地方等着他去发现了。例如,对于多元化企业的调研信息,经常需要涉及行业分类的问题。在此领域,国内有《国民经济行业分类》的国家标准、《上市公司行业分类指引》的行业标准,全球有 MSCI(明晟指数公司)的全球行业分类标准(The Global Industry Classification Standard,GICS)。再例如,对于一个企业的业务分类,在这个企业的年度报告(上市公司必然有此公开文件)中,或企业所属行业的监管法律法规中,如《商业银行法》《证券法》,会存在该企业的权威业务分类信息可以使用。

当然,由于行业细分与新行业产生的速度通常快于标准与法律法规的制定速度,所以,在实践中,仍然需要借助企业管理者和专家的经验与知识来完善信息分类工作。一方面,许多企业内部经常有体现行业特点和企业特色的内部分类方式;另一方面,信息分类结果也会作为 IT 战略规划报告的组成部分交由这些关键干系人来确认。因而,在调研沟通中,不仅需要收集信息,也需要收集信息分类的背景知识。

2.4.2 企业战略理解基线文档

当对调研信息完成分类整理之后,需要结合企业 IT 战略规划制订者的经验与理解,完成企业战略理解基线文档工作。该类文档的作用有两点:首先,这用于建立 IT 战略规划整体工作的基础与出发点;其次,基线文档的撰写过程也有利于验证对企业战略理解的逻辑是否准确、调研信息收集是否完备。

1. 基线文档的内容结构

面向 IT 战略规划的需要,企业战略理解基线文档应当涵盖以下 3 个方面的内容:

(1) 对企业战略的理解

可以参照 2.2.3 节所述的企业战略理解与分析方法,完成企业战略理解的文档化。从最小集来看,应当至少包括对企业的公司发展愿景和公司级战略的理解;从相对完备角度而言,可以进一步涵盖业务单元级战略、职能级战略以及对企业所处的内外部环境的理解与分析。

(2) 对企业商业模式的理解

对企业商业模式的理解是支撑企业战略理解的基础,在实践中,该部分的理解文档可以根据调研信息的丰富程度有不同深度的总结方式。参考 2.2.1 节商业模式的 9 个构成要素,从最小集来看,应当包括企业的客户细分、价值主张、渠道、关键资源、关键活动中的全部或部分要素；从最大集来看，除了尽可能覆盖9个构成要素之外，对于商业模式广义定义中能为企业商业模式带来重要影响的因素，例如法律法规与监管因素，也应当纳入企业商业模式理解的范畴。

（3）对企业治理与管理的理解

在企业治理与管理方面，可以分3个层面来总结形成理解文档。这些文档的内容并不是都需要纳入最终的IT战略规划报告，通常只需要将内部治理机制、整体组织架构及主要管理方式的内容纳入。但是，尽可能全面地理解企业治理与管理，并形成工作文档，将对避免IT战略规划项目执行偏差发挥重要作用。

① 企业治理模式。需要理解企业基本的治理机制，包括内部治理的组织架构及外部治理的关键因素。

② 企业管理决策机制。需要理解企业的整体组织架构、公司级管理方式、对业务单元的管理方式等。

③ 企业的主要管理制度。需要理解企业管理制度的分级分类情况、管理制度运行所依托的主要机制（会议、OA系统等）。

2. 基线文档的撰写

关于企业战略理解基线文档的撰写，本书推荐2.4.1节中提到的《金字塔原理》一书所提倡的结构化写作与表达方法，这需要读者去做扩展阅读。在本节，仅从实践角度，向读者提供以下要点说明：

（1）可在基线文档中建立一个术语表，如2.3.2节所述，用来汇总企业战略理解中所涉及的各类行业和专业术语，以及企业内部的特定用语，并在基线文档的相关陈述中尽可能地使用这些术语，以有助于与关键干系人的交流和交互。

（2）应当注重分类方法的使用及前后一致性。像2.4.1节所介绍的分类方法，不仅可用于整理调研信息，更可以用于理解文档中结构化内容的分类陈述逻辑的构建。对于管理与业务较为复杂的企业战略理解，在使用分类方法的同时，亦需要保持同样事物分类方法的前后一致性，从而可以避免理解的逻辑偏差。

（3）基线文档与撰写所参考的各类调研信息需要建立对应关系，并需要在后续的工作中维护与更新这种对应关系。企业战略理解基线文档只是IT战略规划工作的起点，伴随工作的推进，必然会有更多的信息输入，其中会有与企业战略紧密相关的信息。维护与更新这种对应关系，实际上也正是对企业战略理解所需的知识体系的维护，这将对后续IT战略规划的各阶段工作带来重要的帮助。

2.4.3 与关键干系人确认战略理解基线文档

对于企业IT战略规划制订者完成的企业战略理解基线文档，只有关键干系人才能确认该文档是否达到了准确、全面地理解企业战略的目标。IT战略规划作为一个项目，通常会在项目章程中规定文档的确认方式与时间计划。在实际执行中，仍然需要注意以下3个方面的事项：

1. 与关键干系人确认基线文档的次序安排及方式选择

在 2.3.1 节中，IT 战略规划制订者建立了关键干系人名单。在企业战略理解基线文档确认中，应当谨慎选择参与确认的关键干系人，并合理安排不同干系人的确认次序，以及适合于不同干系人的确认方式(汇报会议、电子邮件、纸质报告等)。在此方面，应当征求企业战略决策者或 IT 战略决策者的意见。

2. 可以在正式确认之前开展各类非正式确认工作

可以按照基线文档的结构化内容，将关键待确认的信息分解为不同的片段，可在正式确认之前，采用非正式方式与相关的关键干系人开展确认工作。由于关键干系人往往是企业高层或中层管理者，其时间投入总会面临各类问题，所以提前通过灵活的时间安排采用非正式确认方式，往往可以大幅节省双方的沟通成本。

3. 应当按照符合企业管理机制的方式来组织确认工作

在 2.2.2 节和 2.4.2 节中，本书强调了对企业治理与管理的理解。这个工作成果可以作为组织基线文档确认工作的重要参考。例如，对于采用会议决策为主的企业，组织正式的基线文档确认会议是必要的；对于管理授权较为分散的企业，按照授权情况分别与各相关的关键干系人确认相应的基线文档内容，往往是比较务实的安排。

本 章 小 结

企业战略是企业依据其外部环境和内部资源能力状况，对企业的发展方向、达成目标的途径和手段的总体谋划。企业 IT 战略应当依据企业战略来制定，理解企业战略是企业 IT 战略规划工作的首要任务。

企业战略分为公司级战略、业务单元级战略和职能级战略，企业的战略选择和决策与企业自身所处的发展阶段紧密相关。从 IT 战略规划制订者的角度来看，本书提出了企业战略理解框架，在理解企业商业模式、理解企业治理与管理、理解企业内外部环境的基础上，围绕企业战略总体目标，对企业不同层级的企业战略进行理解与分析。在此领域，本书介绍与借鉴了学术界与产业界众多学者与专家的成果。

同时，对于企业 IT 战略规划制订者，还需要建立企业战略层的沟通机制。识别关键干系人，采用必要的工作方法，做好与不同干系人的沟通准备。在沟通管理中，一方面，可以应用 PMI 项目沟通管理技术；另一方面，可以学习借鉴管理沟通的策略与方法。

企业战略理解的结果应当形成基线文档，在撰写该文档的过程中，需要注重分类方法的使用，即 MECE 方法及从业务出发的方法。基线文档的结果需要与关键干系人进行确认，从而建立企业 IT 战略规划的基础。

练 习

1. 参考第 1 章练习的结果，安排学生自由分组，每个组作为一个企业 IT 战略规划项目组,每个项目组选举 1 名项目经理,负责组织本项目组的工作。

2. 由各项目组各自选择一家国内外的上市公司,为该公司制订企业 IT 战略规划作为本组选题,此选题将贯穿本课程的全部章节练习。

本章的练习是由项目组完成本组选题上市公司的企业战略理解基线文档,不少于 2000 字。

第3章 企业业务架构分析与规划

3.1 企业业务架构概述

关于企业业务架构的概念,业界并未有权威且共识的定义。*Business Architecture Management:Architecting the Business for Consistency and Alignment* 一书从实践角度给出定义:"企业业务架构使用一组结构(structures)和描述(stories)来构成关于业务的基础","结构包括高层的商业模式、组织架构等,也包括关于像物流、招聘等具体的业务活动","描述主要关注于企业愿景、价值与文化"。[34] TOGAF 认为"业务架构定义了企业的战略、治理、组织和关键业务流程","业务架构是关于企业端到端价值交付、信息及组织架构的整体、多维度的业务视图,并且体现了业务视图与战略、产品、政策、目标及干系人之间的关系"。

进一步具体化,业务架构专家 Jonathan Whelan 和系统架构专家 Graham Meaden 合著了 *Business Architecture:A Practical Guide*,阐述了业务架构的层级与干系人。[35]

3.1.1 业务架构的层级

如图 3.1 所示,业务架构可以分为 4 个层级,每个层级都是独立的、可理解的,并且每个层级都与其上一级层级保持一致性。

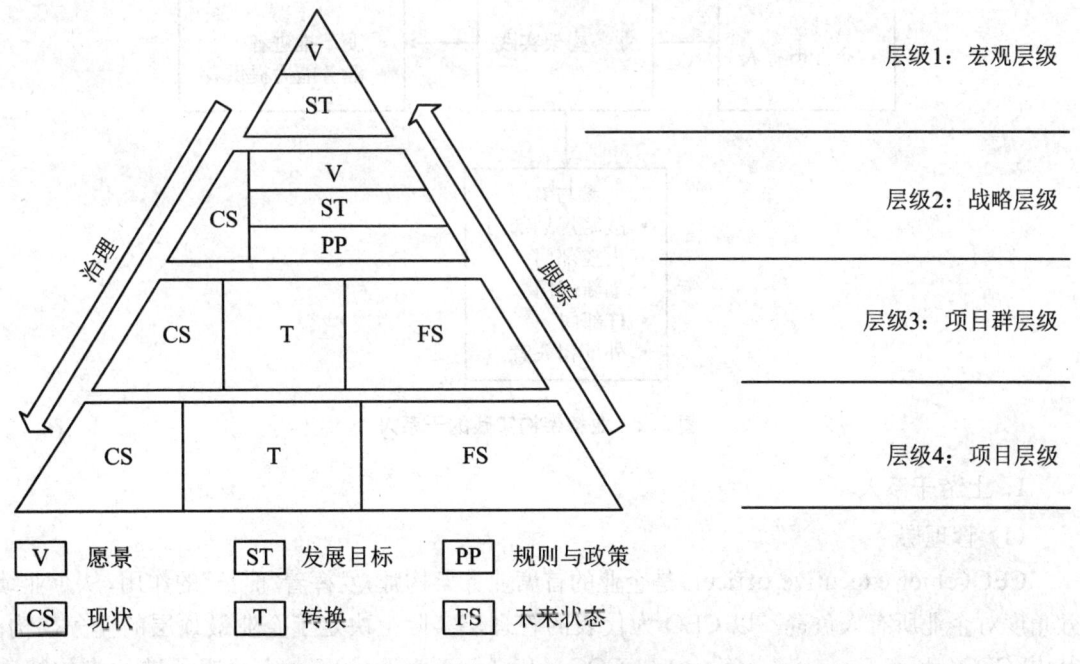

图 3.1 业务架构的层级

1. 层级一：宏观层级

宏观层级的主要听众是企业所有人、投资人和管理层，这是最简要描述的企业业务架构，通常包括业务目标、业务如何创造价值、业务如何为股东带来利益。

2. 层级二：战略层级

这个层级的业务架构用于实现长期的业务战略目标，通常包括组织目标以及如何通过一系列的活动来实现组织目标，这个层级的主要听众是管理层和在组织变革活动中承担责任的人士。所以，这个层级往往需要做现状分析（如 SWOT 分析），也需要制定一系列的原则与政策。

3. 层级三：项目群层级

项目群层级是战略层级在企业内部的分解，最典型的例子是英国政府商务办公室制定的成功管理计划（managing successful programmes，MSP），旨在为企业提供一种实现变革管理的结构化管理架构。MSP 将存在共同目标与紧密关系的一组项目定义为项目群，从而确保在项目群层级各项得到有效的管控。

4. 层级四：项目层级

项目层级是具体的业务架构实施层级，包括详细的业务架构设计以及新业务能力与解决方案的交付。项目层级受到上一级的项目群层级的管控，会关注具体业务架构解决方案。

3.1.2 业务架构实践的干系人

业务架构实践的干系人如图 3.2 所示。

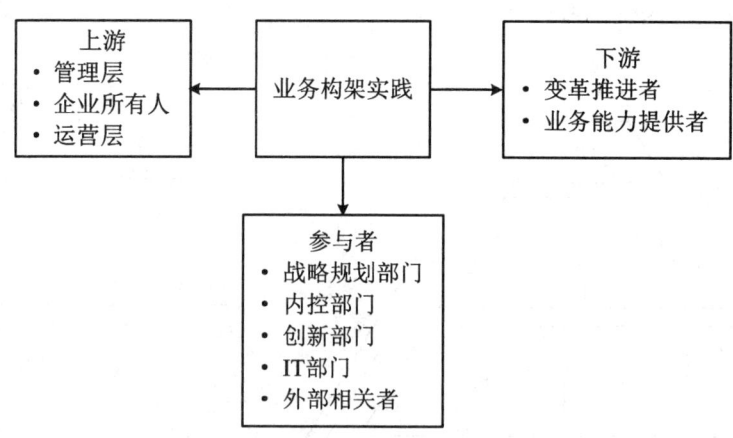

图 3.2 业务架构实践的干系人

1. 上游干系人

（1）管理层

CEO（chief executive officer）是企业的首席业务架构师，发挥着"船长"的作用，从企业绩效角度对企业所有人负责。以 CEO 为代表的管理层实际上决定了企业最顶层的业务架构。其中，CFO（chief financial officer）和 COO（chief operating officer）发挥了进一步的特殊作用。

CFO 及其团队在监督与决定企业组织能力发展投资方面发挥着重要作用;COO 及其团队在确定企业未来业务能力方面发挥着重要作用。

(2) 企业所有人

企业主要股东和投资人虽然不参与企业的日常运营,但是他们同管理层一样,非常关注顶层业务架构是否可靠且能否充分地满足他们的投资目标,顶层业务架构的规划原理是否是合理的。

(3) 运营层

以一线经理为代表的运营层同样是企业业务架构的上游干系人,这里既包括业务部门的经理们,也包括人力资源、法务等职能部门的经理。

2. 参与者

(1) 战略规划部门

企业的战略规划部门往往就是企业 CEO 的战略管理助手,在企业顶层业务架构设计中,他们会发挥重要作用。在实际工作中,企业战略规划与企业顶层业务架构设计往往是互相影响、甚至是合二为一的工作。

(2) 内控部门

合规部门和审计部门是典型的企业内控部门,根据企业所属行业特点,也可以包括风险管理部门、业务质量管理部门、安全管理部门等。内控部门参与到业务架构工作中,可以更好地确保业务架构符合企业治理与法律法规遵从性的要求。

(3) 创新部门

在创新变革型企业中,创新部门是业务架构设计的重要参与者,他们的工作是定义未来,改变企业组织现状,同样也对业务架构带来重要影响。

(4) IT 部门

以 CIO、CTO、企业 IT 架构师为代表的 IT 团队在业务架构设计中发挥着独特的作用。越来越多的企业依靠 IT 技术去实现指挥、控制、沟通与协作。业务架构师往往不一定是技术专家,所以他们需要与技术专家保持紧密合作,从而确保业务架构的可实施性并尽可能地利用 IT 技术的优势。

(5) 外部相关者

一方面,随着许多行业企业发展越来越需要关注法律法规的遵从性,监管部门、法律工作者等成为企业业务架构的重要参与者;另一方面,企业的战略合作伙伴往往也是企业业务架构的重要参与者。

3. 下游干系人

(1) 变革推进者

业务架构离不开变革推进者的参与,他们是具体业务变革与转型项目的执行者,是项目层级业务架构的实施者,负责将业务架构转换为业务与技术能力。

(2) 业务能力提供者

业务能力提供者属于企业内部组织单元,是业务能力的计划者、设计者或运营者。他们都会参与业务架构的发展过程,需要知晓业务发展目标以及所需要的业务能力。

3.2 企业业务架构方法

3.2.1 组件化业务架构方法

IBM 商业价值研究院的报告详细阐述了 IBM 咨询所采用的业务组件模型（component business model，CBM）[36]，这是 IT 战略实践中常用的组件化业务架构方法。

在 CBM 方法中，一个业务组件是一组业务活动的集合，共同通过企业内部服务的方式来实现一个特定的业务能力。如图 3.3 所示，每个业务组件都会从以下 3 个维度去定义：

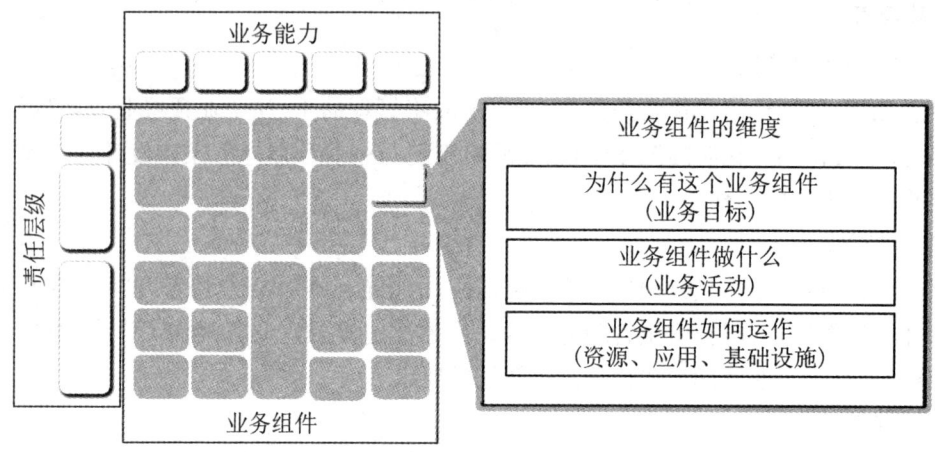

图 3.3　IBM CBM 方法

（1）业务组件的业务目标：一个业务组件存在的基础是其能够为企业组织的其他组件带来业务价值，就如同企业内部一个部门存在的价值一样。

（2）业务组件的业务活动：每个业务组件都会包含一组独有的业务活动来实现其业务目标。例如，企业的人力资源部通过人力资源一系列工作活动来为企业提供人力资源专业服务。

（3）业务组件的运作方式：包括每个业务组件的业务活动如何运作，运作过程中需要哪些资源（人、财、物等）。例如，企业的人力资源部通过一个专业化的人力资源团队通过制定政策、建立流程、借助信息系统、使用人力资源预算等一系列方式开展人力资源业务活动。

如图 3.4 所示，在 CBM 业务架构中，纵向设置责任层级，通常分为 3 个层级：

（1）指挥层（directing）：负责战略、总体管理、政策制定。

（2）控制层（controlling）：负责监控、管理例外情况、战术层决策。

（3）执行层（executing）：负责日常工作和具体事项落实。

通过 CBM 方法，可以为一个企业建立组件化的视图，帮助企业分析其业务架构与组织能力在各个专项领域的现状与差距。

企业管理层可以通过 CBM 业务架构的分析，判断哪些业务组件应当得到关注，从而更多地为企业带来价值，包括巩固竞争力、创造利润增长、带来成本优化等，可以在 CBM 之上建立热点地图，如图 3.5 所示。

第3章 企业业务架构分析与规划

业务能力

责任层级	客户	产品/服务	渠道	物流	业务管理
指挥	市场战略；客户服务战略；营销战略	产品企划；渠道企划；分类规划；空间规划；促销规划；产品开发；外包	渠道战略；仓储设计；不动产战略；电子商务设计；商品目录/呼叫中心设计	物流网络设计；物流仓库设计；需求/流程规划	公司战略；公司规划；财务规划；公司治理
控制	市场活动管理；服务管理	商流管理；货架平面；商品排布；需求预测；定价管理；内容管理；供应商管理；存货管理/采购限额	渠道管理；人力管理；订单管理；不动产建设与设施管理；损失预防	入库物流；收货计划；交付计划；承运人管理	业务绩效管理；财富与风险管理；法律法规合规管理；财务核算与报告；IT系统与运行
执行	客户服务；客户沟通；市场营销；广告；公共关系	物料管理；产品管理；采购订单管理；供应商管理；补货管理；收入结算管理	仓库管理；运输管理；车队管理；定价/签约管理	退货物流管理	财务核算与报告；间接采购；人力资源管理；IT系统与运行

图 3.4 零售行业CBM示例

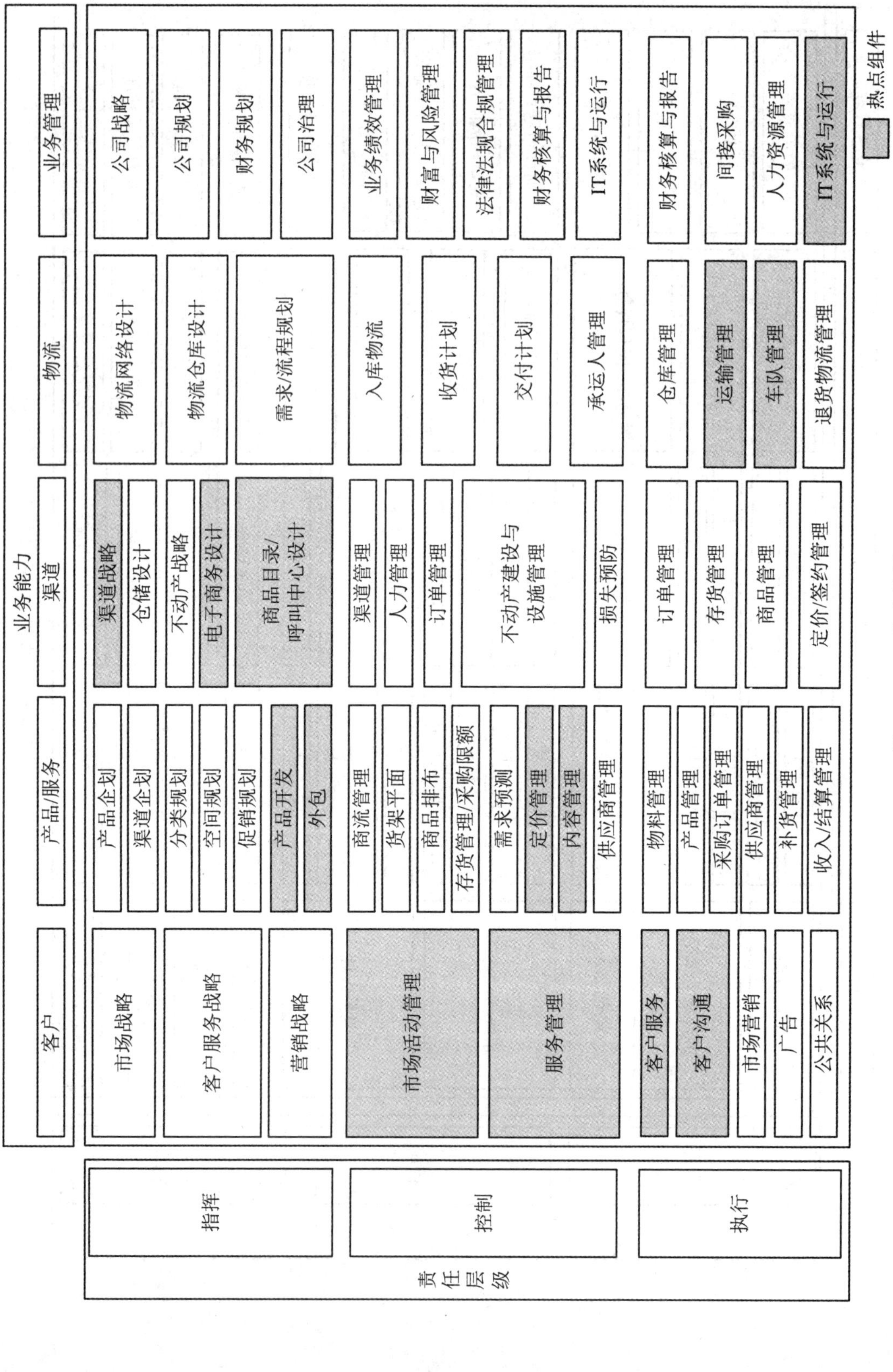

业务能力	客户	产品/服务	渠道	物流	业务管理
指挥	市场战略；客户服务战略；营销战略	产品企划；渠道企划；分类规划；空间规划；促销规划	**渠道战略**；仓储设计；不动产战略；**电子商务设计**	物流网络设计；物流仓库设计；需求流程规划	公司战略；公司规划；财务规划；公司治理
控制	**市场活动管理**；**服务管理**	**产品开发**；**外包**；商流管理；货架平面；商品排布；存货管理/采购限额；需求预测；**定价管理**；**内容管理**	**商品目录/呼叫中心设计**；渠道管理；人力管理；订单管理；不动产建设与设施管理；损失预防	收货计划；交付计划；承运人管理	业务绩效管理；财富与风险管理；法律法规合规管理；财务核算与报告；IT系统与运行
执行	客户服务；客户沟通；市场营销；广告；公共关系	供应商管理；物料管理；产品管理；采购订单管理；供应商管理；补货管理；收入/结算管理	订单管理；存货管理；商品管理；定价/签约管理	仓库管理；**运输管理**；**车队管理**；退货物流管理	财务核算与报告；间接采购；人力资源管理；**IT系统与运行**

（■ 热点组件）

图 3.5　CBM 热点地图

基于 CBM 方法，IBM 提出了 CBM 分析的三阶段方法论，如图 3.6 所示。

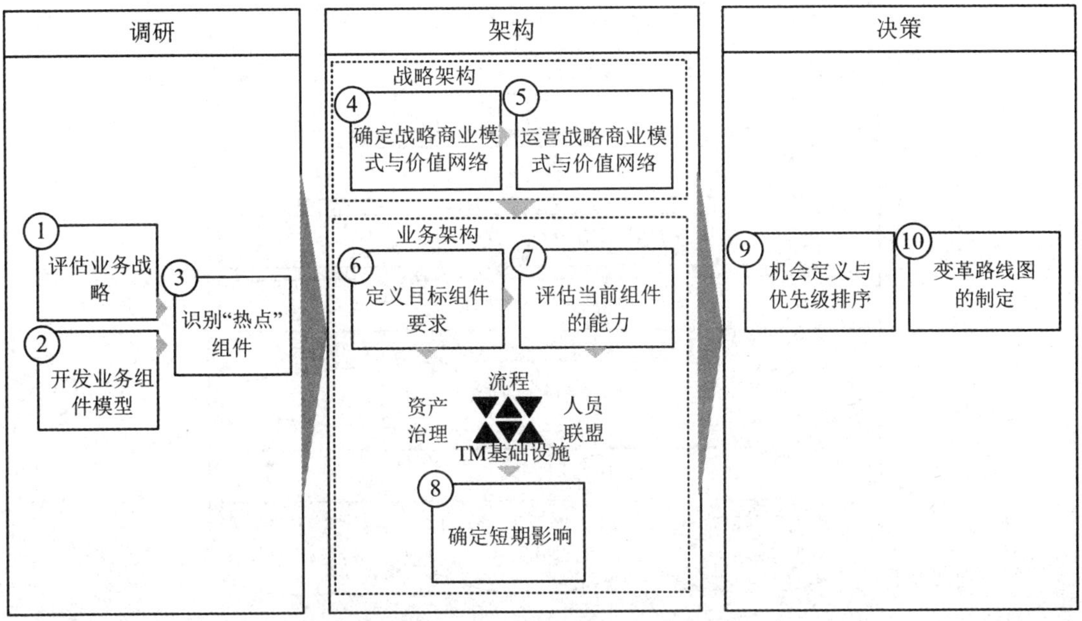

```
┌─────────────┐  ┌─────────────────────────────┐  ┌─────────────┐
│    调研     │  │           架构              │  │    决策     │
│             │  │  ┌───────战略架构────────┐  │  │             │
│             │  │  │  ④          ⑤       │  │  │  ⑨     ⑩  │
│             │  │  │确定战略商业  运营战略商 │  │  │机会定义与  变革路线图│
│             │  │  │模式与价值    业模式与价 │  │  │优先级排序  的制定  │
│  ①          │  │  │网络         值网络     │  │  │            │
│评估业务战  ③│  │  └──────────────────────┘  │  │            │
│略         识别│  │  ┌───────业务架构────────┐  │  │            │
│          "热点"│ │  │  ⑥          ⑦       │  │  │            │
│  ②     组件│  │  │定义目标组件  评估当前组件│ │  │            │
│开发业务组       │  │  │要求         的能力    │  │  │            │
│件模型           │  │  │       流程              │  │            │
│                 │  │  │资产  ▽▲▽  人员        │  │            │
│                 │  │  │治理  ▲▽▲  联盟        │  │            │
│                 │  │  │   TM基础设施          │  │            │
│                 │  │  │  ⑧                   │  │            │
│                 │  │  │确定短期影响           │  │            │
│                 │  │  └──────────────────────┘  │            │
└─────────────┘  └─────────────────────────────┘  └─────────────┘
```

图 3.6 CBM 分析的三阶段方法论

在调研阶段(insight)，完成业务战略分析、CBM 业务架构和 CBM 热点地图之后，就会进入架构阶段(architecture)。架构阶段需要分析当前"as-is"与目标"to-be"的差距。这需要从战略出发，确定目标的业务组件需求，评估当前业务组件能力，综合人力、资产、流程、技术、治理等因素，完成差距影响分析。

在决策(investment)阶段，由于弥补差距而进行的各类变革会带来种种影响，所以需要企业判断自身对变革的接受能力、各种变革机会的优先级，并建立企业转型方案。

以上就是 IBM 战略与变革咨询业务以 CBM 业务架构为核心的咨询方法论，同样，这也是 IBM IT 战略咨询的主要工具。

3.2.2 行业参考业务架构

由于业务架构对于企业战略实施和企业运营管理的重要性，在一些行业中，也会由行业组织牵头制定与发布面向本行业的参考业务架构，从而指导本行业的企业能够使用标准化实践来构建企业业务架构。例如，保险行业国际组织 ACORD(Association for Cooperative Operations Research and Development)发布的 ACORD 参考架构包含了 7 个与保险行业紧密相关的行业模型；国际供应链理事会(Supply Chain Council)发布的 SCOR(supply chain operations reference)参考架构定义了供应链行业三级业务架构，顶级业务架构包含了 5 个战略级核心业务流程；电信运营商国际组织电信管理论坛(TeleManagement Forum)发布的 eTOM (enhanced telecom operations map)增强型电信运营地图已经成为电信运营商运营管理的工业标准。下面本书以 eTOM 为例说明行业参考业务架构。[37]

eTOM 包含从 Level 0 到 Level 3 共 4 个层级的业务架构视图，其 Level 0 层级又称概念框架，对电信运营商的企业环境进行了整体的描述，如图 3.7 所示。

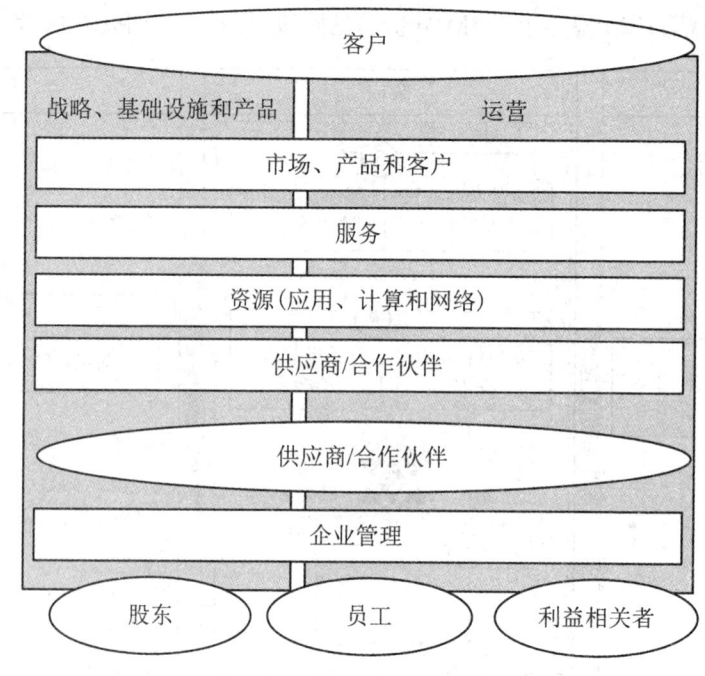

图 3.7 eTOM 的 Level 0 视图

在该视图中,eTOM 被分为 3 个主要的流程领域:战略、基础设施和产品流程(strategy, infrastructure and product, SIP)、运营流程(operations processes, OPS)、企业管理流程(enterprise management, EM)。

(1) 战略、基础设施和产品流程:这些流程指导和支持运营流程(OPS),包括策略的开发、基础设施的构建、产品的开发和管理、供应链的开发和管理。在 eTOM 中,基础设施不仅仅指支持产品的资源基础设施,还包括支持其他功能流程的资源基础设施,如支持 CRM 的基础设施。

(2) 运营流程:这些流程是 eTOM 的核心,既包括日常的运营支撑流程,也包括为这些运营支撑提供条件的准备流程,以及销售管理和供应商/合作伙伴关系管理。

(3) 企业管理流程:这些流程强调企业层面的流程目标,包括任何商业运行所必需的基本的业务流程。它们与企业中几乎所有的其他流程(无论是 OPS,还是 SIP)都有接口。

除了这 3 个领域,eTOM 又被分为 4 个水平层次的功能流程领域:市场、产品和客户(market,product and customer)、服务(service)、资源(resource)、供应商/合作伙伴(supplier/partner)。

(1) 市场、产品和客户:这些流程包括销售和渠道管理、营销管理、产品定价管理,以及客户关系管理、问题处理、SLA 管理、计费等。

(2) 服务:这些流程包括业务的开发和配置、业务问题管理和质量的分析以及业务使用量的计费等。

(3) 资源:这些流程包括企业基础设施的开发和管理,无论这些设施是为产品提供支持,还是为企业本身提供支持。

(4) 供应商/合作伙伴:这些流程处理企业与其他提供商和合作伙伴的交互,既包括支持产品和基础设施的供应链管理,也包括与其他提供商和合作伙伴之间关于日常运营的接口的管理。另外,图 3.7 中还包括了与企业交互的主要实体:客户、供应商/合作伙伴、员工、股东、利益相关者,其中利益相关者与企业之间具有承担义务的关系,而不是股票所有权的关系。

eTOM 的 Level 1 视图进一步细化了 Level 0 视图,如图 3.8 所示,这些细化的过程绩效直接决定了电信运营商企业是否成功,因此,这个层级的视图也被称为 CEO 视图。在 Level 1 视图中,运营过程(OPS)及战略、基础设施和产品过程(SIP)被分解为 7 个垂直的过程组和 8 个水平的过程组,而企业管理过程(EM)被分为 8 个过程组。本书在此不再赘述。

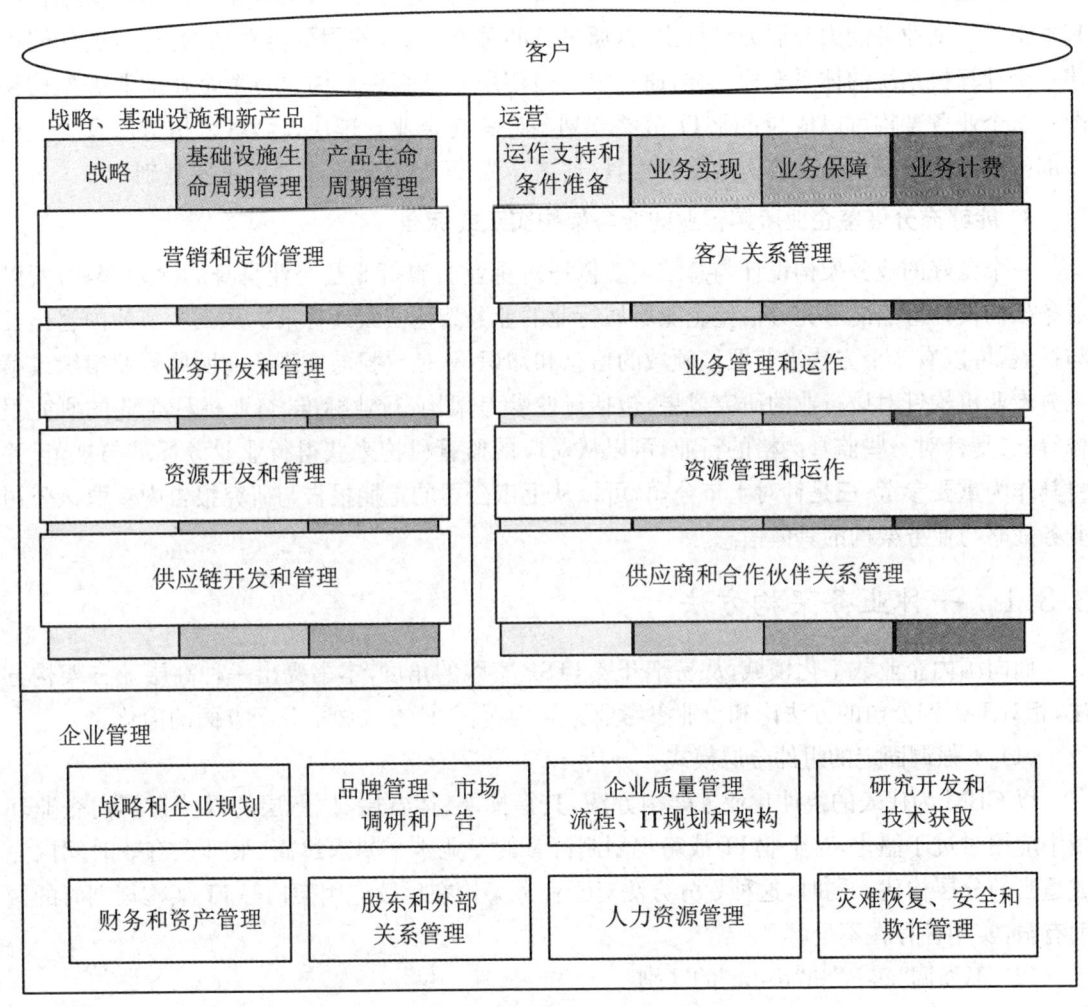

图 3.8 eTOM 的 Level 1 视图

3.3 面向 ITSP 实践的业务架构方法

总体来看,围绕本书的主题,面向 IT 战略规划的 ITSP 实践,需要建立一种易于实施的业务架构方法,这种方法应当满足以下要求。

1. ITSP 实践要求高层业务架构方法

如前文所述，本书将企业 IT 战略规划看作面向企业整体 IT 顶层设计的高级软件工程方法，并将业务架构作为 IT 战略规划的重要基础。因而针对 ITSP 实践而言，所要求的业务架构应当是高层业务架构，能够与企业的公司级战略、业务单元级战略及职能级战略相匹配，帮助企业 IT 战略规划制订者从整体视图构建 IT 战略规划的工作基础。

2. 组件化方法是合适的选择

无论是咨询公司的实践，还是行业组织的研究，显而易见的是，组件化方法是业务架构的基本工具。从业务能力与业务流程出发，通过其间关系分析，使用分类总结的方法，就如同构建一个计算机系统的体系架构一样，通过定义与使用业务组件来构建一个企业的业务架构视图。这个业务架构可以成为企业 IT 战略规划制订者与企业管理层、运营层、执行层及企业内外部技术团队开展沟通与分析的重要工具，使之作为 IT 战略规划工作的重要基础。

3. 能够充分借鉴企业所属行业的业务架构实践或标准

一个良好的业务架构设计与总结需要依托对企业所属行业及企业自身的深入理解，所以业务架构设计应当能够充分借鉴企业所属行业的业务架构实践或标准。从 3.2 节的内容出发与扩展，可以有 3 个方法来获取该领域的信息和知识：一是寻找与发现企业所属行业组织或第三方专业机构针对该行业的研究成果，包括行业参考架构、行业标准、行业标杆企业的研究报告等；二是针对一些监管严格的行业，可以从对应的监管机构来获得行业业务标准与规范，并将其作为重要参考；三是针对上市公司，可以从上市公司的定期报告与研究报告中获取该公司业务战略与业务架构的具体信息。

3.3.1 一种业务架构方法

面向国内企业数字化领域，从易于开展 ITSP 实践的角度，本书提出一种高层业务架构方法，相对于咨询公司的方法论和行业参考业务架构而言，该方法做了 3 个方面的简化。

（1）不强调固定的组件分层模式

以 CBM 为代表的组件化业务架构方法，其指挥层、运营层、执行层的划分在国内企业环境中应用时过于僵化，对企业 IT 战略规划制订者的专业水平要求过高，很难在有效时间内完成适当的分层构建。同时，这种划分方法对于业务架构在后续应用架构等 IT 架构规划时的帮助有限，实用性存在不足。

（2）不强调"as-is"和"to-be"的区别

由于 ITSP 项目毕竟不同于战略变革项目，在国内企业数字化领域，多数情况下，ITSP 项目既要承载对业务现状的数字化支撑要求，又要兼顾业务数字化发展要求。因而以 ITSP 项目的战略规划期为基准，构建战略规划期内业务现状和可预见业务发展相融合的业务架构，对于 ITSP 实践更具指导意义。

（3）以满足 ITSP 目标为中心

如本章前文所述，业务架构方法作为一种业务咨询工具，其应用场景是多方面的，涵盖了战略、治理、管理、流程、技术等多个维度。然而业务架构作为 ITSP 项目的一个重要阶段，从项目时间与交付管理角度，应当将 ITSP 实践的业务架构工作聚焦于 ITSP 目标，将业务架构作为后续IT架构规划的重要基础。因而在业务架构环节,IT战略规划制订者不应将之过于扩大和提升,不应将之等同于战略与变革类型的工作,否则将会非必要地扩大了ITSP项目范围并大幅提升了ITSP项目的交付风险。

基于以上考虑,本书提出的高层业务架构方法如图3.9所示。

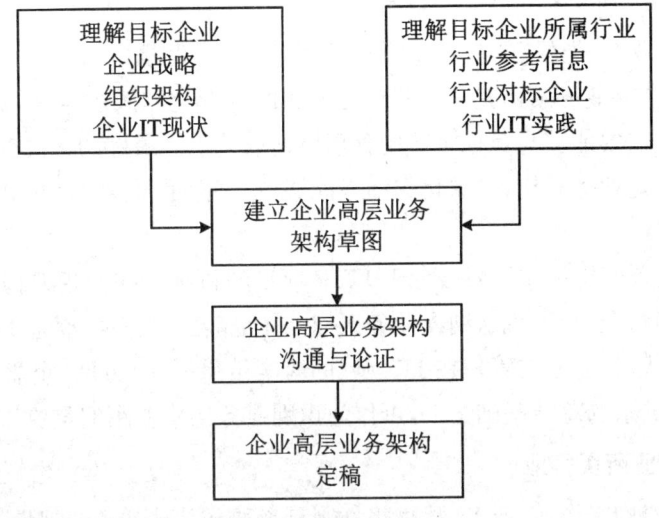

图3.9 高层业务架构方法

1. 理解目标企业

业务架构以业务组件及其之间关系的定义为核心,为目标企业构建业务架构,实际上是一种总结分类的工作,可以使用2.4.1节所介绍的MECE方法和从业务出发的方法。在此重点需要从3个方面来理解目标企业。

(1) 企业战略

在第2章,本书介绍了企业战略理解与分析的方法,在此不再赘述,只需要强调的是,在业务架构阶段应用企业战略分析成果,关键在于需要在企业的现状与未来之间用业务架构来构建一个演进的路径,将企业战略预期的实施方式与目标通过业务架构来具象化地阐述与表达。

(2) 组织架构

某种程度上,一个企业内部的业务单元与部门设置,就是企业业务组件的定义基础,同时,许多企业战略实施的过程往往也是组织架构调整的过程。因而在业务架构阶段,企业当前组织架构及可预见的组织架构调整是业务架构构建的重要依据。当然,从实践经验来看,往往也需要辨别与总结企业组织架构中容易让人迷惑的问题,需要把握的原则就是业务架构不等同于组织架构,主要有以下4类问题需要关注:

① 在一些企业内部,其业务单元与部门名称往往体现企业管理层,特别是"一把手"的管理思路。因而不能拘泥于"名称"来定义业务组件,一定要深入去看每个业务单元与部门的业务与职能,以及他们实际开展的业务与管理活动。

② 需要对同质化的业务单元与部门进行归类,这在一些市场化程度高的企业中更加需要注意。这是因为许多企业会在内部搞"赛马"机制,将同质化业务与管理职责安排给多个业务单元或部门来承担,可能会在业务区域、管理范围、业务与管理的细分领域等方面有所差别。

这都需要企业IT战略规划制订者在业务架构阶段去识别、归纳与总结。

③ 需要从业务与管理的专业化角度来开展工作。因为在实践中,有时会发现存在本来隶属不同领域的多个专业化职能归于一个业务单元或部门的情况,这往往与企业所处的发展阶段和历史渊源有关联。针对此类情况,就需要按照专业化的组件定义方式,将一个单元或部门的活动内容进行分类,纳入不同的专业化组件。

④ 需要站在企业"一把手"的视角来看待业务架构,这也是最需要注意的问题。企业IT战略规划制订者不应将业务架构完全按照自己理解的专业化路线去构建,业务架构的构建要有足够高的视角,也需要能够与目标企业的管理层达成共识。最好的方法就是站在企业"一把手"的视角来构建企业业务架构,具象化的结果能够被"一把手"理解、认可和支持。

(3) 企业IT现状

ITSP项目的业务架构本质上要服务于ITSP项目的目标。在业务架构阶段,不应仅限于业务与管理,也应当将企业IT现状纳入业务架构工作范畴。一方面,企业IT现状往往也源于企业业务与管理现状,是业务与管理在IT领域的落实结果;另一方面,企业IT现状也是企业业务组件定义及其关系的总结基础之一,可作为识别业务架构差距的重要依据。

2. 理解目标企业所属行业

开展企业业务架构工作,企业IT战略规划制订者要成为懂得企业所属行业的专业人士。在2.2.3节中,本书介绍了理解企业所属行业的工作方法,在使用这些方法的过程中,围绕业务架构阶段的ITSP项目所需,可聚焦于3个方面开展工作。

(1) 行业参考信息

来自于权威专业的行业组织、行业监管机构、专业研究机构的行业参考信息最具价值。像eTOM这样的行业参考业务架构显然非常有助于企业业务架构的构建,然而这样成熟的行业组织是不多见的。在许多行业,往往不会有参考业务架构可以去获取,在此情况下,可以通过多角度信息收集与综合归纳的方法,来建立一个结构化的行业理解框架。比如,通过《证券法》一百二十条的证券业务许可证规定、中国证券业协会公布的证券公司经营业绩排名的分类结构及每年发布的证券业发展报告,再加上专业研究机构针对证券业的行业分析报告,就可以建立涵盖证券公司典型业务的参考业务架构。

(2) 行业对标企业

由于业务架构本身要承载企业战略实施目标,许多企业往往会根据本行业或跨行业的对标企业来构建其企业战略。因而在ITSP项目中,如果能够确定目标企业的对标企业,那么对标企业的业务架构往往具有重要参考意义。多数情况下,对标企业往往是上市公司,其年度报告、针对该企业的行业研究报告等信息往往会较为完整地阐述其业务架构。特别是一些著名的海内外上市公司和国际化公司,其定期报告和专题报告通常就是有价值的行业业务架构分析来源和重要演进趋势代表。

(3) 行业IT实践

本书的业务架构是要服务于ITSP实践的,行业IT实践,尤其是对标企业的IT实践,通常会促进业务架构的发展。在当前企业数字化转型的浪潮之下,技术驱动型的业务架构转型升级已经成为不可回避的重要趋势。所以在业务架构阶段,也必须关注行业IT实践带来的业务架构演进方向与具体形态。

3. 建立企业高层业务架构草图

对于 IT 战略规划制订者而言,抛砖引玉不仅是工作态度,更是工作方法。尽早构建企业高层业务架构草图,尽早展开沟通与论证工作,对 ITSP 项目的时间与风险管理而言,是非常必要的选择。在此环节,可以根据 ITSP 项目的具体条件,使用以下可能的方法来快速完成草图。

(1) 直接导入行业参考业务架构并做必要裁剪

无论是行业组织发布的行业参考业务架构,还是 IT 战略规划制订者总结出的行业参考业务架构,都是快速构成业务架构草图的有效路径。由于目标企业的发展阶段和战略意图有所不同,因而不能生搬硬套行业参考业务架构,需要结合目标企业的实际情况做必要裁剪。

(2) 使用简单三层方法快速构建业务架构

如目标企业的行业参考业务架构难以获取,则可以结合企业理解与行业理解的基础,采用简单三层方法来快速构建业务架构,如图 3.10 所示。

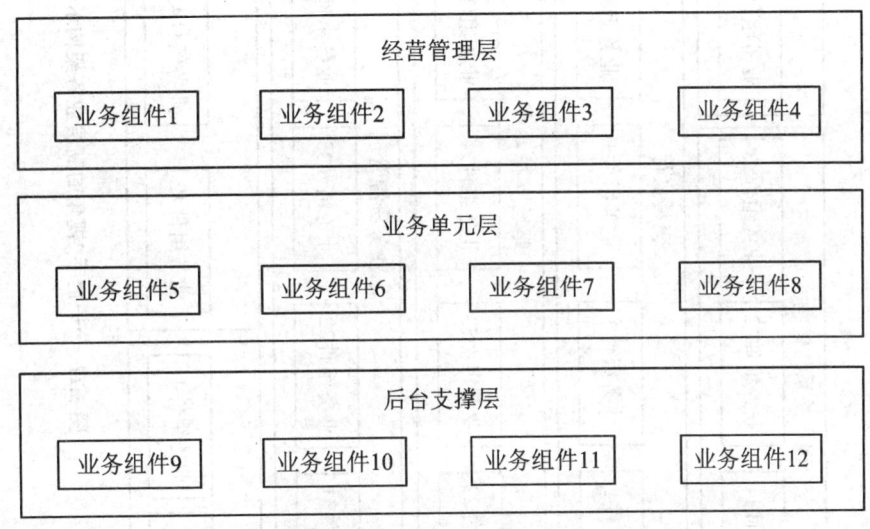

图 3.10 业务架构的简单三层方法

任何一个企业,简单来看,可以分为三个层面来构建企业高层业务架构:一是经营管理层,这里往往是企业整体治理、管理与经营所需要关注的业务组件,例如战略管理、投资管理、经营考核等;二是业务单元层,单一行业企业的业务单元通常会按照经营链条或产业链条划分,跨行业企业的业务单元可将一个行业作为一个单元;三是后台支撑层,这里既包括像行政、财务、人事等企业典型后台职能,也可能会结合行业特点包括运营、资金、合规等后台支撑能力。

(3) 站在"一把手"视角快速构建业务架构

如果 ITSP 项目是企业"一把手"直接推动和有效参与的,那么业务架构阶段需要尽可能站在"一把手"视角快速构建业务架构。所谓"一把手"视角,就是从"一把手"的观点出发,来构建业务组件的分组、分层及其间关系,使之符合"一把手"的理解逻辑与管理思路。例如,针对一家开展资本市场业务的公司,那么"一把手"视角的高层业务架构也许会如图 3.11 所示,以交易执行为核心,按照关注度自高到低由中心向外延扩展,形成不同能力领域的业务组件分布结构。

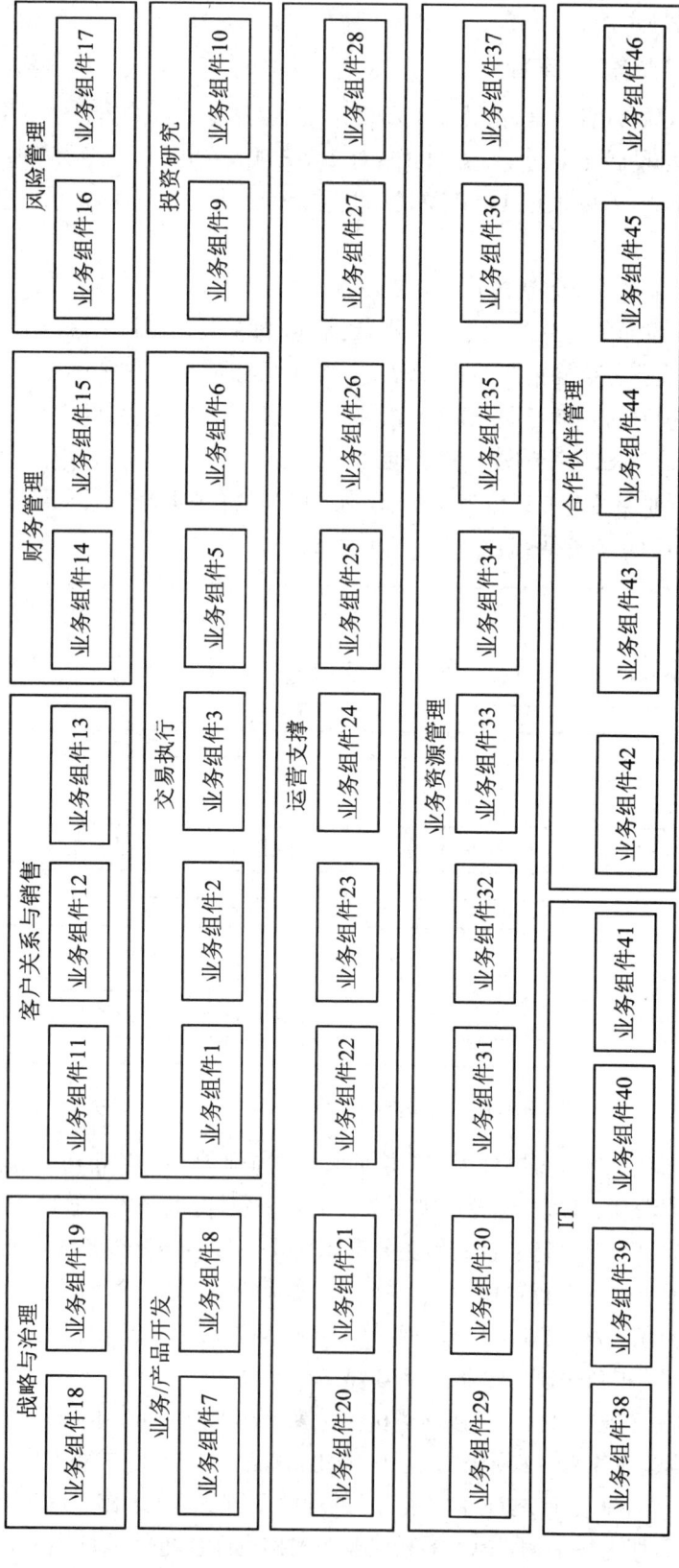

图 3.11 "一把手"视角的高层业务架构示例

4. 企业高层业务架构沟通与论证

企业高层业务架构是企业 IT 战略规划制订者为目标企业提供的 IT 战略规划输出的重要内容,是后续 ITSP 项目开展的业务基础,因而目标企业是否认可业务架构是 ITSP 第一步成功的重要里程碑。基于企业高层业务架构草图开展沟通与论证工作,是完成业务架构成果交付的必然过程。通常来说,可以使用以下两步法来完成该环节工作:

(1) 宣讲与引导。由于 ITSP 项目及业务架构方法有其专业属性,需要向企业中高层管理者说明 ITSP 项目过程与方法、构建草图的逻辑及支撑依据,为沟通与论证工作奠定一个理解共识的基础。

(2) 分层次沟通与论证。与企业"一把手"、企业管理层沟通与论证企业高层业务架构的总体逻辑,与各业务单元和部门的中高层管理者沟通与论证各组件定义及其之间关系的梳理。

需要注意的是,业务架构分析阶段毕竟存在时间约束,过于理想化与完全正确的业务架构是不存在的,需要企业 IT 战略规划制订者以寻求最大公约数为目标开展沟通与论证,求全责备不是该阶段的合适选择。实际上,在 ITSP 后续阶段工作中,通过更深刻的认识与分析,依然可以择机完善业务架构分析成果。

5. 企业高层业务架构定稿

通过沟通与论证,可以完成企业高层业务架构的定稿工作,所谓定稿只是建立了一个基线版本以作为后续工作开展的基础,不代表高层业务架构不再发生变化。业务架构定稿的方法可以参照 2.4.3 节的工作方法。从企业 IT 战略规划制订者的角度来看,完成了企业高层业务架构的定稿及 2.4 节所描述的战略理解基线文档,意味着 ITSP 项目的战略与业务工作结束,可以在此基础之上着手开展后续的 IT 架构规划工作。

3.3.2 业务架构方法应用示例

3.3.1 节介绍了本书提出的高层业务架构方法,在此以典型证券公司业务架构为例来说明该方法的应用。

1. 理解证券公司及其所属行业

(1) 证券行业

证券行业在国际上的通行说法叫作金融市场(financial market)。狭义的金融市场特指有价证券(主要是债券与股票)发行与流通的场所,广义的金融市场包括货币市场、资本市场、外汇市场、黄金市场和保险市场。针对证券公司而言,主要指狭义的金融市场,而任何一个市场都可以从以下 3 个层次来构建对其行业的理解,即监管层、市场参与者及市场服务机构(图 3.12)。证券行业这种严格监管的行业对从业人员是有法定准入要求的,关于该行业的基础知识往往可以从该行业的从业资格教材方面获取。

(2) 证券公司的业务分类

证券公司作为行业最主要的市场参与者,其业务分类受到了法律法规的严格约束。在《证券法》中,明确了证券公司业务许可的主要类别,包括证券经纪,证券投资咨询,与证券交易、证券投资活动有关的财务顾问,证券承销与保荐,证券融资融券,证券做市交易,证券自营,其他证券业务,并依据《证券投资基金法》可以开展资产管理业务。这些业务许可仅是证券公司的基本业务许可,在实际业务活动中,监管机构往往会针对细分业务领域制定具体的业务资质要求。这些业务资质情况往往体现在上市证券公司的年度财务报告中,通过分析多家证券公司的年度财务报告,企业IT战略规划制订者是完全可以总结出证券公司业务分类完整清单的。

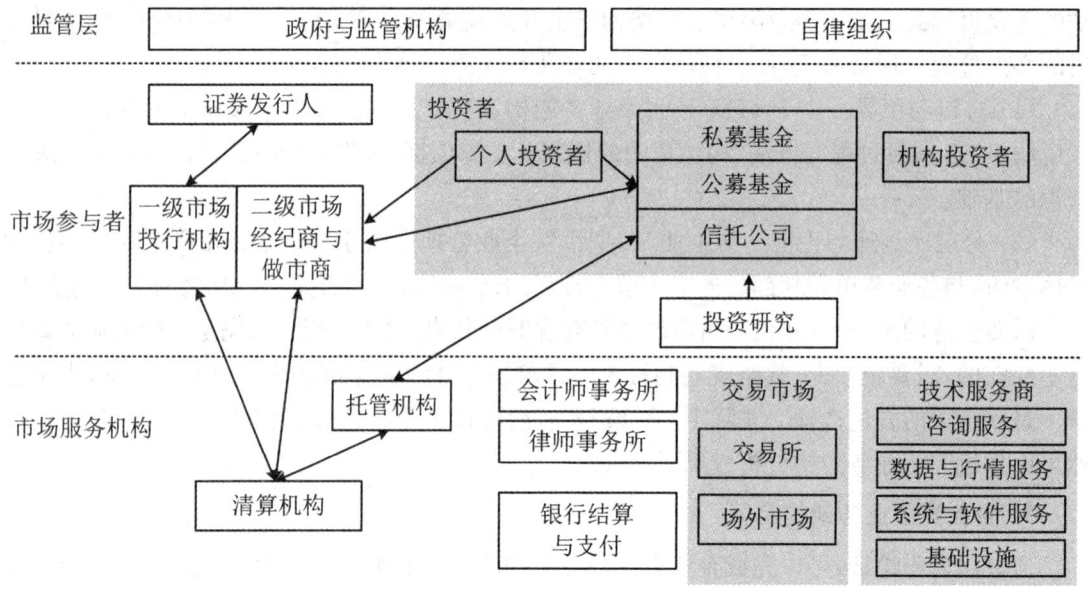

图 3.12 证券行业的构成示例

(3) 证券公司的业务转型与发展

对于证券公司的业务转型与发展趋势,可以从行业领先的上市证券公司定期报告及第三方专业机构发布的行业研究报告中总结与获取。例如,从定期报告中,往往会发现近年来财富管理已经成为多数证券公司重点布局的业务领域;并且也会经常发现不同证券公司在经营情况讨论分析、业务收入构成的分类表述上存在差别,这往往体现了该公司内部对业务架构布局的战略安排。例如,从证券行业研究报告中,经常会获取两大类信息:一是基于行业数据统计分析与领先证券公司实践的行业趋势总结;二是基于行业监管变化与市场变化带来的对证券公司业务发展的影响分析。

2. 完成一家典型证券公司的高层业务架构

当完成了证券行业理解、证券公司业务理解、行业转型与发展趋势的理解3项工作之后,可以为一家典型证券公司建立高层业务架构,如图3.13所示。

在战略管理层面,高层管理者会关注战略管理、并购管理、资本管理、治理机制、经营分析与变革管理。

在业务执行层面,典型证券公司业务一般包括投资银行业务、零售经纪业务、机构经纪业务、证券自营业务、资产管理业务、投资研究业务。

在运营支撑层面,通常证券公司会为各业务板块构建公司统一的运营支撑部门,提供统一的运营支撑服务,包括账户管理、清算结算、证券管理、估值管理、资管支持、交易簿记(支持投资银行业务)、监管报送等事项。

风险管理、合规与反洗钱管理已经成为证券公司的关键中台职能。风险管理包括信用风险、市场风险、操作风险及流动性风险；合规与反洗钱管理涵盖交易监控、合规管理、反洗钱管理3个事项。

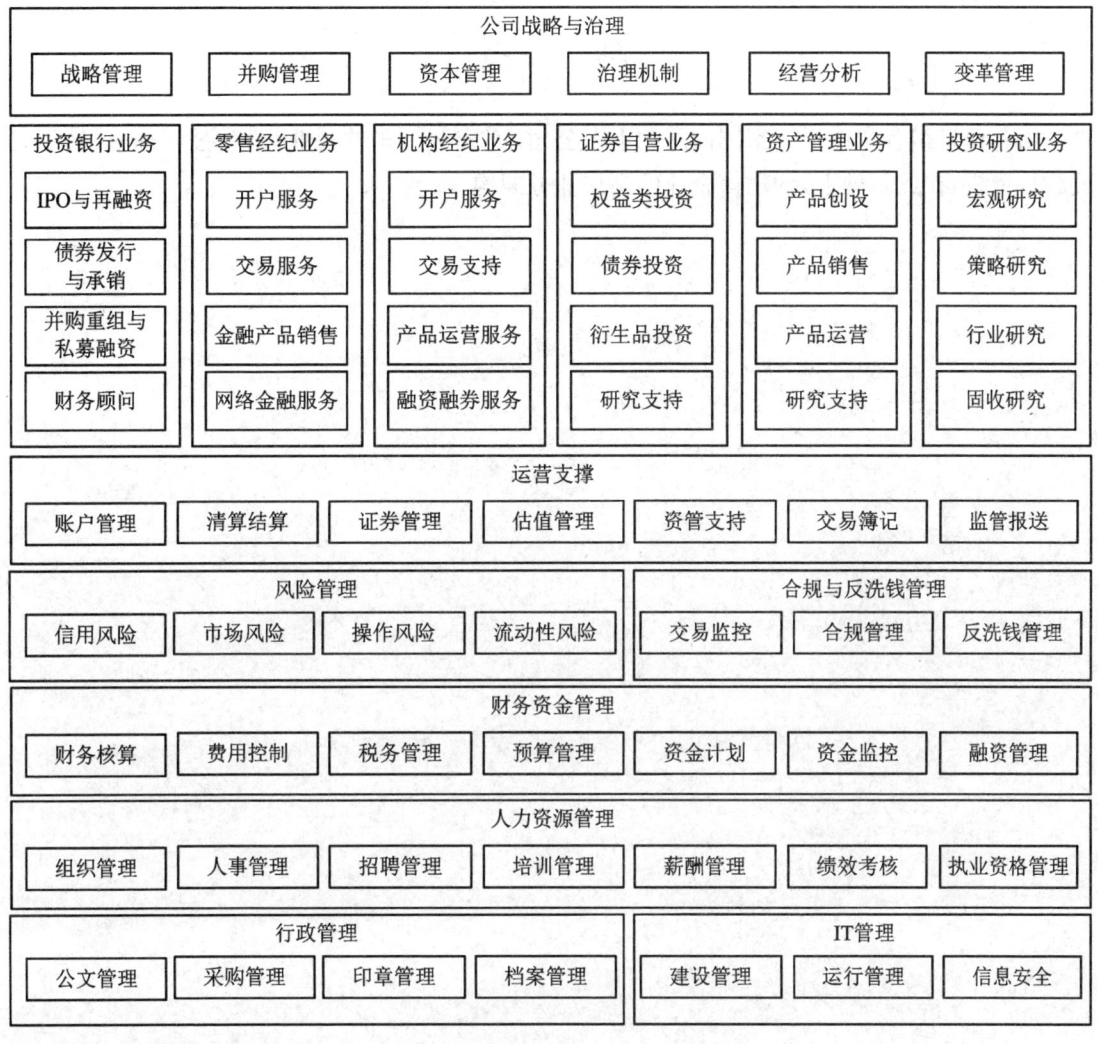

图 3.13　典型证券公司的高层业务架构示例

财务资金管理、人力资源管理、行政管理及IT管理均属于重要的支持职能，通常会被纳入高层业务架构的支持部分。

本 章 小 结

企业高层业务架构是ITSP项目实践的重要环节，也是IT架构规划的重要业务基础。无论是咨询公司的业务架构方法，还是来自行业组织的参考业务架构，均采用了组件化的架构技术。通过借鉴与简化，本章面向ITSP实践所需，提出了一种高层企业业务架构方法，通过理解目标企业、理解目标企业所属行业、建立企业高层业务架构草图、实施高层业务架构沟通与论证，最终实现企业高层业务架构定稿工作。

为具象化说明该方法，本章引用了证券公司业务架构的示例，通过理解证券行业、证券公司业务分类、证券公司业务转型与发展，提供了典型证券公司的高层业务架构示例。

练 习

由各项目组各自选择一家国内外的上市公司，完成该公司的行业理解、公司理解、转型发展趋势分析，在此基础上，构建该企业的高层业务架构。

第 4 章　企业应用架构分析与规划

4.1　企业应用架构概述

企业应用架构向上承接企业业务架构,向下规划与指导企业各个应用系统的功能与边界,实际上在企业整体视角发挥了业务与技术之间的连接作用。可以说,企业应用架构是企业 IT 战略规划的核心组成部分。

4.1.1　企业应用架构的定义

应用架构是对实现业务能力、支撑业务发展的业务功能的结构化描述。应用架构在企业架构中居于重要位置,而且发展较早。很多技术领先的大型机构设立了架构管理组织,优先管理的就是应用架构。按照 TOGAF 的定义,应用架构是应用系统的蓝图,描述它们之间的交互和关键业务流程之间的关系。[38]

TOGAF 将企业应用架构定义为企业部署的各个应用系统,并通过与企业核心业务流程之间进行交互而提供的一个蓝图,用于支撑业务功能、管理数据资产。[10]因而企业应用架构就是企业整体应用系统的蓝图规划,它不关注具体应用系统的实现方式,而是侧重于企业整体需要建设哪些应用系统,描述各应用系统之间的基本逻辑关系,从而可以在企业整体层面来规范各个应用系统的规划、设计与实施。

4.1.2　企业应用架构的目的与意义

企业应用架构的目的是建立企业的业务架构与具体 IT 应用系统之间的关联,在 IT 架构中发挥核心作用。应用架构能够连接业务架构中的流程、组件、功能和人员,还能够提出对于技术架构和 IT 基础设施的要求。

"信息孤岛"现象在许多企业的信息化过程中普遍存在,这是因为绝大多数应用系统都是由各业务单元独自或协同外部机构进行设计、开发和实施的,在范围上仅服务于单一的业务领域,在应用上深度有限,并且欠缺扩展性方面的设计,开发出来的系统缺乏信息共享与交流的基础和技术,没有充分考虑自身与其他相关领域的相互集成需求,所形成的系统多是孤立的处理系统,基本上不存在系统与系统之间的信息交流和使用。企业如果没有在应用架构层面开展总体规划设计工作,必然导致"信息孤岛"现象日渐突出,使得大量应用系统处于低水平重复建设状态,从而造成严重的资源浪费。

因而制定一个完整全面的应用架构对于 IT 系统建设是很重要的。而且应用架构是一个全企业的单一视图,规划定义 IT 系统和它们之间的接口以及集成方式,可以避免各部门从自己的角度出发,建立很多烟道式的、重复的、难以共享的应用系统。[39]

应用架构介于业务与技术之间,是对整个系统实现的总体架构,需要指出系统的层次、系统开发的原则、系统各个层次的应用服务。应用架构是业务架构在 IT 领域的映射,为业务架构提供支撑。应用又是数据的载体,在应用中生产、使用和交换数据。应用系统运行在技术架构之上,技术架构为应用架构提供服务。应用架构作为信息系统建设的蓝图,起到了承上启下的作用,向上承接企业业务架构,向下指导企业技术架构的建设。

4.1.3 企业应用架构的内容

应用架构描述了企业各个相对独立的应用系统的部署,以及和核心业务流程之间的作用和关系,其中包括原有企业信息系统中对企业仍有战略价值、对企业业务仍有影响的应用系统,同时也包括经过确认的、满足未来业务需求的、新的应用系统。

应用架构具体描述了 IT 系统功能和技术实现的内容,包括一整套软件系统的构建,通过合理的划分和设计组合在一起,以支持企业方方面面的经营运作。

应用架构规划设计是一组有关如下要素的重要决策:企业信息系统的组织结构设计,构成应用架构的系统选择,系统间相互协作的通信方式选择,系统间功能集成、数据集成、流程集成以及指导集成的风格的选择。即应用架构实际上是在全企业范围对所有信息系统整体结构设计的规划。应用架构设计的任务包括如下 10 个方面:

(1) 建立系统之间的结构关系。
(2) 建立各个系统之间以及系统各组成部分间的接口规则。
(3) 标识系统间的交互接口。
(4) 标识系统对外的开放接口。
(5) 定义通信机制。
(6) 建立公共信息服务。
(7) 开发系统间的访问控制机制。
(8) 建立新系统选择的评估策略。
(9) 定义系统的能力模型。
(10) 定义系统的部署模型。

在更详细的设计层面,最终需要确定应用架构的细节,并且完整定义应用架构各部件和它们的接口。应用架构部件的设计可以按某些质量或性能特性进行优化。在设计成熟后,把质量和性能指标跟踪分配到较低层产品部件的需求,以确保这些质量需求能得到满足。

应用架构设计所讨论问题的范围,并不仅仅局限为顶层技术解决方案的选择,还包括产品部件设计方法和原则。在很多情况下,应用架构方案的选择还会影响到实施过程的选择。

需要说明的是,本书主要从高层业务架构出发构建对应的高层应用架构。另外,本书没有单列数据架构,而是把数据应用作为应用架构的一部分考虑。从 IT 战略规划实践来看,数据架构规划更适合在数据应用项目层面开展工作,在 IT 战略规划中仅适合规划数据应用。

4.1.4 企业应用架构的原则

企业应用架构规划应遵循以下规划原则:

1. 从业务出发的原则

企业应用架构要基于企业业务架构规划成果开展工作,应用架构的核心逻辑应符合企业业务架构的核心逻辑。例如,企业应用架构规划中,势必要规划企业的核心业务应用系统的定位、范围和边界,这均需依据企业业务架构规划成果才能确定,而不是凭空构造。

2. 统一规划的原则

企业应用架构要遵循统一规划的原则,应站在企业整体视角来分析与规划企业整体应用架构,避免出现将企业应用架构变为企业各业务单元和职能部门的应用系统简单堆砌,避免功能分散、重叠、界限不清等问题。例如,企业中有两个业务单元均需要向同一个目标客户群体提供产品与服务,那么,为两个业务单元构建统一的客户关系管理系统会有助于帮助企业建立统一的客户服务管理模式。

3. 组件与复用原则

第3章提出了组件化业务架构方法,组件化方法同样适用于应用架构规划。针对应用架构规划,采用应用组件方式来构建,不仅有助于更好地与业务架构形成映射关系,易于为关键干系人理解,也有助于提炼与形成企业应用组件的架构资产,利于组件复用、系统开发效率提升及成本控制。例如,在企业应用架构规划中,往往会存在多个不同应用系统均需要影像管理的功能,那么将影像管理作为公用应用组件来规划,通常会是具有效益的选择。

4. 应用松耦合原则

松耦合是应用系统规划的一贯原则,特别是需要避免与降低应用系统之间的流程依赖与数据依赖。一方面,这有助于在应用系统开发与实施过程中,将一组应用系统分解为不同的项目高效并行执行;另一方面,在各应用系统运行期间,有利于按照不同应用系统的业务属性分别独立开展运行与维护工作,降低了运行管理的复杂性和风险。

4.1.5 企业应用架构的依据

通过实践总结,本书认为企业应用架构规划的参考因素应主要包括以下4个方面:

(1)企业内部的应用现状:分析企业内应用系统的现状,检查应用对业务架构、业务流程的覆盖程度和支持程度。

(2)市场调查同业最佳实践:按不同维度在市场上调查同行业企业,寻找标杆企业,研究其应用最佳实践并作为参考。

(3)企业应用的研发方案:研究应用架构的演进历程,确定适合本企业的研发方案。

(4)新技术方法:调研代表技术发展趋势的新技术方法,并在应用架构中考虑,确保应用架构的先进性。

4.2 企业应用的现状分析

企业应用的现状分析是指分析企业已有应用系统的现状,评估并发现应用架构的问题与不足;分析企业应用系统间接口与集成的现状,识别集成架构改进方向;分析企业正在建设或计划建设的应用系统情况,提供指导建议。

应用架构现状评估的目的是分析企业内应用系统的现状并识别提升点,识别当前应用系统对企业业务价值链上关键业务流程的覆盖程度和支持程度。应用架构的现状分析应面向

IT战略规划需要,以业务透视和技术透视的方式,分别从业务战略、业务能力的要求出发,对现有应用架构进行审视评估,找出目前应用架构存在的差距和问题。

针对这些差距和问题,面向实现未来业务发展战略和提升业务能力的目标,可通过落实应用架构设计的原则,来规划企业未来的应用架构蓝图。

4.2.1 企业应用的现状调查

1. 现状调查内容

企业应用的现状调查旨在调查、分析企业业务需求和应用情况,通过对企业业务及应用现状进行分析,并根据行业最佳实践和技术发展趋势,总结行业业务与信息化发展状况,为应用架构设计提供基础和依据。企业IT战略规划制订者可通过现场调研、重点访谈、问卷调查、交流研讨、资料收集等方式,全面收集各种应用系统的相关信息。在此方面,也应借鉴专业机构的行业报告,深入了解和掌握信息技术的发展趋势,分析本行业的信息技术应用情况,特别是标杆企业的信息技术的应用情况和发展方向,全面了解和掌握业内信息技术的应用趋势。现状调查的主要工作应包括以下3个方面:

(1) 研究企业业务架构。熟悉业务战略、业务目标、业务现状,并关联到应用架构目标和现状,继而总结提取匹配企业业务战略的应用需求。

(2) 总结企业应用现状。主要调查研究和分析企业各业务领域价值链和主要业务流程对应的应用系统现状,全面了解已有应用和存在的主要差距与问题。

(3) 组织进行需求研讨。组织需求研讨会,对现状调研与需求阶段总结的业务现状、总结的应用系统需求等工作成果进行讨论、分析,根据反馈意见及时调整与完善工作内容。

针对企业应用的现状分析主要分为3个步骤,包括访谈及资料收集、IT视角描述及问题发现。

(1) 在访谈及资料收集阶段,通过资料收集以及正式、非正式对中高层领导的访谈,从整体上了解业务战略和规划,根据价值链的推导逻辑,得出业务对IT的高层需求。

(2) 通过对目前应用架构现状的了解,通过简单分层的方式得到现有应用架构图和现有应用功能分布,理清应用集成关系获得现有系统间的接口关系。

(3) 结合业务对IT的高层需求,通过与业界领先实践(可以适用的)进行对比,找出当前应用架构的差距与问题。

2. 调研访谈安排

应用系统评估的方法通常需要通过大量的问卷调查和访谈,并结合与企业关键干系人深入现场评估的方式进行。应用系统的调研访谈对象一般包括:

(1) 企业管理层:包括企业领导、IT分管领导(如CIO)等,这类人员是IT战略规划和建设工作的关键推动力量。沟通形式主要是访谈,需要有较强的针对性和较高的概括性。通过管理层访谈,了解管理层对于IT总体规划和建设的期望以及关注的重点领域。

(2) IT管理人员及骨干:这些访谈对象对于企业信息化建设的现状有全局性的了解和认识,掌握大量的资料,同时对未来的信息化建设也有深入的思考。由于IT战略规划工作一般由企业IT部门组织执行,因此应该首先充分利用IT部门已有的资料,深入了解相关管理人员的工作设想,并以这些信息为基础,较有针对性地安排对企业其他对象的调研内容。

针对IT骨干负责的信息化建设组织的调研,主要内容包括相关组织承担的信息化项目的进展情况、未来建设目标的设想、主要提升点的提炼等。采取的方式主要是专题交流与问卷调查相结合。对于信息化建设的一些重点领域和项目、一些信息技术的热点问题,可组织相关信息化建设组织的项目负责人和主要成员进行专题交流,共同探讨重点项目的未来发展方向、新技术应用展望等专题。对于大型企业,已建成应用的信息系统众多,可以对其中一部分项目采取问卷调查的方式,通过问卷收集相关企业IT管理人员及骨干的反馈信息。

(3) 业务部门管理人员及骨干:需要覆盖企业各个主要业务领域,并根据业务规模和重要性突出重点业务。调研的主要内容是相关业务领域的业务现状、未来一个时期内的业务战略和重点发展方向、已有信息系统应用情况、信息化建设需求、信息化建设建议等内容。对于集团性的大型企业,各业务领域可能包括许多成员企业,在安排调研计划时,首先应考虑集团总部的业务管理部门,采取的方式是现场调研与访谈。然后考虑相关业务领域的成员企业,采取现场调研与访谈和问卷调查相结合的方式。对于成员企业分布较为广泛的业务领域,应选取有代表性的单位作为现场调研与访谈的对象。对于其他企业,则可以采取问卷调查的方式。对于企业的重点业务领域,在有条件的情况下,可以进行专题交流,由集团总部业务管理部门及成员企业的代表共同参与。这类专题交流适合由总部的相关业务管理部门牵头组织。

(4) 职能管理部门管理人员及骨干:针对在企业中承担专项管理职能的部门,在安排调研时,要选择与信息化较为紧密的部门优先进行,如财务部门、人力资源部门、行政管理部门等。调研的主要内容是这些部门信息技术的应用现状和需求,采取的形式主要是现场调研与访谈。

3. 应用现状分析

如前文所述,应用架构更关注应用系统的边界及其之间的逻辑关系,下面以证券公司典型的风控合规应用系统为例,这属于数据分析为主的应用系统,往往需要在企业数据仓库的基础上构建风险合规数据集市,可从数据交互角度分析其应用现状,如图4.1所示。

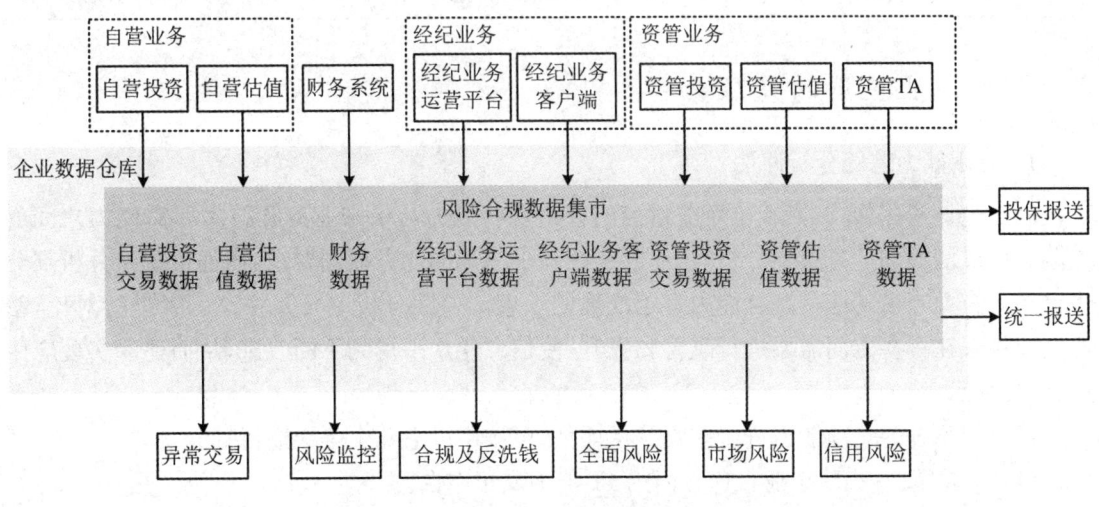

图4.1 风控合规应用系统的数据交互分析

风控合规类各应用系统与其他应用系统之间的主要数据交互关系见表4.1。

表 4.1 风控合规类各应用系统与其他应用系统之间的主要数据交互关系

序号	系统名称	方向	系统名称	信息	数据传输方式
1	自营估值	⇒	数据仓库	获取自营产品信息、自营业务监控	数据库直采视图和表
2	自营 O32	⇒	数据仓库	获取自营产品的股票、债券、基金等持仓信息	数据库直采视图和表
3	财务系统	⇒	数据仓库	财务会计相关数据	数据库直采视图和表
4	经纪业务运营平台	⇒	数据仓库	获取资金投资产品信息、经纪业务监控	数据库直采视图和表
5	经纪业务客户端	⇒	数据仓库	客户交易行为数据	数据库直采视图和表
6	资管估值	⇒	数据仓库	获取资管产品信息、资管业务监控	数据库直采视图和表
7	资管投资交易系统	⇒	数据仓库	获取股票、债券、基金等持仓信息	数据库直采视图和表
8	资管 TA	⇒	数据仓库	TA 申赎数据	数据库直采视图和表
9	数据仓库	⇒	全面风险	业务指标监控	数据库直采视图和表
10	数据仓库	⇒	异常交易	业务指标监控	数据库直采视图和表
11	数据仓库	⇒	风险监控	资管业务指标监控	数据库直采视图和表
12	数据仓库	⇒	市场风险	资管业务指标监控	数据库直采视图和表
13	数据仓库	⇒	合规及反洗钱	资管业务指标监控	数据库直采视图和表
14	数据仓库	⇒	信用风险	资管业务指标监控	数据库直采视图和表
15	数据仓库	⇒	投保报送	交易投保类报表	数据库直采视图和表
16	数据仓库	⇒	统一报送	资管报送类报表	数据库直采视图和表

4.2.2 企业应用的差距分析

1. 应用能力差距分析评估

制定企业应用架构,需找出企业目前的应用现状能力与未来业务和技术所需能力之间的差距。通过前面的业务架构分析,企业已经明晰了未来的业务蓝图要求,而通过现状分析部分也已经对企业当前的应用现状能力有了准确的了解。差距分析主要是将这两者进行对比,明确企业将来在哪些方面需要进行改善和提升,使信息化水平得到不断改进,从而建立实现应用蓝图的路径。

对应用系统的每项能力进行差距分析评估,可按照以下 5 个等级进行划分:

(1) 尚属空白:表明企业在这方面的 IT 能力属于空白。

(2) 能力不足:表明没有足够的 IT 能力,过去在这方面也不能满足需要。这方面能力薄弱,已经成为制约企业发展的问题。

(3) 满足目前需要:表明 IT 能力一般,只能够满足企业当前的需要,未考虑对未来发展或变化的支持所需。

(4) 满足未来需要:表明IT能力较强,能够满足企业未来几年预计的需要。

(5) 同业领先水平:表明与同行业先进公司的IT能力在同一水平。

应用系统能力评估通常会采用业务维度开展分析,对照业务架构中每个业务领域的业务组件所需IT能力开展评估工作。以证券公司的财富管理业务为例,其应用的IT能力差距分析的维度可包括:① 客群分析;② 精准营销;③ 业务流程体验;④ 数据报表手工占比;⑤ 个性化响应情况;⑥ 大中台建设情况;⑦ 营销平台建设情况;⑧ 智能服务情况。

对证券公司财富管理业务的应用系统差距分析结果,常见的主要问题示例如下:

(1) 对现有业务的开展基本能够支持,但主要以标准化建设服务支撑,尤其是在客户端服务响应上,难以满足不同客群的个性化服务需要。

(2) 财富管理业务以通道和产品销售系统支持为主,未形成财富管理服务体系。

(3) 研究服务和数据运营方面的IT支持较弱,需要重点加强。

(4) 营销服务缺乏数据运营能力支撑,更多的是基础工作工具,无法进行精准营销服务。

2. 应用改进的需求与设计

通过应用能力差距分析可以识别相应改进机会或需求,针对这些改进需求,设计相应的改进措施。首先,根据业务架构分析结果和IT战略规划目标来定义应用改进的目标;其次,识别直接对应差距分析的改进需求,结合改进目标,设计出必要的、可执行的改进措施。

改进机会来自于差距分析,勾画出这些机会即确定了改进需求,也就识别出了弥补差距的主要工作,对差距的弥补措施就是改进措施。一般来说,改进措施设计必须遵循以下原则:

(1) 全面覆盖原则。必须保证改进措施覆盖所有的改进需求,而且所有的改进需求都能够通过一个或者多个改进措施来实现。

(2) 相对独立原则。改进措施之间相对独立,尽可能避免工作范围交叉。例如,企业经营管理层面的改进措施不应当与企业生产层面的改进措施进行合并,信息化治理的改进措施也应当与应用系统实施的改进措施分开阐述。

(3) 同步建设原则。设计某一类改进措施时,同步设计必需的配套措施。

通过应用改进的需求和设计,可以形成实现改进目标的一组信息化项目,这需要根据实际情况和最佳实践从不同的方面进行考虑,以最合理的方式来定义一个项目的目的、内容和范围、实施条件和项目资源等各类因素,最后才能以此为单元对所需要进行的工作进行预测,指导企业未来几年内的信息化建设进程。这将在第8章的实施计划中进行具体介绍。

4.3 企业应用方案的综合调查

如何去寻找提升企业应用的方案?需要开展综合调查,从而才能确定外购、研发、合作研发等技术路线。这里需要指出的是,在IT战略规划实践中,企业管理层和业务部门经常无法完整和系统化地描述自己的业务需求,同时,在多数情况下,业务需求的技术解决方法存在可以借鉴的成熟方案或研发方案,因此需要开展综合调查。当然,针对某些业务的情况,也可以考虑新技术的导入与应用。例如,机器人流程自动化(robotic process automation,RPA)作为一种新技术就较为适合避免多个应用系统重复录入的业务需要。

4.3.1 企业应用方案的市场调查

1. 市场调查原则

企业应用方案编制过程中,对信息化最佳实践进行研究的目的主要是对同业领先的信息化建设经验和业界对新兴技术的应用情况进行总结,归纳出值得借鉴的信息化建设最佳实践和领先技术,为企业信息化建设提供参考依据。

研究同业最佳实践,主要了解研究国内外,特别是所在行业和对标企业的信息化建设与应用实践及趋势。开展与标杆企业的对标分析,找准企业在行业中所处位置,发扬优势,消除劣势,明确应用发展方向。

选取相关行业信息化建设最佳实践案例应遵循同业领先原则、可比性原则、信息可靠原则及供应商领先原则。

(1) 同业领先原则。选取与规划编制企业处于同一业务领域并处于领先位置的同业标杆企业。从近几年来这些标杆企业的业务发展、投资重点和信息化建设案例中,总结出行业业务发展趋势和信息化发展趋势以及可借鉴需要建设的信息系统或提升建议。

(2) 可比性原则。由于不同规模、不同业务架构的企业在IT实践方面存在较大差距,因而在选择同业领先的标杆企业的同时,也应当注重收集与规划编制企业在发展阶段、业务规模、客户体量等方面具有可比性的、处于相对领先水平的标杆企业。往往这一类标杆企业的信息化建设经验更具有可借鉴性。

(3) 信息可靠原则。信息化建设涉及一些企业的商业机密,许多信息不予公布。在选择最佳实践案例时,应选择各企业、媒体或相关供应商公布的信息,确保信息的可靠性,避免不必要的纠纷,同时应注意案例的时效性。

(4) 供应商领先原则。选取为企业提供应用系统的IT供应商中的领先机构,一般他们可凭借多年的经验积累集中体现行业的最佳实践。以证券行业为例,软件与服务的典型厂商包括恒生电子、金证、顶点、金仕达等公司;基础设施的数据中心服务商中,上海证券交易所与深圳证券交易所的技术公司均提供业界领先的IDC服务。在开展IT战略规划中,应当对企业所属行业的IT供应商情况建立调查清单作为重要参考。

2. 对标方法

调查可采用对标方法,对标已成为受企业欢迎的战略规划方法之一。对标管理主要针对企业通过与相同行业的其他企业进行比较,进一步了解自身的不足与短板,通过创新与优化管理方式,实现加快发展、追赶甚至超过标杆企业的目标。最初是人们利用对标寻找与别的公司的差距,把它作为一种调查比较的基准的方法。后来,对标逐渐演变为寻找最佳案例和标准、加强企业内部管理的一种方法。对标通常分为以下4种:

(1) 内部对标。很多大公司内部不同的部门有相似的功能。通过比较这些部门,有助于找出内部业务的运行标准,这是最简单的对标管理。其优点是分享的信息量大,内部知识能立即运用,但同时易造成信息封闭、忽视其他公司信息的可能性。

(2) 竞争性对标。对企业来说,最明显的对标对象是直接的竞争对手,因为两者有着相似的产品和市场。与竞争对手对标能够看到对标的结果,但不足是竞争对手一般不愿透露最佳案例的信息。

(3) 行业或功能对标,即公司与处于同一行业但不在一个市场的公司对标。这种对标的好处是,很容易找到愿意分享信息的对标对象,因为彼此不是直接竞争对手。

(4) 与不相关的公司就某个工作程序对标,即类属或程序对标。相比而言,这种方法实施最困难。至于选择何种对标方式,是由对标的内容决定的。

IT战略规划采用的对标方法主要是行业或功能对标,可以将规划编制企业的信息化建设历程、投入、建蓝图及路径等内容与对标企业进行对比,从而寻找差距,并确定可以借鉴的成功经验。

4.3.2 企业应用的研发方案调查

企业软件应用架构常见的研发方案有单体架构、垂直架构、面向服务架构、微服务架构,它们的特点如下:

(1) 单体架构:简单,前期开发成本低,周期短,是小型项目的首选。但对于大型项目不易开发、扩展及维护。

(2) 垂直架构:是以单体结构规模的项目为单位进行垂直划分项目,即将一个大项目拆分成一个一个单体结构项目。项目与项目之间存在数据冗余的情况,耦合性较大。同样,对于大型项目,不易开发、扩展及维护。

(3) 面向服务架构(service oriented architecture,SOA):将重复、公用的功能抽取为组件,以服务的方式给各个系统提供服务。通过将核心和公共业务抽取出来,作为独立的服务,实现前后台逻辑分离,提高业务复用。在企业计算领域,企业服务总线 ESB 是将所有系统的交互都放在 SOA 统一服务总线上面来控制处理,技术人员可以开发符合 ESB 标准的组件(适配器)将外部应用连接至服务总线。

(4) 微服务架构(micro service architecture,MSA):随着敏捷开发、持续支付、DevOps 理论的发展和实践,以及基于 Docker 等轻量级容器(LXC)部署应用和服务的成熟,微服务架构开始流行,逐渐成为应用架构的未来演进方向。通过服务的原子化拆分,以及微服务的独立打包、部署和升级,小团队敏捷交付,应用的交付周期将缩短,运营成本也将大幅下降。微服务架构将系统服务层完全独立出来,并将服务层抽取为一个一个的微服务。则服务拆分粒度更细,有利于资源重复利用,提高开发效率,产品迭代周期更短。但同时若微服务过多,则服务治理成本高,分布式系统开发的技术成本高,给企业IT持续开发与运行管理能力带来很大的挑战。

目前在企业中主流的架构方案一般为 SOA 方法,随着互联网、云计算等的普及发展,微服务架构也开始流行。它们都是服务化设计的方案,服务化设计最关键的要点是如何把控拆分的粒度。下面根据国际权威 IT 领域研究机构 Gartner 对服务化定义的 3 种不同拆分粒度进行分析[40]:

(1) 宏服务(macroservice):是目前普遍存在的系统,就是类似于单体架构,基于共享数据和公共的访问接口,它的主要优点是方便管理。

(2) 小服务(miniservice):基于中粒度的服务,将单体架构拆分成少数相对独立的服务,主要目标是改善敏捷性。

(3) 微服务(microservice):基于小粒度的服务,每个服务拥有私有的数据、私有的接口,服务之间调用关系复杂,主要目标是实现持续集成、持续交付。

应用架构的选择需要紧密结合具体应用场景。以证券交易系统为例,比较适合的服务拆分方式是基于小服务的架构,它既能达到解耦的目的,也不会带来太大的复杂性。借鉴小服务的思想,以及对业务快速交付需求的分析,对业务进行拆分。如果拆分粒度太大,就达不到解耦的目标,如果拆分过细,又会导致管理复杂,所以需要进行权衡,权衡的标准就是业务的变更频率。因为不同业务的变更不应该互相影响,这是解耦的主要目标,越是变更频繁的业务越能够成为独立拆分的备选服务。因此根据从实践中统计的变更频率大小,将业务适合拆分成独立的服务。以证券普通交易业务为例,可拆分成如下独立的服务,如图4.2所示。[41]

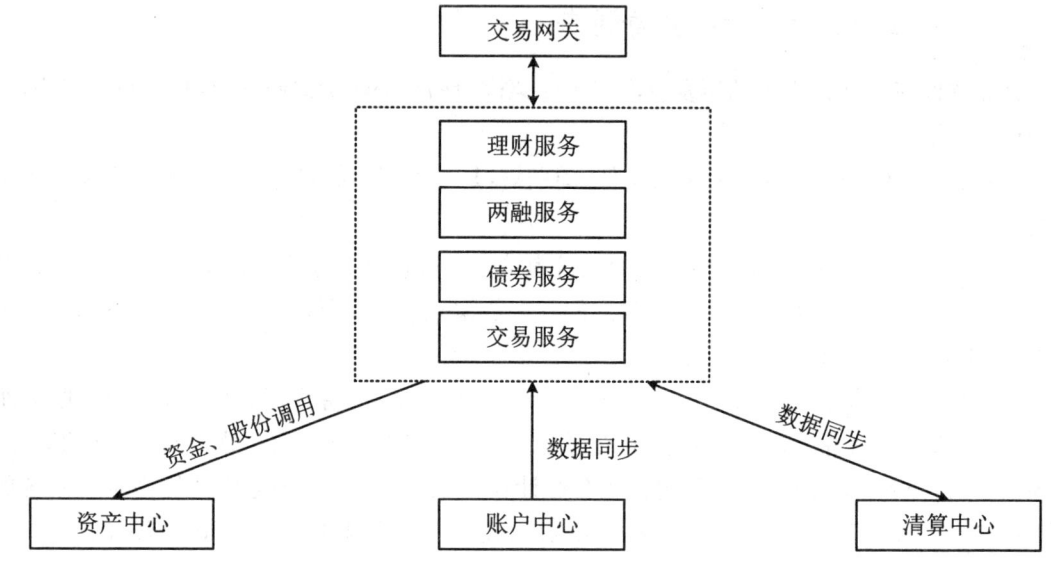

图4.2 证券普通交易系统的服务化拆分

(1) 理财服务:理财销售与管理,如场外基金等。
(2) 两融服务:融资融券、转融通的业务逻辑处理。
(3) 债券服务:债券交易、质押回购、协议回购等业务逻辑处理。
(4) 交易服务:对接证券交易所的场内交易通道。
(5) 资产中心:管理客户的资金、股份数据。
(6) 账户中心:管理客户的账户数据,如客户适当性数据等。
(7) 清算中心:实现统一清算逻辑,从各系统采集数据并分发清算交收后结果。

可见,应用架构需要依托于业务,充分结合具体应用场景,才能完成较为适合的规划设计。

4.3.3 企业应用的新技术方法调查

1. 新技术应用场景

新技术在企业生产中已广泛应用,应用架构规划中的一项重要任务是把握信息技术的发展趋势,重点研究新兴或前沿信息技术的发展方向以及在企业的应用前景。以新技术在金融行业的应用场景为例,典型场景可包括:

(1) 大数据征信:通过大数据进行信息汇总分析,评估客户的资产质量、信用等级。

(2) 智能投顾:通过了解用户的风险偏好、预期收益等指标,运用智能算法及投后自动化管理技术,将用户资产资金对接。

(3) 智能风控:通过大数据分析,实时监控各类风控指标,进行风险预警提示。

(4) 移动互联网金融:通过手机APP,可随时随地进行各类金融产品的交易。

2. 新技术分析评估

研究新兴技术的目的主要是了解和研究主流和新兴信息技术的发展方向及应用趋势,了解新兴技术在行业内的适用性及扩展性等。

国际上有许多组织对信息技术的发展进行跟踪研究。以Gartner公司为例,Gartner每年发布技术成熟度专题报告,该报告以成熟度曲线的方式来说明各项技术当前所处的周期。

新兴技术成熟度曲线是对Gartner所研究的1500多项技术进行精选,生成一个"必须了解"的新兴技术和趋势的技术集,而这些技术有望在未来5~10年内提供较大的竞争优势。以2021年新兴技术成熟度曲线为例(图4.3),建立信任、加速增长以及塑造变革将是三大主要趋势。[42]

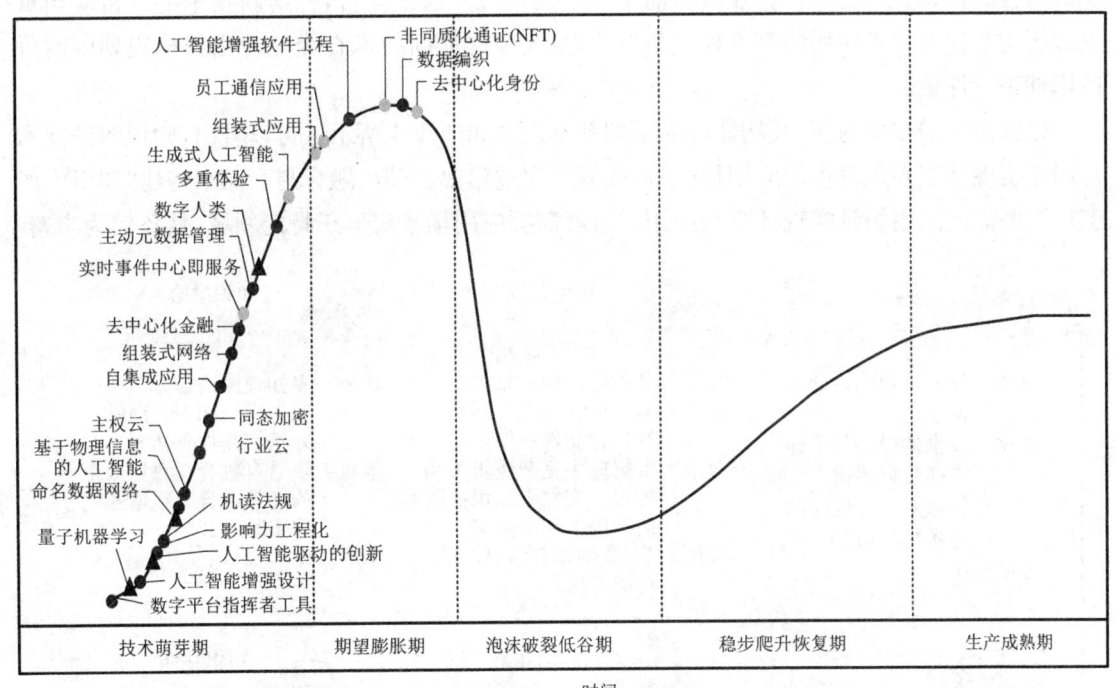

图4.3 Gartner新兴技术成熟度曲线

只有安全性和可靠性才能带来信任,建立信任时需要关注的技术包括主权云、非同质化通证(NFT)、机读法规、去中心化身份、去中心化金融、同态加密、主动元数据管理、数据编织、实时事件中心和员工通信应用。

在建立可信的核心业务之后,增长才会变成可能,核心业务扩大规模时,应关注加速增长,可以探索的技术包括多重体验、行业云、人工智能驱动的创新、量子机器学习、生成式人工智能和数字人类。

希望塑造变革的企业机构应考虑的技术包括组装式应用、组装式网络、人工智能增强设计、人工智能增强软件工程、基于物理信息的人工智能、影响力工程化、数字平台指挥者工具、命名数据网络和自集成应用。

新兴技术研究需要充分考虑技术成熟度，同时结合企业的具体情况分析适用性。一般来说，新技术的分析评估通常需要考虑6个要求：企业战略、技术成熟度、资源投入、合规性、业界应用、系统兼容性。

首先，导入新技术的决策要和企业战略、业务发展情况以及技术成熟程度相吻合，切忌为了技术而技术，企业还是应当从战略与业务角度考量新技术的应用，并且要认真评估技术成熟度以及企业可以承担的技术风险。其次，为了实施新技术应用，企业需要投入包括人力和非人力资源等各种资源，需要做好充分的准备才能提高新技术应用成功的概率。而且在采取某种新技术后，企业还应该关注该技术是否满足相关法律法规要求以及行业合规性要求。最后，新技术要通过参考业界领先实践，证明该技术满足自身要求，并且采用新技术后不应该出现对现有技术架构产生较大影响以及兼容性等问题。新技术评估和研讨一般从技术发展趋势分析、优势劣势分析、适用性分析、企业应用前景等方面进行。通常而言，针对新技术的分析应当重点分析与掌握新技术应用的基本模式与方法，从而才能就新技术在企业应用架构规划中的可适用性进行评估。

以知识图谱技术为例，其构建与应用的基本模式如图4.4所示。可以看出，知识图谱技术可用于实现基于知识管理的应用模式，往往需要通过建模、获取、融合与存储来构建"知识生产工厂"，并面向应用场景实现计算与应用。这就需要应用场景聚焦于特定领域，具备较为丰富

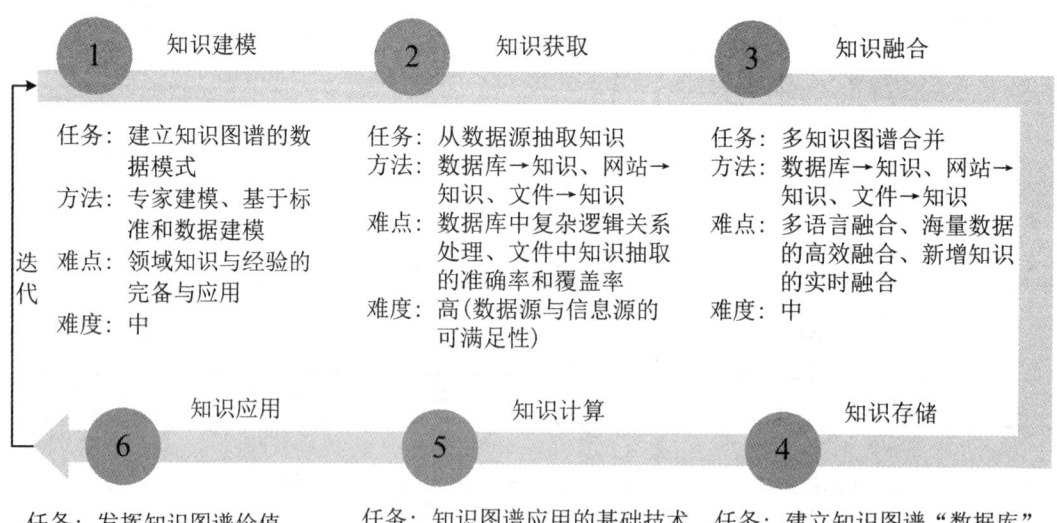

图4.4　知识图谱的构建流程图

的行业内部数据,对数据的质量和准确度要求较高,并且需要该应用领域专家参与到知识图谱的构建过程中来。以金融行业为例,知识图谱更适合于客户画像与识别、客户关系发现、精准营销与获客、金融产品推荐、风险事件分析与报告等具备数据基础条件且应用规则较为明确的领域。

4.4 企业应用架构规划

4.4.1 从业务架构出发的应用架构规划

应用架构规划需要从业务架构出发,依据业务架构确定的业务组件,结合考虑应用架构规划的原则,综合企业应用现状分析结果和应用方案综合调查成果,分析满足信息化与数字化需求的应用功能,组合应用功能来确定应用系统的总体架构。如图4.5所示,企业应用架构规划是自上而下分析与自下而上抽象相结合的工作过程。

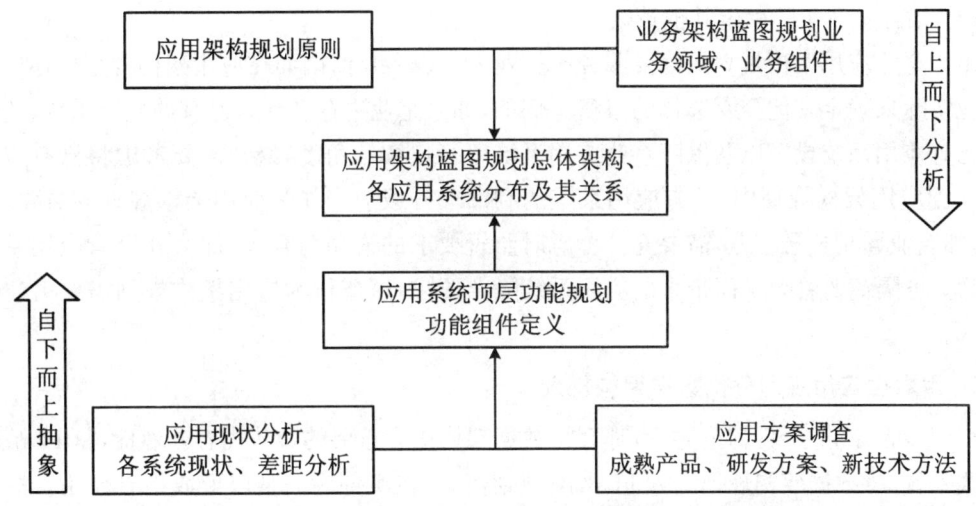

图4.5 企业应用架构规划的过程

1. 应用架构规划的策略

本章前文说明了应用现状分析、应用方案调查的方法,在第3章中对业务架构规划进行了说明,在此就企业应用架构规划的策略做如下介绍。

(1) 统一规划与标准化

应用架构应该是一个统一协调的整体,统一规划、统一体系,避免重复开发、功能交叉以及信息孤岛。同时,除了特定业务领域的特定应用之外,应当尽可能提倡企业应用系统的标准化。应用系统的标准化有以下好处:实现更好的信息共享,允许更多的知识共享,简化培训要求,提供更有效的系统支持,采购和维护成本显著降低等。

(2) 优先选择成熟应用方案

对非IT行业的大多数企业而言,应用系统开发并非其核心业务,在应用架构规划中,要尽可能使用成熟应用方案,可以大幅度降低实施及维护成本,也更易于通过成熟应用方案导入其所蕴含的行业业务与管理的最佳实践,从而保证应用系统交付质量。成熟应用方案的总体拥有成本肯定会优于自主研发的应用方案,对于同行业中被广泛使用的成熟应用方案尤其如此。

(3) 以核心应用系统为重点

在企业业务架构分析与规划中,企业核心业务领域与业务组件可以被识别出来,围绕这些领域的应用系统可以称为核心应用系统。实际上,这也是企业信息化与数字化过程中,需要主要关注的重点应用系统。在核心应用系统规划方面,可充分结合企业实际情况与应用方案调查成果,选择适合于企业的核心应用系统规划策略。比如,如果企业所属行业的核心业务标准化程度较高,往往该类核心业务系统会有成熟的应用方案可以选择。在企业处于信息化程度较低的阶段,采用成熟的应用方案来构建核心应用系统可以使用较短的时间和可控的投入来实现企业核心业务领域的信息化目标。在企业完成了信息化目标后,由于业务创新驱动和数字化转型发展需要,对核心应用系统提出更高的要求时,特别是企业希望借助核心应用系统来强化企业核心竞争力时,通过针对企业核心业务特点与创新发展需求而开发的研发方案通常会是更适合的策略选择。

(4) 结合企业实际确定其他策略

由于企业应用架构规划最终要服务于企业 IT 战略目标,因而在应用架构规划中还应当结合企业实际来确定其他需要选择的策略。例如,如果企业中存在众多已有的应用系统,从保护企业已有应用系统投资以及保障企业应用系统运行连续性角度,经常需要考虑将已有应用系统纳入到应用架构规划中,已有应用系统的利旧或升级应当作为应用架构规划的重要考量。再如,如企业属于金融行业,需要充分考虑对监管要求的遵循与合规,那么就会有应用系统之间因为业务隔离监管要求而带来的应用系统隔离要求,这应作为应用架构规划需要关注的基本要求。

2. 用数据应用规划替代数据架构规划

在许多企业 IT 架构的论述中,都会将数据架构作为重要的章节内容。然而,从 IT 战略规划实践来看,将数据架构规划纳入 IT 战略规划范畴,在实务层面难以形成指导作用。这是因为 IT 战略规划毕竟属于顶层设计,在数据层面构建企业级顶层数据架构在实际工作中是缺乏可行性的。即使使用 TOGAF 等方法框架定义了一个抽象的数据架构,往往也难以对 IT 战略规划带来有效的作用,更缺乏可落地性。有意义的数据架构通常来自于对企业当前及未来数据源的深入调查分析,这项工作一般都是在企业数据仓库或大数据项目中才有必要开展的,并且数据架构定义工作的专业性要求高,不是企业 IT 战略规划制订者可以承担的任务。

因此,本书认为在 IT 战略规划中适合实务的选择是在应用架构规划阶段关注数据应用的规划,而不是陷入到数据架构的抽象中。对于数据应用规划,应当把握数据应用的过程特点,以大数据应用价值链为例[43],包括 5 个环节,如图 4.6 所示。

(1) 数据采集是以数据分析为目标,在数据存入数据仓库等之前对数据进行的采集、过滤和清理过程的总称。数据采集对基础设施的要求和依赖较高。一般要求基础设施能够支持高并发量与吞吐量、灵活动态的数据结构等。

(2) 数据分析是为支持特定领域的商业应用对原始数据进行的探索、转换和建模等。相关领域包括数据挖掘、商业智能以及机器学习。

（3）数据治理是指为满足数据质量要求对数据进行选择、分类、转换、验证和保存等活动以确保数据可信赖、可发现、可访问、可重复使用。数据科学家负责执行数据治理工作。

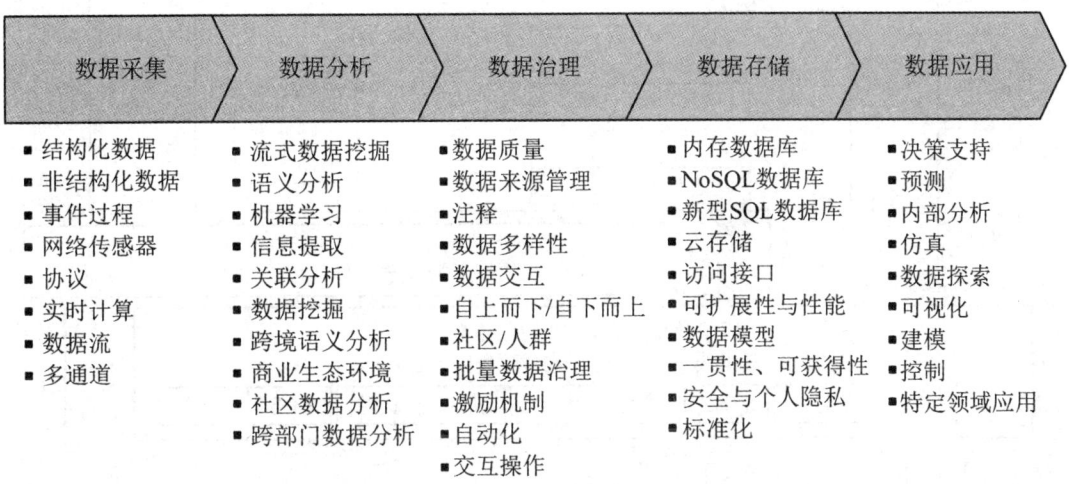

图4.6 大数据应用价值链

（4）数据存储是以可扩展的方式管理数据以满足应用程序快速访问数据的需求。关系型数据库自身的特性决定了其在数据存储模式和性能方面缺乏灵活性，在处理海量复杂数据时缺乏一定的容错能力，因此不适合大数据场景。NoSQL技术可以满足灵活扩展的目标，为大数据提供解决方案。

（5）数据应用是将数据分析的成果应用于具体的商业场景，实现数据价值，包括决策支持、预测、管理分析、仿真、数据可视化等。

可见，数据应用系统区别于以流程为主线的业务或管理应用系统，数据应用的成果往往需要大量的数据处理过程为支撑。在数据应用架构方面，其特点也是明确的，以数据仓库典型架构为例，如图4.7所示。

数据仓库应用一般包括数据源系统、数据仓库、数据分析应用3个组成部分。数据源系统通常来自于企业内部的各类应用系统，也可以包括企业外部的数据源；数据仓库通过原子数据层、数据汇总层、数据集市层等分层数据处理方式，构建不同层次的数据模型来完成数据的计算与存储；数据分析应用基于数据仓库的数据处理结果，按照分析目标所需，采用相应的数据分析工具完成数据分析应用的开发与交付。

由此可见，数据应用往往具有其特定的应用系统架构方式，在企业内部规划该类应用的时候，需要从数据分析的需要出发进行规划。一般来说，如果在监管规则、公司治理等方面没有数据隔离的要求，企业内部建立同一的数据应用往往是较为合适的选择。这有利于在企业内部构建同一、标准的数据口径和分析方法，可以更好地满足企业内部业务分析、管理分析和对外数据披露或报送的需要。因而本书提出的IT战略规划方法，不建议在IT战略规划阶段去做企业数据架构，而是侧重于规划企业数据应用，使用数据应用规划替代数据架构规划，更加符合实务所需。

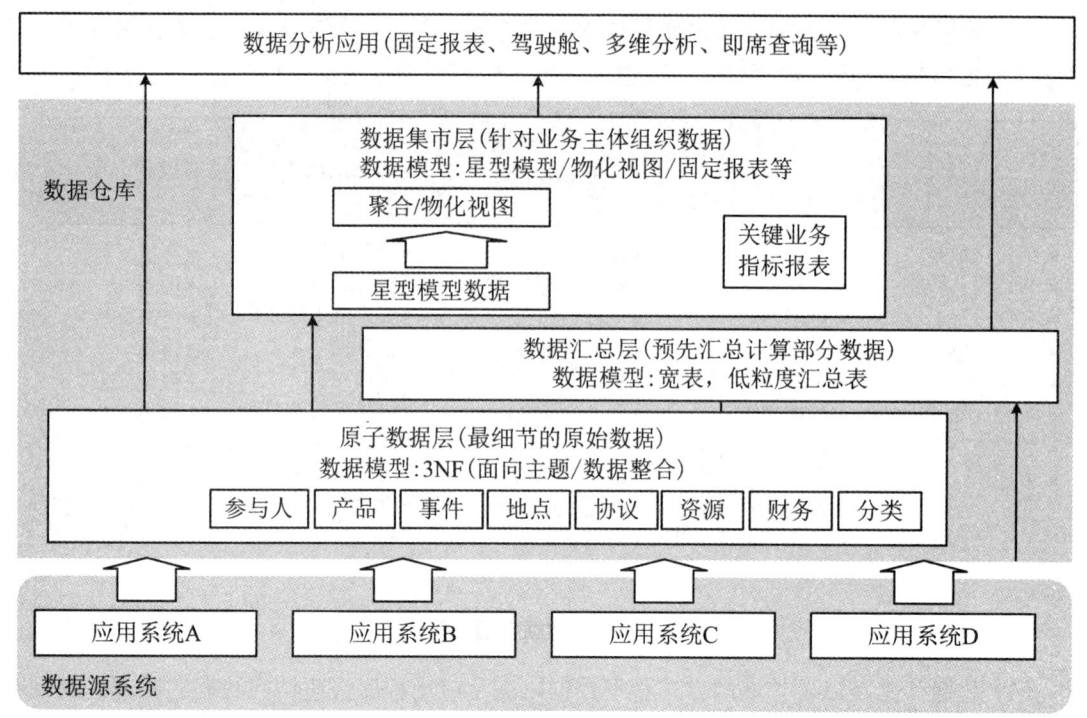

图 4.7　数据仓库典型架构

3. 应用架构规划的方法

应用架构规划时,一般可以分两步开展工作:首先,先做总体应用总体架构规划,这需要与企业业务架构建立对应关系;其次,需要结合各应用系统,理清其关键功能组件,以及各应用系统之间的集成与关联关系。

应用总体架构需要从企业业务架构出发搞清楚企业关键需求,不需要对所有需求进行深入分析。关键需求可考虑以下方面:① 以企业管理层为代表的关键干系人直接提出的需求和期望;② 通过企业业务架构分析得出的核心业务需求;③ 通过企业应用现状分析与差距分析得出的重要需求;④ 新兴技术研究中的新技术发展与应用情况。

在明确关键需求后,就可以着手应用架构规划的设计。这需要结合企业业务需求和应用架构现状,参考同业最佳实践,定义应用能力目标蓝图,并根据应用能力目标蓝图进行应用系统划分,明确应用系统组成和边界,明确现有、在建及未来规划建设应用系统的定位、功能范围、架构要点、部署策略和演进方式,定义各应用系统间的集成关系,结合技术模块设计企业未来整体应用架构。在应用架构中可定义"应用组件",作为信息技术应用能力的具体逻辑表现,企业通过其实现信息系统服务,继而实现信息化对业务的支撑。也可以直接将应用组件对应到应用系统。

如前文所述,应用架构规划需要自上而下分析与自下而上抽象相结合。下面通过应用架构规划中常见的应用系统类型来说明具体方法的使用。

(1) 类型一:通用型应用

企业中最常见的通用型应用是财务管理、资金管理、人力资源管理、OA 等应用系统。自下而上来看,以财务管理为例,基本都会包括总账管理、预算管理、费用报销管理、税务管理、财务报表、会计档案等业务功能。自上而下分析，企业在不同的发展阶段，往往对财务管理信息化的要求是不一样的。对于多数企业而言，总账管理和财务报表作为财务管理的基础功能，在财务管理信息化的初级阶段也是必要的。而其他业务功能事项，在企业业务规模与财务管理复杂度要求较低的时候，也可以通过手工管理方式来实现，并不一定需要全部实现信息化。因而对于通用型应用而言，可以将成熟应用方案（往往都会有该领域的成熟应用方案）的业务功能结合企业关键需求进行裁剪，从而确定该通用型应用在应用架构中的定位及其应用组件。

(2) 类型二：行业标准业务应用

对于发展比较成熟的行业，通常也会有行业标准化的信息化与数字化应用方案可以选择。像生产型企业，一般会将 ERP 作为其产供销核心业务应用系统。ERP 系统包括生产计划、物料管理、销售管理、质量管理、设备管理等业务功能。行业标准业务应用在应用架构规划中并不意味着需要全部标准导入和使用，这也需要结合自上而下的分析来确定企业关键干系人对该类应用的需求与期望，同时结合自下而上的抽象来发现企业实际运作中是否具备导入与实施行业标准业务应用的条件。因此，许多行业标准业务应用的领先厂商或实施服务商都会有一套行业标准业务应用的实施方法论，只有结合企业特点来确定行业标准业务应用落地实施的具体目标与功能架构，才能确保该类应用项目的成功交付。

(3) 类型三：行业创新业务应用

在新兴产业或传统行业转型升级的场景下，行业创新业务应用会成为企业信息化与数字化的关注点。对于该类应用的规划，自上而下分析以及对标企业经验借鉴是最主要的规划依据。自上而下分析应当把握好行业创新业务的商业模式与运营方式，企业 IT 战略规划制订者可以从流程运作、数据流转、用户交互 3 个方面切入行业创新业务，充分借助企业关键干系人与行业专家的智慧，来构建行业创新业务应用的架构与组件。当然，如果有较为充分的对标企业经验借鉴，可以更高效地完成应用组件的抽象与定义。在此，需要注意的是，在行业创新业务方面，对标企业不一定来自于同行业的企业，往往可以选择在目标客户群体、商业模式等方面存在相似的其他行业的领先企业经验。例如，在证券行业的互联网证券领域，在该业务处于创新发展阶段时，证券公司往往就是借鉴与导入了互联网公司在产品设计、产品研发及数据化运营方面的成熟经验，结合证券行业的监管规则与客户特点，逐步探索与发展了互联网证券业务。

(4) 类型四：数据应用

在前文中，本书提出了用数据应用规划替代数据架构规划。在应用架构规划中，针对数据应用的规划，需要先搞清楚数据应用的用户群体在哪里，从数据应用场景出发来完成应用组件的抽象与定义。企业数据应用的典型场景示例如图 4.8 所示。

① 公司报告与管理驾驶舱是企业管理层经常会使用的数据分析工具。前者是定期生成的使用大量数据图标的定期报告，常用于企业定期的经营分析工作和业务绩效考核工作；后者是实时性较高的综合性数据图表工具，常用于把握企业实时运营状况。

② 财务报告提供了标准的财务分析方法，如资产负债表、损益表、现金流量表等，属于财务分析人员使用的固定格式报表报告，也需要提交企业管理层和董事会。

③ 在业务管理报告与分析层面，会有更丰富的场景与工具，像即席查询、多维分析、统计分析、分析建模、财务整合等。这些数据分析工具经常由业务分析人员和企业中层管理人员

使用。

④ 在业务运行层面,包括业务运行报表报告和业务运行分析工具。前者使用者多为业务人员和企业中层管理人员,例如产品销售日报汇总表。后者往往用于特定业务场景,如生产计划建议、信用额度审批、信用卡欺诈检测等,使用者多为业务人员,这些工具也往往会嵌入到特定的业务应用系统中。

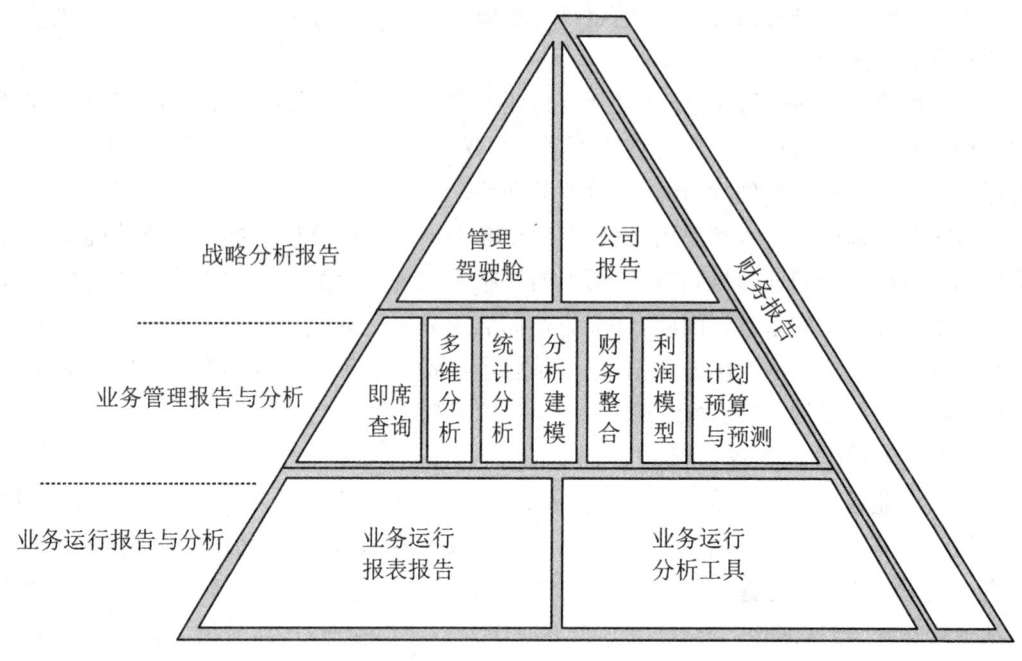

图 4.8　企业数据应用的典型场景示例

综上来看,在数据应用规划中,可以结合应用场景将数据应用纳入到企业应用总体架构中。通常会有 3 种方式:① 作为独立的企业级数据应用而存在,像企业大数据平台或数据仓库的应用规划,主要面向企业的中高层管理者和业务分析人员,涉及场景以战略分析报告、业务管理报告与分析的场景为主;② 作为业务或管理应用系统的数据子系统而存在,例如财务管理应用系统的财务报表、ERP 系统的销售报表和生产报表等;③ 作为专业化数据工具嵌入到业务或管理流程之中发挥数据价值,以业务运行分析工具为主,如信贷业务应用系统的信用额度审批建议或自动化授信。

(5) 类型五:遗留应用

在企业应用架构规划中,应当对企业遗留应用规划做出适当的安排。从 ITSP 实践来看,常见的情况有 3 种:升级或替换遗留应用、保留并集成遗留应用、放弃遗留应用。对于需要升级的遗留应用,应当完成遗留应用的组件归纳,明确其功能边界,避免将不必要的功能或需要其他应用系统承载的功能纳入到遗留应用的升级范畴,这会造成后期该类项目的实施变得复杂。对于需要替换的遗留应用,应当搞清楚遗留应用本身存在的价值,进行应用方案替换时,应当避免出现替换后需求无法充分满足的情况。对于保留的遗留应用,需要同时做好集成的安排,数据集成是必要的选择,有时也需要考虑流程集成。对于承载了非必要、待淘汰或低价值业务或管理功能的遗留应用,在企业关键干系人达成共识后,放弃该应用是较为合适的选择。

4.4.2 应用架构规划示例

结合3.3.2节的证券公司业务架构示例,本节将给出对应的应用架构示例说明。

应用架构规划是在关键需求分析的基础上,针对每个业务领域的功能需求,设计满足需求的应用功能,对应用功能进行组合,设计相应的应用系统。参照企业业务架构,标识出支持业务活动的应用系统,构建企业应用架构。

在每个业务领域中,对应每个业务活动的功能需求,设计相应的应用功能。将应用功能进行组合,设计相应的应用系统和功能模块,并且在应用架构中标识出哪些应用系统或功能模块是在未来提升完善的,哪些应用系统或功能模块是在未来新建的。标识出支持业务活动的各个专业应用系统,构建企业应用总体架构。总体架构可以在分层基础上,对应用进一步分组,把同一类业务领域、关联性高、具有相同的业务属性的逻辑功能集合划分为一组,如面向个人投资者的零售经纪业务相关的应用系统可以归为一组。

对应用分组的目的是要体现业务功能分类和聚合,把具有紧密关联的应用或功能内聚为一个组,可以指导应用系统建设,实现系统内高内聚,系统间低耦合,减少重复建设。按照相同的方法,可在组内进一步划分不同的应用。

证券公司典型应用架构可以划分为前台业务系统、中台管理系统与后台管理系统,其典型应用架构如图4.9所示。

(1)前台业务系统:按业务单元划分,在零售经纪、财富管理业务单元中规划设计业务运营系统、产品销售系统、清算结算系统、CRM及客服系统、数据分析系统、高端客户投资类系统以及与机构经纪业务单元共用的集中交易系统。其他业务单元的应用系统同样依据各业务架构来规划,如图中描述,不再赘述。

(2)中台管理系统:是为各业务单元共用的应用系统,包括资金管理系统、风险管理系统、合规管理系统。

(3)后台管理系统:是为企业各职能部门的应用系统,包括财务管理系统、人力资源管理系统及行政管理系统等。

其中的风险管理系统、合规管理系统可组成一个应用群组,进行进一步的规划设计,风控合规应用架构示例如图4.10所示。

图4.10中风控合规的应用由以下部分组成:

(1)数据中台应用:包括从各业务系统统一采集来的原始数据(ODS)、根据需求组建的分析主题数据集市(如风险数据集市、报送数据集市)。

(2)合规风控应用:包括合规管理系统、异常交易监控系统、内控系统、市场风险系统、净资本管理系统、信用风险系统、投保报送系统、统一报送系统等。

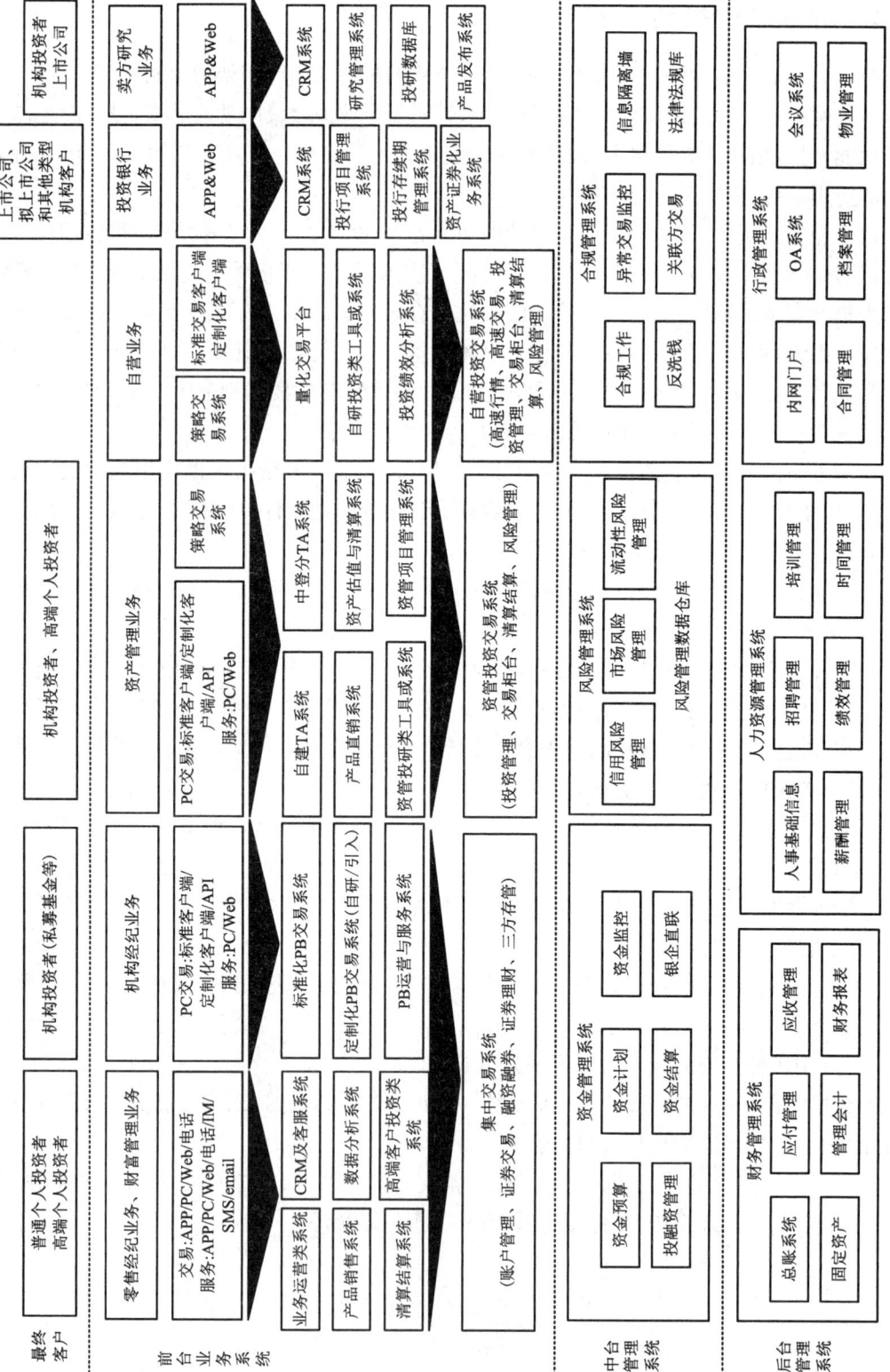

图 4.9 证券公司典型应用架构

第 4 章 企业应用架构分析与规划

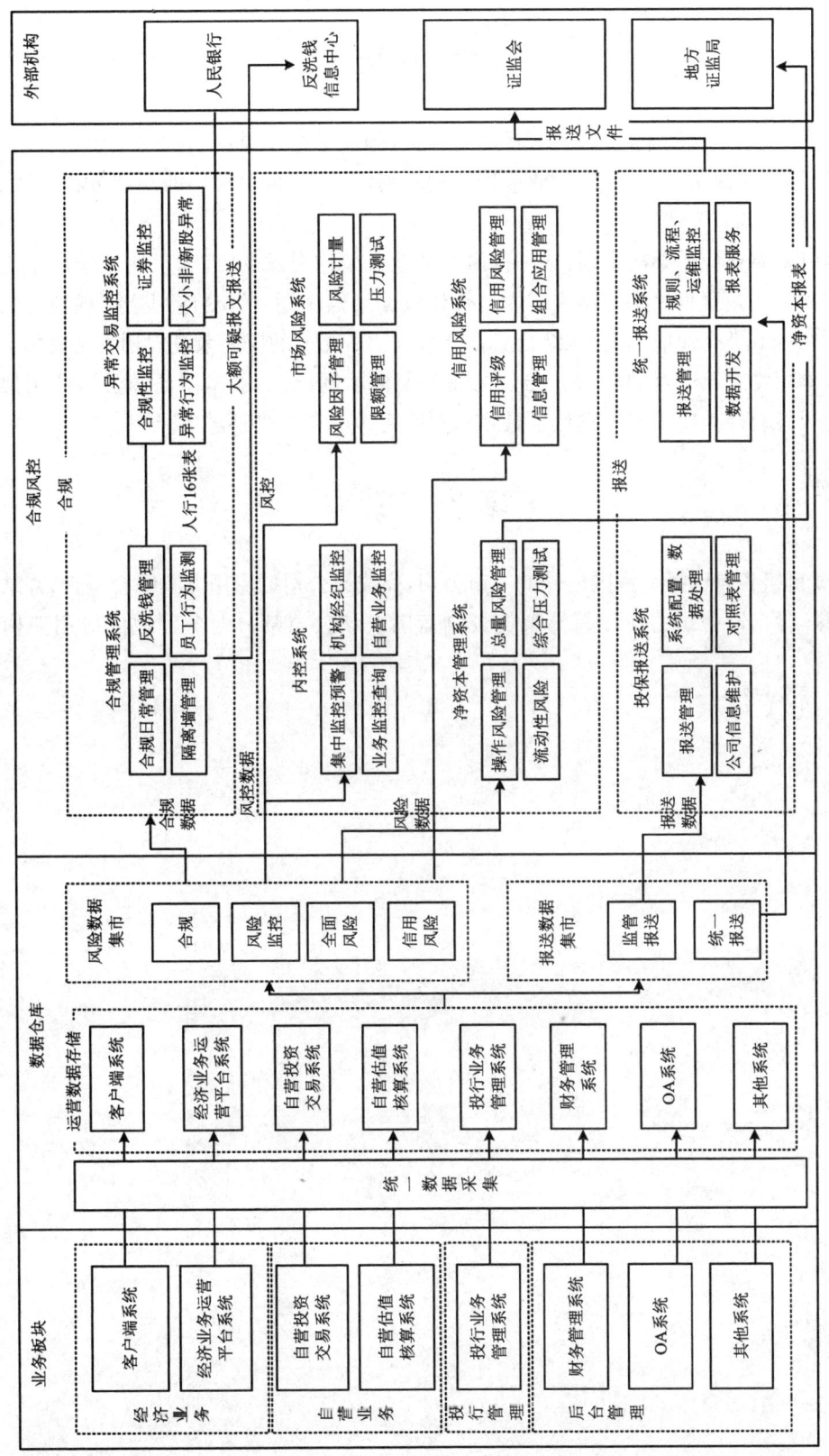

图 4.10 风控合规应用架构图

本 章 小 结

本章首先说明了应用架构的定义、目的与意义,阐述了企业应用架构的主要内容、常用原则及参考因素。在此基础上,面向企业应用架构规划,介绍了企业应用的现状分析方法、企业应用方案的综合调查方法。

然后,针对企业应用架构规划,本书提出了从业务架构出发的方法,说明了应用架构规划的原则,并从实务角度提出用数据应用规划替代数据架构规划。针对应用架构规划方法的使用,本书总结了5类企业应用类型,结合具体类型说明了相应的应用系统规划方法使用。

最后,本书结合第3章的典型证券公司业务架构示例,给出了典型证券公司应用架构示例,并结合风控合规类应用群组进行了具体示例说明。

练 习

由各项目组各自选择一家国内外的上市公司,完成该公司的应用方案综合调查,并结合综合调查成果,提出该公司的应用总体架构规划蓝图或该公司某一业务领域的应用架构规划蓝图。

第 5 章　企业 IT 基础设施分析与规划

5.1　企业 IT 基础设施概述

企业 IT 基础设施是企业共享的、实体 IT 资源的集合,包括以服务器和操作系统为代表的平台技术、网络和通信技术、数据处理及基础软件(数据库、中间件等),用以支持企业各类应用系统。[44]企业战略规划对于技术的要求,是 IT 基础设施建设方向的基础。须以 IT 基础设施的集中、稳定运营为核心,推进 IT 基础设施的规范化与标准化,有效支撑业务应用系统的拓展与创新,降低业务连续性风险,并同时提高 IT 运维效率与服务水平,控制 IT 运维服务成本。IT 技术的分类越来越细致和丰富,采用的设备越来越多,而开放系统导致的市场竞争,也使得产品的种类非常丰富,因此在 IT 基础设施规划层面,应当融入公司自身的战略与业务体系,实现企业 IT 基础设施与企业应用系统的有机融合,成为企业搭建 IT 基础设施的必由之路。

5.1.1　公司战略与业务对 IT 基础设施的要求

基于企业信息化愿景和战略目标,根据企业的实际需要和具体情况,参考行业通用的基础架构设计原则,结合基础架构的设计经验,确定基础架构的设计原则。在此方面,本书推荐刘希俭在《企业信息技术总体规划方法》一书中总结的原则。[38]

1. 注重总体拥有成本

总体拥有成本指公司拥有一套技术服务和基础设施的总费用,不仅包括软硬件等直接投资费用,也包括相关的实施费用、维护费用、用户的业务费用等所有其他费用。具体为硬件采购成本、软件采购成本、硬件和软件维护费用、推广费用、系统管理费用、帮助热线和现场支持费用、终端用户支持费用、故障费用等。设计时不要仅仅考虑降低如硬件采购等某些投资费用,而要注重降低总体拥有成本。

2. 保持基础设施的标准化

根据开放系统和实际上的工业标准,使整个企业的信息技术基础设施包括用户桌面计算机配置全部标准化。基础设施标准化是应用系统集成的先决条件,比应用系统标准化更需要强制执行。没有任何技术理由不集中制定通用基础设施的统一标准规范,并在全公司范围内严格执行,确保设施协同工作,简化系统管理和运维培训,提供更有效的支持服务,减少采购和维护费用。

3. 提供标准化的应用环境

要建立标准的计算机应用环境,包括标准配置的 PC 或工作站硬件、操作系统、办公和生产软件、电子邮件、互联网服务等,确保有效技术支持、简化软件升级和应用培训,保证协同工作能力,降低采购及维护费用。对用户计算机,或称用户终端而言,配置的标准化有利于提供更可靠、更及时的技术支持,包括远程支持;有利于软件推广,减少软件升级的时间和工作量。如果配置各异,升级将变得十分困难,而且随着用户数越来越多,升级所需的工作量将越来越大。用户终端配置标准化还有利于信息安全,有助于及时发现和防范病毒等对信息系统的破坏。

4. 提供广泛的网络连接

网络化运营是企业的战略抉择,而可靠的网络连接是网络化运营的先决条件。计算机环境极大依赖于网络连接,更多的计算机作为智能节点与网络相连,使计算机网络的价值成倍地增长。通过安全防火墙实现用户/终端、应用/服务器和数据库以及内网层次上的网络连接,用户可以与公司的其他人传递信息,交流知识,为企业创造价值。通过与互联网的连接将进一步扩大企业与供应商、客户间的协作,助推企业转变业务模式,实现对市场的敏捷反应。

5. 促进基础设施和相关服务共享

统一信息技术基础设施是指不同业务单元之间对共用基础设施的共享,例如,整个公司使用一个互联网网关,两个或两个以上分公司使用一个数据中心等。这使支持服务更有效、购买和维护费用降低、技术升级更容易。

6. 采用成熟的基础设施实施方法

采用经过验证的成熟方法进行信息技术基础设施设计和实施。与应用系统实施一样,信息技术基础设施实施必须遵循科学的方法,必须对系统管理员和终端用户进行培训,必须建立并完善运维服务体系来支持使用和保障安全。

5.1.2 信息安全对IT基础架构规划的要求

IT基础设施作为企业集中共享的应用系统运行支撑环境,应当在规划阶段充分考虑信息安全对IT基础设施的要求,可重点关注以下6个方面的内容:

1. 信息安全深度防御

深度防御思想是IT基础设施信息安全实践的长期经验总结,其核心在于构筑整合各类信息安全设备与系统的一体化防御模式,实现集保护、感知、理解、预测和响应为一体的深层次防御体系。随着技术的发展,深度防御技术也从传统的被动防御逐渐向监测响应型防御发展,并从整体上向系统化、主动防御发展。

2. 边界防御

需要识别和定义清晰的安全区域,用来分离企业业务中的数据、系统和职能。在企业的内部网中,将会实施额外的边界控制,从而在逻辑上划分内部网络和基础架构,用于在不同安全层级分类储存或处理数据。对于敏感系统应该有一个专用的(隔离的)计算机环境。隔离可以通过物理或逻辑控制来实现。

3. 用户验证和授权

所有用户都必须通过验证和授权才能接触所有的计算机或信息资源。验证和授权的机制将与信息和系统的安全分类一致。用户账号不应被赋予除完成工作所需的额外权限,应按照

"最小必要"原则执行授权。应该清晰定义用户角色,只有经过用户角色识别的用户,才能使用相应的系统。

4. 信息安全技术成熟性

选定的信息安全解决方案必须基于成熟的标准化的技术,这些技术应当已经经过大型企业的证实并广泛应用。由于安全应急处置的技术支持需要,安全技术解决方案应当在国内具备本土化支持能力,符合国家及行业在信息安全法律法规方面的要求,具备持续向企业提供信息安全技术服务的能力。

5. 信息安全软件功能性

信息安全软件应当具备快速部署和提供核心功能的能力,即短期内安装成功并运行。拥有强大基本运行能力的解决方案优于那些能提供高水平的运行能力却很难实施和运行的解决方案。解决方案必须是易于扩展的,可通过集成其他软件,或是增加现有软件的额外功能来实现。

6. 等级保护和分级保护

为了提高信息安全的保障能力和水平,保障和促进信息化建设,国家正在大力推行信息安全等级保护制度和分级保护制度。等级保护和分级保护已经成为一项国家层面的信息安全基本制度。整体信息安全规划必须符合国家等级保护和分级保护规定的要求。

5.2 企业 IT 基础设施能力

企业 IT 基础设施规划首先应从 IT 基础设施能力定义与评估入手。根据笔者的项目实践经验,本书认为可从基础环境支持能力、网络通信能力、计算能力、容灾备份能力和 IT 管理能力共 5 个方面开展企业 IT 基础设施能力分析与评估,同时,也作为后续企业 IT 基础设施规划参照的基本要求(图 5.1)。

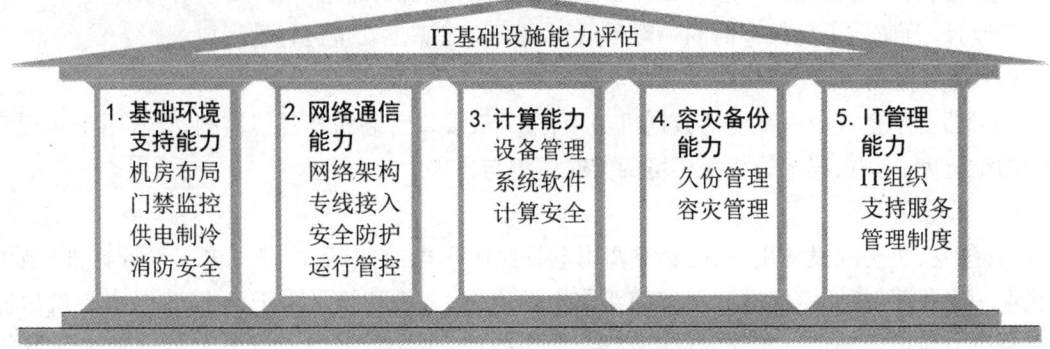

图 5.1　基础架构五大能力

下面针对企业 IT 规划项目的 IT 基础设施评估内容,具体说明以下 5 个能力要求。

5.2.1 基础环境支持能力

1. 机房建设标准

对于数据中心机房的建设标准,在实践中较为常用的有国际标准和国家标准两类。前者以 Uptime Institute 为代表,这是全球公认的数据中心标准和第三方认证机构,其标准规范了数据中心场地、电源、制冷、安防、地面承载、接地、电气保护及其他工程和建筑上需要满足的条件,将数据中心按照可用性分为四级(Tier1~Tier4),Tier4 为最高等级。后者作为国家标准,早期为 2008 年的《电子信息系统机房设计规范》,2017 年颁布的《数据中心设计规范》作为现行标准。按照该规范,数据中心可用性分为 A、B、C 3 个等级,A 级对应但略低于 Tier4,B 级对应 Tier2,C 级对应 Tier1,Tier3 可认为介于 A 级与 B 级之间。一般而言,如果企业核心业务对应用系统的依赖程度有限,也就是说,数据中心故障不会给企业或企业客户带来重要影响和损失,那么企业数据中心机房分级定位为 C 级标准即可满足需求;反之,则应选择 B 级或 A 级的标准来建设企业数据中心机房。

2. 机房布局规划

按照标准与实践,企业数据中心机房包括主机房、支持区及辅助区。主机房是核心区,是用于信息处理、存储、交换和传输设备的安装和运行维护的建筑空间;支持区是支持并保障完成信息处理过程和必要的技术作业的场所,包括变配电室、柴油发电机房、电力电池室、空调机房、消防设施用房、消防和安防控制室等;辅助区能够实现机房的全面监控及运维管理。企业数据中心机房物理环境一般要求净高不小于 3 m,地面承重不小于 8 kN/m^2。为保证机房运行,环境温度一般要保持在 18~27 ℃,相对湿度保持不大于 60%。

3. 机房配套设施

(1) 出入管控

机房区域往往设置独立门禁与监控,出入权限由专门运维人员保存,具备机房出入信息登记册,进出机房需登记相关信息。在核心主机房区域,对机房通道和出入口,一般都是 24 h 实时视频监控,且监控录像保存时间一般不低于 30 天,以满足安全运行管理要求。

(2) 环境监测

对于部署了企业应用系统的数据机房而言,一般要求部署机房环境监测系统,用于实现对机房的温湿度、断电、漏水等机房环境的实时监测与预警。

(3) 供电制冷

数据中心机房的设备用电、配套空调用电及照明用电按照《民用建筑电气设计标准》被纳入供电一级负荷,按照该标准需要实施双路电源供电、末端切换。由于 A 级数据中心机房需要双路市电供电等较难以实现的供电要求,在实践中,企业数据中心机房大多只能达到 B 级机房标准。

数据中心机房内的各类 IT 设备负载所消耗的电能几乎全部转化成废热,因而必须设置制冷系统,以便及时将废热排出,从而保证各类 IT 设备的正常运行。数据中心机房制冷系统最常用的是房间级制冷和机柜行级制冷。前者是先冷却环境、再冷却设备的气流组织形式,工作原理简单,布置方便,应用最为广泛;但其缺点也较为明显,主要是布局灵活性较差,在设备密度高的条件下,其运行效果也较差。后者将空调机组与机柜行相关联,空调机组不属于成行的机柜之中,通常采用正面水平送风、背面回风的气流组织形式,其优势是紧靠热源带来的送回风路径缩短,更好地利用冷量,更适合于微模块建设方式;其不足在于占用了机柜安装位置,紧靠机柜带来冷冻水,空调机组存在漏水风险。

在制冷系统选择方面,水冷空调系统相对更加高效节能,更符合绿色数据中心发展的趋势。配备了板式换热器的制冷机组,在冬季和过渡季节可以利用外界冷源实现自然冷却,从而达到节能降耗的目的。由于制冷系统能耗约占数据中心全部能耗的40%,降低制冷系统能耗是提高数据中心能源使用效率的关键,一般可以通过蓄冷节能、调节系统流量和优化气流组织等实现更高效的制冷方式。

(4) 消防系统

机房消防系统一般由火灾报警探测器、报警控制器、手动按钮、线路组成,具有自动报警、人工报警、启动气体灭火装置等功能。对于机房而言,应作为独立防火分区,进出机房区域的门应采用防火门。

(5) 综合布线系统

综合布线系统是数据中心机房的关键组成部分,一般包括主配线区、水平配线区、设备配线区和特定配线区,如图5.2所示。

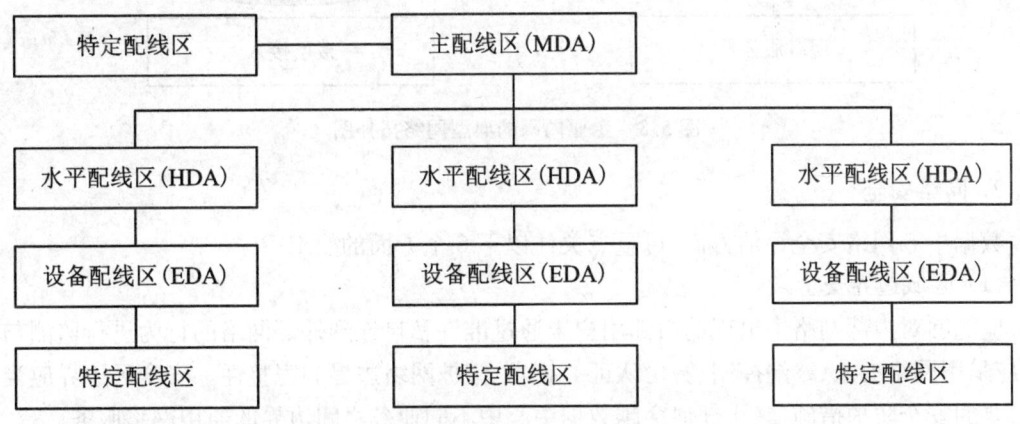

图5.2　数据中心机房的综合布线分区

主配线区是数据中心机房综合布线系统的中心节点,与数据中心核心交换和路由设备连接,并实现到各个分区的主跳接。对于Tier4和A级的数据中心机房,主配线区应该有两个。水平配线区属于一种水平交叉的连接区域,一端连接主配线区,一端连接分配至设备配线区的线缆。设备配线区属于分配于终端设备的空间部分,而特定配线区多用于未来扩展的预留。

5.2.2　网络通信能力

1. 网络架构

企业内部网络区域主要分为办公区域、服务器区域和互联网区域。各区域之间通过一组核心交换机互联,核心交换机通过虚拟化技术虚拟成一台逻辑的交换机,通过VLAN实现隔离不同网络区域。

企业网络的互联网出口通常有两个：一个出口为员工办公上网出口，可使用负载均衡设备实现两条运营商互联网线路的链路负载；另一个出口则用于发布公司官网、向外部提供互联网服务等。企业内网的典型网络拓扑如图 5.3 所示。

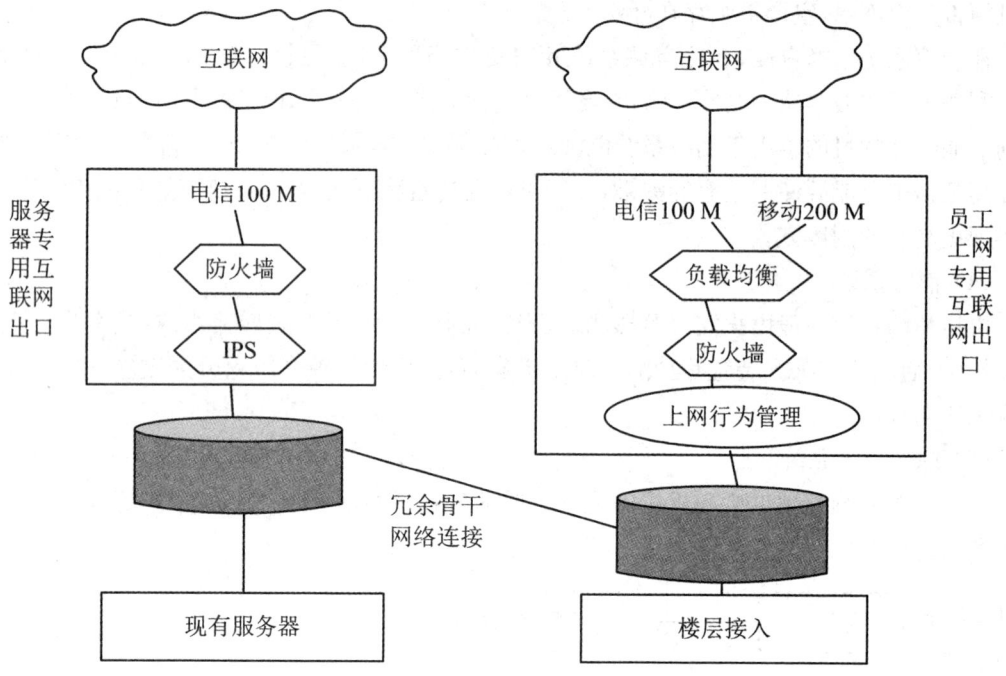

图 5.3　企业内网的典型网络拓扑图

2．网络安全

数据中心网络安全评估方面，可重点关注以下 6 个方面的要求[45]：

（1）区域边界安全

应能够对内部网络中出现的内部用户未通过准许私自连到外部网络的行为进行监测与检查；应采用网络准入、终端控制、身份认证等技术，维护网络边界的完整性。安全区边界应当采取必要的安全防护措施，禁止任何穿越数据中心中不同业务之间边界的通用网络服务。

（2）拒绝服务攻击

在数据中心中针对网络层面的攻击主要包括分布式拒绝服务攻击（DDoS）、拒绝服务攻击（DoS）等，应当部署相关的网络安全设备来抵御以上攻击。

（3）网络设备防护

网络设备防护主要依托于数据中心管控规范，应按照"最小必要"原则开放设备端口，关闭使用多余接口，建立周密的设备访问控制策略，细化设备各类管理员角色权限，提升网络设备安全性。

（4）恶意代码防护

在数据中心网络出口部署恶意代码防护系统，监测与防止计算机病毒、木马和蠕虫从网络边界处入侵造成传播破坏，对恶意代码进行检测和清除。

（5）入侵防护防御

在网络边界的 DMZ 区部署入侵防御系统，可以有效阻止蠕虫、病毒、木马，拒绝服务攻击、间谍软件等威胁,制定周密的入侵防护防御策略,发生攻击时记录日志。

(6) 安全审计管理

数据中心的设备和各类系统都应建立完整的日志系统,部署日志服务器集中收集各类设备运行日志。同时,部署审计系统,对各类设备的运行状况、网络流量、管理记录等进行监测和记录,定期进行日志分析,及时准确地掌握设备运行状况和发现网络入侵行为。

5.2.3 计算能力

在计算能力评估方面,本书选择某公司项目实例进行说明。首先,在系统平台架构方面,该公司目前采用以 IBM 的 PC 服务器作为核心业务系统服务器,深信服超融合作为虚拟化服务平台;在软件使用方面,操作系统主要采用 Windows,数据库主要采用两类数据库,分别是 Oracle 和 mysql,且部署模式多为单机方式。其次,对关键业务系统各分区、每日最高 CPU 及内存利用率等关键数据并没有进行有效统计;深信服超融合平台只能够看到集群资源的整体使用情况。最后,公司目前虚拟化测试平台主要为 IBM X3850 X5 服务器虚拟化(Microsoft 虚拟化)。

该公司计算能力领域主要存在以下问题:① 缺乏对现有系统平台与软硬件选型的统一标准与规划,工作中较多依靠经验;② 对服务器资产管理不足,部分服务器已经超出质保期;③ 操作系统版本陈旧,系统供应商已停止技术支持;④ 存在单点故障风险等问题。

该公司主要服务器设备信息示例见表 5.1。

表 5.1 某公司主要服务器设备信息示例

序号	设备用途	设备品牌	设备型号	生产/测试	是否为虚拟化宿主机	使用年限
1	财务系统	IBM	X3650 M5	生产		5
2	财务系统	IBM	V3700	生产		5
3	虚拟化	sangfor	aserver-p2200	生产	是	1
4	虚拟化	IBM	X3850 X5	测试	是	8
5	短信通知系统	HP	DL388 Gen9	生产		2
6	DNS	HP	DL388 Gen9	生产		2
7	固定资产管理系统	IBM	X3650 M4	生产		6
8	楼宇门禁一卡通	IBM	X3650 M4	生产		6
9	人力资源	IBM	X3650 M3	生产		6

该公司超融合虚拟化集群信息示例见表 5.2。

表 5.2 某公司超融合虚拟化集群信息示例

虚拟化集群	集群资源信息	设备型号	虚拟机名称	操作系统版本	网段信息	虚拟机配置信息
深信服超融合NODE1	256 GB/21 TB	aserver-p2200	公司官网	Windows 2008	172.16.9.0/24	4C/16G/200G
			OA	Windows 2008	172.16.9.0/24	4C/32G/500G
			档案系统	Windows 2008	172.16.9.0/24	4C/16G/200G
			绩效考核	Windows 2008	172.16.9.0/24	4C/16G/200G
			DC	Windows 2008	172.16.9.0/24	4C/16G/200G

从提高可用性的角度出发，该公司应升级现有数据库单机部署模式为主备部署模式，可迁移至虚拟机集群环境或搭建物理服务器集群，以提升高可用性。同时，应当替换超出质保期的设备，避免出现设备故障无法及时维修的情况。

通过以上实例可以看出，计算能力分析侧重于可用性、可扩展性、可维护性等方面，对现有计算能力情况进行综合分析，发现问题并制订问题解决方案。

5.2.4 容灾备份能力

容灾是为了在遭遇灾害时能保证信息系统正常运行，帮助企业实现业务连续性的目标；备份是为了应对灾难来临时避免造成数据丢失的问题。容灾备份目标是帮助企业应对人为误操作、软件错误、病毒入侵等"软"性灾害以及硬件故障、自然灾害等"硬"性灾害。

容灾备份系统是指在相隔较远的异地，建立两套或多套功能相同的应用系统，互相之间可以进行健康状态监视和功能切换，当一处系统因意外（如火灾、地震等）停止工作时，整个应用系统可以切换到另一处，使得该系统功能可以继续正常工作。容灾技术是系统的高可用性技术的一个组成部分，容灾系统更加强调处理外界环境对系统的影响，特别是灾难性事件对整个IT节点的影响，提供节点级别的系统恢复功能。在实践中，从对系统的保护程度来分，可以将容灾系统分为数据容灾和应用容灾。

所谓数据容灾，就是指建立一个异地的数据系统，该系统是本地关键应用数据的一个可用复制。在本地数据及整个应用系统出现灾难时，系统至少在异地保存着一份可用的关键业务的数据。该数据可以是与本地生产数据的完全实时复制，也可以比本地数据略微落后，但一定是可用的。采用的主要技术是数据备份和数据复制技术。按照其实现的技术方式来说，主要可以分为同步传输方式和异步传输方式。

所谓应用容灾，是在数据容灾的基础上，在异地建立一套完整的与本地生产系统相当的备份应用系统（可以是互为备份），在灾难情况下，远程系统迅速接管业务运行。建立这样一个系统是相对比较复杂的，不仅需要一份可用的数据复制，还要有网络、主机、应用，甚至IP等资源，以及各资源之间的良好协调。数据容灾是应用容灾的基础，应用容灾是数据容灾的目标。

现阶段，该公司在灾难恢复方面，能力严重不足，一方面，只是通过存储设备备份数据；另一方面,只存在本地数据备份,财务系统数据库通过脚本实现每天全量备份,定期(通过移动硬盘备份,大致每半年一次)离线备份。此外,无异地或同城备份,无备份数据完整性校验,无专用容灾环境。因此,需要逐步规范数据备份,实现同城或异地数据存储,定期测试备份数据的可用性及完整性;通过第三方工具实现数据的实时同步功能,降低数据遗失风险;根据业务系统的重要程度,通过公有云或其他方式建立容灾环境,提高业务系统可用性。

在容灾备份的衡量指标方面,最主要有两个指标:一是 RPO(recovery point objective),即数据恢复点指标,是指应用系统所允许的在灾难过程中的最大数据丢失量,用来衡量容灾备份系统的数据冗余备份能力。另一个是 RTO(recovery time objective),即恢复时间目标,是指应用系统从灾难状态恢复到可运行状态所需的时间,用来衡量容灾备份系统的业务恢复能力。

5.2.5 IT 管理能力

1. IT 管理领域

由于企业 IT 往往承担了从技术角度支撑企业业务的核心职能,因而可以从业务视角来理解企业 IT 管理的领域。Robert Barton 在其著作 *Global IT Management: A Practical Approach* 中对此方面做了清晰的总结,如图 5.4 所示。[46]

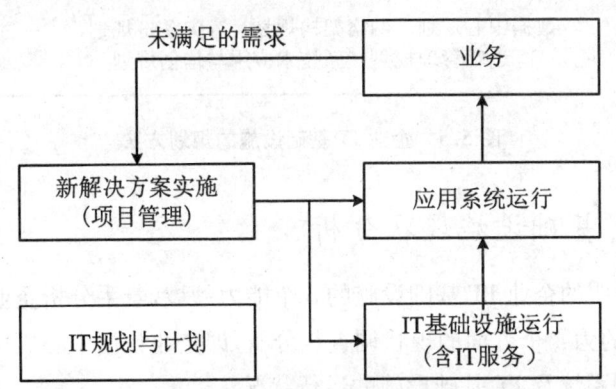

图 5.4 企业 IT 管理的领域

企业 IT 面向业务需求,最主要提供了 3 项核心服务:① 应用系统运行。特别对于像金融行业等业务运行严重依赖 IT 系统的行业,应用系统运行将决定企业业务是否可以有效运转。② IT 基础设施运行。不仅为应用系统运行提供了基本条件,也为企业内的各类用户提供了基本的 IT 服务。③ 新解决方案的实施。以项目管理为主要工作,对于研发类项目还会涵盖研发管理任务,这主要用于满足新的业务需求。

2. IT 管理制度

围绕企业 IT 的管理领域,应当建立企业 IT 管理制度体系。一般而言,企业 IT 管理制度体系可以建立三级制度。一级制度通常是企业 IT 管理的总制度或基本制度,应当明确企业 IT 治理组织、IT 管理组织结构与职责、IT 各领域管理的基本原则。二级制度往往按照 IT 管理的不同领域,如项目管理、运行管理等,分别制定具体的管理办法。三级制度一般以管理细则方式体现,针对需要重点关注操作规程与流程规范的管理领域,制定相应的管理细则,如用户权限管理细则等。本书将在第 7 章详细说明 IT 治理与管理的内容。

5.3 企业 IT 基础设施规划

企业 IT 基础设施规划应从企业 IT 基础设施现状的评估出发,结合企业应用架构蓝图规划中各类应用系统对 IT 基础设施提出的要求,开展差距分析,制订企业 IT 基础设施的蓝图规划,并进一步围绕数据中心、网络架构、容灾备份、运行管理开展详细规划。此外,可以结合企业实际情况,有选择地开展新技术应用与信创方面的规划工作。本书提出的以上规划方法如图 5.5 所示。

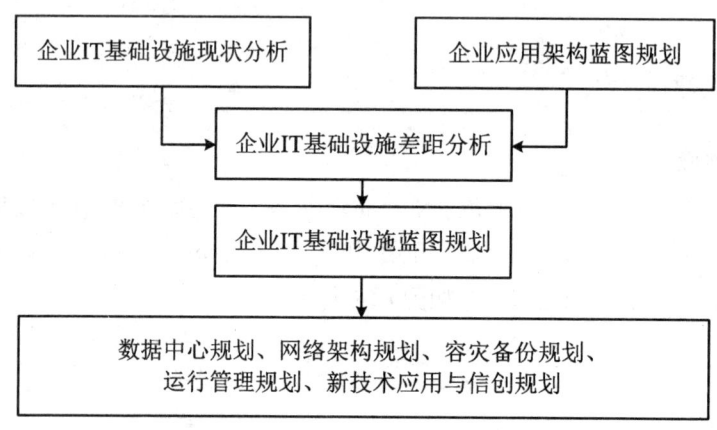

图 5.5 企业 IT 基础设施的规划方法

5.3.1 企业 IT 基础设施现状分析

可按照 5.2 节说明的企业 IT 基础设施的 5 个能力领域,着手分析企业 IT 基础设施现状。在实践中,可以落地的为 4 个方面的现状调查与分析,即企业数据中心机房、企业网络架构、企业 IT 设备、企业应用系统及 IT 基础设施的运行状况。

1. 企业数据中心机房

需要调查了解企业数据中心机房的建设标准、机房布局、投产使用时间、基础环境支持能力等状况。例如,企业数据中心机房是单一机房布局还是主备两个机房,企业数据中心机房是自建机房模式还是租用 IDC 机房模式,企业数据中心机房的电力保障条件如何,企业数据中心机房的空间已有和预留情况等。

2. 企业网络架构

可以跟企业网络的 IT 管理人员或外包承建运营厂商交流,了解企业网络架构的整体状况。这里包括企业网络架构的整体拓扑情况、企业网络架构的核心设备情况、企业网络架构的安全与可靠性设计等。

3. 企业 IT 设备

企业 IT 设备常见分类包括服务器、存储设备、网络设备及安全设备。每个分类项下,可以按照不同的维度进一步地细分。以服务器为例,可以按照应用层次、服务器用途及机箱结构分为不同类型。

(1) 按应用层次分

① 入门级服务器:一般针对终端在 20 个左右的用户,可以满足办公室型的小型网络用户。

② 工作组级服务器:用于联网计算机在 50 台左右、对处理速度和系统可靠性具有一定要求的中小型网络。

③ 部门级服务器:用于联网计算机在 100 台左右、对处理速度和系统可靠性高一些的中型企业网络。

④ 企业级服务器:用于联网计算机在数百台以上、对处理速度和数据安全要求非常高的大型企业网络。

(2) 按服务器用途分

① 通用型服务器:通用型服务器又称工业标准服务器,是可以提供各种服务功能、没有为某种特殊服务专门设计的服务器,当前绝大多数服务器为通用型服务器。

② 功能服务器:功能型(又称专用型)服务器是为某一种或某几种功能专门设计的服务器,在某些方面与通用型服务器不同。

(3) 按机箱结构分

① 塔式服务器:采用大小与普通立式计算机大致相当的机箱,有的采用大容量的机箱。

② 机架式服务器:外形看来像交换机。有 1U(1U = 1.75 in≈4.45 cm)、2U、4U 等规格,机架式服务器安装在标准的 19 in 机柜里面。

③ 刀片式服务器:是一种高可用高密度的低成本服务器平台,每一块"刀片"实际上就是一块系统母板,类似于一个个独立的服务器。

④ 机柜式服务器:将许多不同的设备单元或几个服务器都放在一个机柜中,这个整体就是机柜式服务器。

在企业 IT 设备调查中,需要建立企业 IT 设备的分类结构,按照分类结构统计企业 IT 设备数据,便于形成能够反映企业 IT 设备整体现状的数据结果。

4. 企业应用系统及 IT 基础设施的运行状况

正如 5.2.5 节介绍的企业 IT 管理领域,应用系统运行与 IT 基础设施运行是企业 IT 的核心职能,这也是反映 IT 基础设施的重要方面。可以从企业 IT 日常运行、IT 事件或事故、企业 IT 运行管理职责分工 3 个角度,调查了解企业应用系统及 IT 基础设施的运行状况。这里所发现的问题,也是后续企业 IT 基础设施规划的重要依据。

5.3.2 企业应用架构对 IT 基础设施的要求

企业 IT 基础设施的最主要目标是为企业应用系统提供运行支撑,因而需要从企业应用架构规划出发,研究与分析当前及未来企业应用系统对 IT 基础设施的要求,从而为企业 IT 基础设施规划提供基本依据。

一般而言,企业 IT 基础设施规划目标包括应满足业务需求变化、帮助业务创新、提高应用系统运行效率和效益、使业务具有更高的灵活性、提升业务服务能力。为满足以上目标，通常而言，企业 IT 基础设施需要从资源共享、硬件资源按需分配、易扩展、高弹性、规范化、流程化出发，实现统一运维管理。

(1) 资源共享：积极运用云计算、服务化、虚拟化等理念和技术，将计算资源、存储资源、网络资源等通过虚拟化技术实现资源池化，完善计算、存储、网络等资源的管理和应用。

(2) 硬件资源按需分配：资源池化之后，在统一的管理平台上进行分配、监控、回收等，可根据业务部门实际业务系统需求分配计算、存储以及网络资源，提升资源利用率，避免资源浪费。

(3) 易扩展、高弹性：IT 基础设施应采用高弹性架构设计，可考虑采用软件定义技术、分布式架构来增强技术架构的可扩展能力和高可用性，当资源使用率到一定阈值时可横向或纵向扩展。

(4) 规范化、流程化：IT 运维管理的规范化和流程化，通过云平台运维管理工具制定标准化流程，实现应用系统的统一集中及流程化管理，提升运维效率。

(5) 统一运维管理：构建统一的运维管理体系，对各种管理平台和资源进行横向整合，建立高效标准化的云计算运营平台，并匹配 IT 组织架构，实现自动化部署和快速业务发放。

除了以上需要关注的要点之外，针对企业应用架构规划，还需要重点从以下两个方面发现与总结其对 IT 基础设施的特定要求：

(1) 特定的性能要求：对一些具有行业特点的企业应用而言，需要关注其特定的性能要求。例如，在证券交易领域，高频量化交易往往对交易延迟有很高的要求，这就需要配套的 IT 设备能够在高性能、低延迟方面具备优势。

(2) 特定的安全要求：安全设备作为 IT 基础设施的重要设备类型，在其功能、用途等方面有众多细分。在 IT 基础设施规划中，需要结合网络架构与应用系统要求，选择与部署适合安全要求的安全设备。例如，许多企业内部的应用系统需要允许员工通过外部网络进行访问，在此情况下，VPN 设备或零信任网络设备是需要结合应用系统特点进行选择与部署的。

5.3.3 企业 IT 基础设施的差距分析

在企业 IT 基础设施现状分析与企业应用架构对 IT 基础设施的要求相结合的基础上，可以开展企业 IT 基础设施的差距分析。可参考 4.3.1 节的对标方法，选择适合的对标企业，围绕数据中心、网络架构、IT 设备、运行状况 4 个方面，开展差距分析工作。在此方面，需要关注以下 3 个工作要点：

1. 应平衡短期及中长期的 IT 基础设施需求

由于 IT 基础设施往往投入较大，在开展差距分析工作中，应当设置较为合理的对标目标，平衡短期及中长期的 IT 基础设施需求。例如，在企业数据中心机房的机柜规模设定方面，应当结合企业应用架构规划及行业对标企业实践，判断与分析合理的差距，避免出现相当长时间内大量机柜空置而造成的浪费。

2. 应结合企业应用系统的规模预测

企业应用架构规划对 IT 基础设施的要求，不仅需要考虑当前及未来应用系统的数量，还应充分结合各应用系统预计用户数量及数据体量，只有这样，才能更好地开展应用系统规模预测，这是作为IT基础设施规模规划的重要依据。

3. 可充分利用IT基础设施技术发展成果

由于IT基础设施领域的新技术演进速度较快，新型IT设备产品化速度加快，在IT基础设施的差距分析方面，也需要充分借鉴该领域的技术发展成果，从而可以获得更好的规划效益。例如，超融合架构在许多数据中心基础架构领域的应用，为新型数据中心规划提供了重要参考。所谓超融合架构（hyper-coverged infrastructure，HCI）是指将计算、网络和存储等资源作为基本组成，根据需求进行选择和预定义的一种技术架构。该架构可以在标准化×86服务器中融入虚拟化技术（包括计算、存储、网络的虚拟化），从而构建统一、可分配、可管理、可拓展的资源池。这种技术集成了软件定义、分布式和集成部署带来的优势，从而实现了更加敏捷的IT基础设施架构。相对于传统的架构，超融合架构易于管理，属于更具弹性的分布式架构，也更具有成本优势。

5.3.4 企业IT基础设施规划方法

1. 企业IT基础设施规划蓝图

通过对企业IT基础设施的现状分析、企业应用架构对IT基础设施的要求，完成了企业IT基础设施的差距分析，就可以着手开展企业IT基础设施的蓝图规划了。蓝图规划可以从两个层面开展工作：① 可以建立企业IT基础设施的整体规划蓝图，如图5.6所示；② 可以分别围绕数据中心、网络架构、计算平台、IPv6部署规划、容灾备份、信创建设等6个方面开展专项规划。

如前文所述，企业IT基础设施主要为企业应用系统提供计算、存储、网络及安全服务。通过完善安全及运维能力，保障企业应用系统的稳健运行。综合应用IT基础设施领域的技术产品，在构建方面，除传统架构之外，可以规划私有云区、公有云/行业云区，用于部署需要云计算资源的应用系统；在灾备区域，用于建设灾备环境；在信创区域，用于建设符合信创要求的IT基础设施环境；在调度与监控方面，主要完成异构资源管理、自动化云服务、云分析及优化；在安全能力构建方面，可考虑通过安全态势感知、边界隔离、终端安全、数据库安全、东西向隔离、身份鉴别、日志审计、运维审计补足安全能力；在运维能力构建方面，可考虑采用自动化运维、集中监控、流程制度、灾备管理、知识库等工具与方法。由最底层机房基础环境开始构建，通过网络基础架构实现各个上层资源的互联互通。采用资源调度平台对多云异构环境资源进行统一管控，实现IT即服务的技术转型，同时完善基础架构安全能力和运维能力，以此来整体提升企业IT基础设施的整体支撑服务能力。

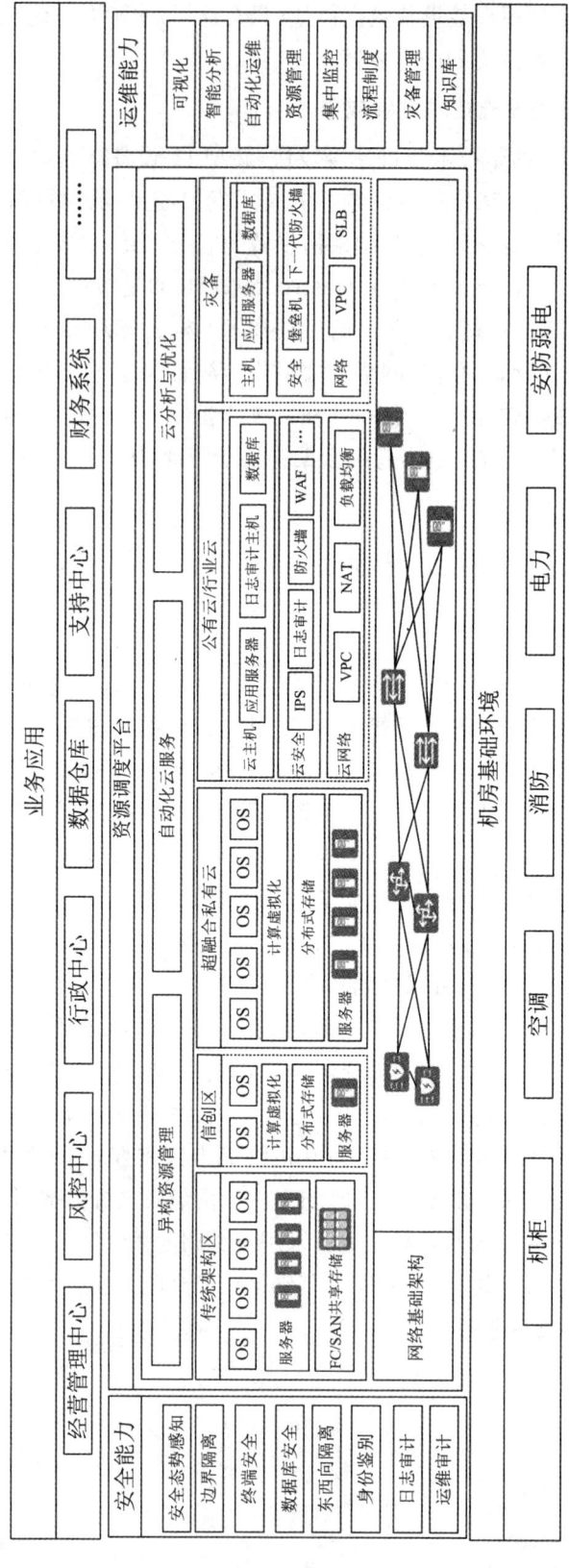

图 5.6 企业 IT 基础设施的整体规划蓝图示例

2. 数据中心规划

数据中心的建设一般包括4个阶段：规划/设计、建设或改造、验收与移交、投产运行。其中，规划/设计是最重要的环节，它确定了数据中心的目标定位、建设模式、基础环境条件、投资规模及未来的运行维护成本。从数据中心规划角度，应当首先搞清楚数据中心的目标定位和建设模式。

（1）数据中心的目标定位

企业数据中心是企业IT基础设施的核心内容，企业应当从行业标准与实践、企业发展要求出发，结合企业IT战略规划目标与内容，确定企业数据中心的目标定位。一方面，需要明确企业数据中心是采用单一数据中心还是多数据中心（如主备中心、"两地三中心"等），对于多数据中心，还需要明确各数据中心的具体目标定位。另一方面，还需要数据中心所承载的企业应用系统范围，从而明确数据中心在企业业务运营与管理中发挥的作用。

（2）数据中心的建设模式

数据中心的建设模式直接决定了数据中心建设的周期、投资规模与运行维护成本。一般而言，会有3种建设模式选择，包括自建数据中心、租用IDC数据中心托管服务、租用公有云或行业云数据中心。

相比较而言，自建数据中心的建设周期最长、投资规模与运营维护成本最高。其优势是企业自主管理权也最高，在出现现场应急处置情况时，也可以随时进入数据中心进行处置。其主要劣势在于企业需要配备足够的资源来保障数据中心的供电、制冷等基础环境条件，通常还需要配备柴油发电机等设备及专业人员，自建数据中心抗风险的能力保障往往会给企业带来较大的风险管理压力与成本。

租用IDC数据中心托管服务，基础环境条件由IDC服务商提供，企业只需要租用IDC数据中心的机架，完成本企业各类IT设备及网络部署。相比较而言，租用IDC数据中心的建设周期短、投资规模与运营维护成本适中。其优势不言而喻，企业可以用较少的时间与资金投入获得高标准的数据中心支撑能力。其主要劣势在于，往往高标准的IDC数据中心管理严格，企业无法获得充分的自主管理权，例如在封网或疫情管控的特殊时期，企业IT人员无法进入IDC数据中心进行现场维护与问题处置。

租用公有云或行业云数据中心服务已经成为众多企业，特别是中小企业的优先选择。在这种方式下，企业可以不再承担数据中心各类设备的投入，云计算服务即租即用可以忽略建设周期，运行维护方面只需要关注云计算环境的应用系统运行状况，降低了运行维护成本。其问题主要在于云计算的安全风险。云安全联盟（cloud security alliance，CSA）在2021年发布的《云计算的11类顶级威胁》中，强调了11类云安全威胁，包括数据泄露、配置错误和变更控制不足、缺乏云安全架构和策略、身份/凭据/访问和密钥管理的不足、账户劫持、内部威胁、不安全接口和API、控制面薄弱、元结构和应用结构失效、有限的云使用可见性、滥用及违法使用云服务等。[47]对于企业数据中心而言，在选择公有云或行业云的情况下，需要对可能带来的安全威胁进行充分评估，审慎地选择云服务，并制定与实施配套的安全策略。

数据中心规划中，还需要确定规划的原则，一般而言，可以考虑以下5个方面的要求[48]：

① 模块化设计

数据中心基础环境的空间布局、数据中心的功能与结构设计，可以考虑分为模块进行投产运行。模块化设计具有较好的部署灵活性并可以适应业务增长，可以独立地按需部署；功能按照区域实现，节省初期投资；可以提高能源效率，减少设备的损耗；未来的模块扩展不影响已运行的模块。

② 节能环保

通过供电与制冷的规划，可以节能降耗。例如，制冷系统根据当地四季环境采取自然冷却技术，提高冷冻水供回水温度，改善供应和回流温度，或者采用封闭热通道的设计，达到组织气流优化的目的。节约能源和环境保护技术已经成为发展趋势，"绿色数据中心"已是大势所趋。

③ 高可用性

为了保证数据中心可以提供 7×24 h 不间断的服务，数据中心基础设施需要具有足够的可靠性，从而保证数据中心的高可用性。冗余设计是高可用性的基本方法，可以根据企业各种业务的优先重要等级进行规划，确定高、中或低冗余度的数据中心基础环境，配备适当规模的设备设施，尽可能达到适合的冗余度与投资之间的平衡。

④ 高度经济性

数据中心规划阶段对数据中心未来的运行维护成本起到了决定作用。在此方面，需要进行必要的预测评估，以期获得数据中心投产运行阶段的高度经济性。例如，在多数据中心建设模式下，可以结合企业应用系统的需要，优化各数据中心的计算能力布局，可以在整体上降低闲置计算能力，尽可能获得较好的运行效益。

⑤ 灵活性及可扩展性

数据中心基础设施规划应具有可持续发展的能力，可采用"统筹规划、分步实施"的方式，对于数据中心容量规划"一次完成"，设备设施可以随着企业应用系统建设的发展逐步实施完成，做好空间的预留。

3. 网络架构规划

在企业网络架构规划中，可以按照以下原则进行：

（1）高可用性：网络结构的高可用，物理资源的冗余部署，逻辑关系的松耦合设计，不会因为任何一个网络模块发生故障而影响全局网络的畅通。

（2）可管理性：网络简单、健壮，易于管理和维护，满足行业监管要求及日常运维的需求，并提供及时发现和排除网络故障的能力。

（3）可扩展性：采用业务功能模块化和网络拓扑层次化的设计方法，使得网络架构在功能、容量、覆盖能力等方面具有易扩展能力，使其能够动态响应业务发展变化，快速满足业务和应用的不断变化对网络基础架构的要求，配合业务的快速发展或变革。

（4）高性能：网络的带宽、时延、抖动等性能指标满足业务系统的要求。

（5）安全性：网络安全区域合理规划，安全策略精细化部署，符合信息系统安全等级保护基本要求，全网的安全策略进行统一管理，能够满足未来业务发展对安全的需求。

（6）灵活性：采用新技术和新特性时，网络架构不需要调整或调整较小，满足业务与应用系统灵活多变的部署需求。

企业网络架构规划通常按照分层设计的方式开展，图5.7是一个典型企业网络架构示例，包括核心层、汇聚层和接入层3个层次。

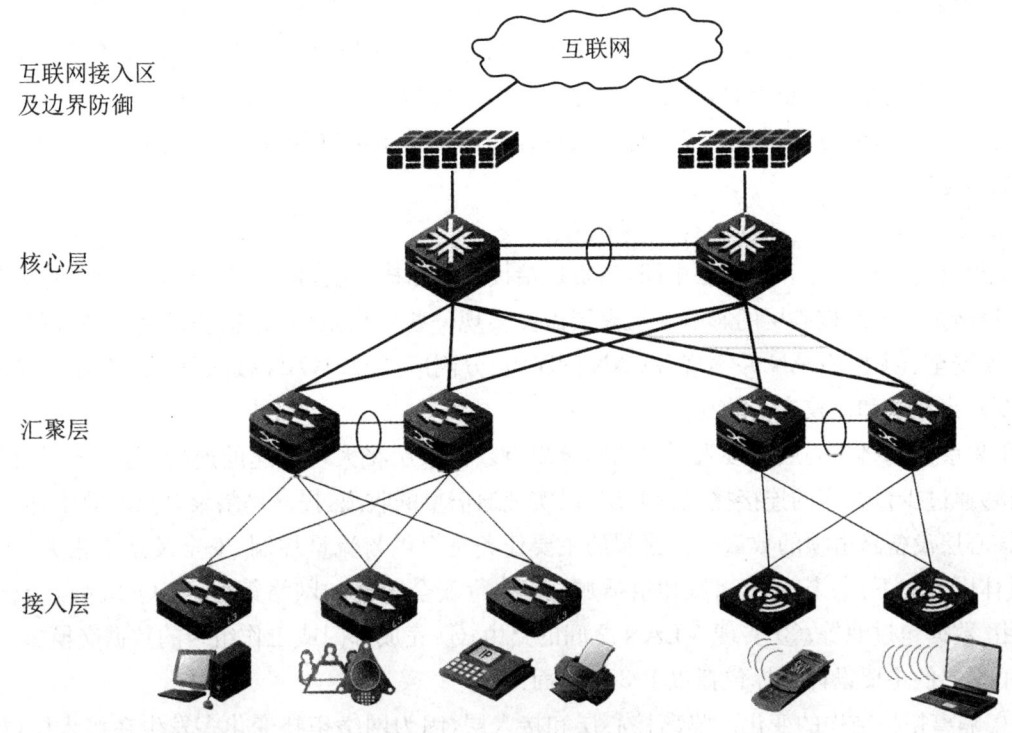

图 5.7 典型企业网络架构

(1) 核心层

核心层位于网络的最顶层,被视为主干网络,其主要功能是实现快速而可靠的数据传输。核心层所处的特殊位置,决定了核心层的性能和可靠性对整个网络的性能和可靠性是至关重要的。一旦核心层出现故障,将影响整个网络的数据传输。因此,在设计核心层时,只将高可靠性、高速的传输作为其设计目标,而影响传输速度的数据处理则不放在核心层实现。核心层交换机需要具有较高的可靠性和性能,对于网络互联是至关重要的,因此核心层设计的主要目标如下:① 提高网络的可靠性;② 提供冗余;③ 提供故障隔离;④ 提供高速转发速率;⑤ 快速适应升级。

基于上述目标,核心层设计时需要遵循以下原则:

一是可达性。要保证网络中每个目的地的可达性,通常应该注意以下几个方面的要求:① 具有足够的路由信息来交换发往网络中节点的数据包;② 核心层的路由器不应该使用默认路由到达内部网络的目的地;③ 通过聚合路径减少核心层路由表大小;④ 默认路由用来与外部通信,如与互联网通信。

二是冗余性。冗余性设计的目的是保障核心网络的可靠性,通常可以通过增加冗余设备、冗余模块或者冗余链路的方式实现。

三是不在核心层执行网络策略。包括:① 任何形式的网络策略必须在核心层之外执行,如数据包的过滤和 QoS 等;② 禁止采用任何降低核心层处理能力或增加数据包交换延迟时间的方法;③ 避免增加核心层设备配置的复杂度。

对于大型企业网络架构而言,为了保证网络的可靠性,核心层一般采用设备冗余技术,即使用两台核心交换机互为备份,这样也可以实现负载均衡。当网络规模较小时,常使用一台核心交换机,该核心交换机与汇聚层的所有交换机相连,此时可以使用链路冗余技术增强网络的可靠性。而当网络规模更小时,为了节约建网成本,可以合并核心层与汇聚层,核心层交换机可以直接与接入层交换机相连,以这种方式设计的网络易于配置和管理,但其可扩展性较差,容错能力也较差。

(2) 汇聚层

汇聚层位于核心层和接入层中间,负责连接接入层和核心层,将众多的接入层接入点汇集起来,屏蔽接入层对核心层的影响。汇聚层需要实现一些网络策略,包括提供路由、实现包过滤、网络安全、创建 VLAN 并实现 VLAN 间路由、分割广播域、WAN 接入等。汇聚层交换机仍需要较高性能和比较丰富的功能。

汇聚层是网络核心层与接入层之间的分界点。汇聚层将大量低速的连接(与接入层设备的连接)通过少量高速的连接接入核心层,以实现通信量的收敛,提高网络聚合点的效率,同时减少核心层设备路由项的数量。汇聚层的主要任务是提供与流量控制、安全及路由相关的策略,具体内容如下:① 定义广播域和组播域;② 执行安全策略和网络策略,如 QoS、静态或动态路由、数据包过滤等;③ 实现 VLAN 之间的路由;④ 完成部门或工作组级的数据交换。

汇聚层的主要设计目标包括以下 3 个方面:

① 隔离拓扑结构的变化。隔离核心层和接入层,因为网络拓扑变化多发生在接入层(如增加网段、重新分段等),增加汇聚层可以将接入层的拓扑变化对核心层的影响降到最低。

② 通过路由聚合控制路由表的大小。较小的路由表意味着占用较小的存储空间,花费较少的寻址时间,获得较快的数据转发速度。在汇聚层进行有效的路由聚合可以减小核心层的路由表,保证核心层的高速转发。

③ 收敛网络流量。汇聚层收集接入层的流量,转发到上连的核心层。

(3) 接入层

接入层又称桌面层,提供用户或工作站的网络接入,用户可以通过接入层访问网络设备。接入层交换机的数量较多,在设备选择上需要选择易于使用和维护、具有较高性价比和高端口密度的交换机。

接入层的主要设计目标包括以下 2 个方面:① 接入层控制用户和工作组对互联网络的访问。大多数用户所需的网络资源在本地获取,汇聚层处理远程服务的访问流量。② 控制访问。由于接入层是用户接入网络的入口,也是黑客入侵的门户,所以必须进行访问控制,如防止直通的数据、对数据分组进行过滤等。

4. 计算平台规划

企业 IT 基础设施的计算平台选择包括传统架构、计算虚拟化、软件定义、云计算这 4 个方面的计算平台类型。

(1) 传统架构

传统计算平台架构以服务器、存储设备为主来搭建。比较典型的就是 IOE 架构,即 IBM 小型机、Oracle 数据库加上 EMC 存储设备。毋庸置疑,传统架构历经全球大量计算平台运行的验证,其稳定性和可靠性是值得信赖的。然而,传统架构也存在比较突出的问题,这也是十余年来业界提出与实施去 IOE 的主要因素。一是传统架构无法满足快速业务增长应用模式的出现,导致其有限的扩展能力无法满足业务需求;二是传统架构下,许多底层技术细节不透明,限制了计算平台潜力的发挥;三是传统架构的建设与运行成本较高,限制了企业应用系统的发展;四是安全问题较为突出,包括数据路由、数据安全、规模化运维等。

(2) 计算虚拟化

计算虚拟化主要实现了×86 服务器的计算能力(资源)虚拟化,可以做到多台设备/集群的统一管理,也具备了部分网络的虚拟化。以 VMware 为代表的虚拟化技术厂商,主要是将计算资源虚拟化,也是目前存量最多的一种模式,经过市场验证比较稳定,大多数行业均存在此类计算虚拟化的架构。

(3) 软件定义

在计算虚拟化的基础上,实现了存储虚拟化、网络虚拟化及安全虚拟化,又同时具备了统一管控、监控运维等能力。目前比较成熟的就是超融合及公有云/私有云的使用,其实现了软件定义的能力。超融合架构也为私有云的 IaaS 层提供了一种更为高效和简单的基础架构资源池化方案,为后续转型提供了支撑。

(4) 云计算

市面上通常存在公有云、行业云、私有云这三大类"云"。公有云数据安全性有待验证,目前在监管政策方面也未明确与规范;私有云投入比较高,运维成本较高,比较适合体量较大又具备技术能力的企业机构,不适用于对计算及存储资源需求较少或技术能力薄弱的企业机构;行业云往往仅在一部分存在较多共性需求的行业有成熟产品,如沪深交易所的技术公司在证券行业推广的行业云。

在企业 IT 基础设施实践中,往往会是以上多种计算平台类型的混合使用,以便服务于不同的企业应用系统需求。因而针对采用了云计算的计算平台,往往会构建云管理平台或称资源调度平台,对传统架构设备、公有云、行业云及私有云的各类计算平台资源统一纳管,对企业的各类计算平台资源在管理、监控、运维等方面能够实现统一集中化管理。

5. IPv6 部署规划

现有基于 IPv4 协议建立的互联网网络环境已经不能满足日益增长的业务需求,IPv6 在协议上预留了广阔的创新空间。2017 年我国发布的《推进互联网协议第六版(IPv6)规模部署行动计划》明确提出未来 5~10 年我国基于 IPv6 的下一代互联网发展的总体目标、路线图、时间表和重点任务。在企业 IT 基础设施规划中,IPv6 应当作为值得关注与规划的重要内容。

在部署 IPv6 之前,企业应对目前在用的网络基础设施进行详细评估。评估的结果可为网络设备设施及相关应用系统升级或更换提供参考依据。这个评估一般包括现在及未来的企业内部网络地址分配规划、企业网络类型及网络设备清单、企业内部网络服务清单、企业网络管理工具、依托企业网络的应用系统清单等。

在完成评估的基础上,需要确定 IPv6 部署实施的技术路线。实现 IPv6 规模部署工作周期长,其间会存在 IPv4、IPv4/IPv6、IPv6 3 种场景共存的情况,涉及网络架构、计算平台、应用系统及信息安全等多个技术领域,需要选择合适的技术路线实现 IPv4 到 IPv4/IPv6、再到

IPv6 的平滑过渡。这既要满足规模部署的要求,又要降低 IPv6 改造工作对业务连续性的影响。

6. 容灾备份规划

企业 IT 基础设施的容灾备份规划应当主要依据企业所属行业、企业业务发展要求并充分结合企业应用架构规划需求来开展。在此方面,如企业所属行业有较为明确的标准规范,则可以作为容灾备份规划的最主要依据。

以金融行业为例,根据 2020 年中国人民银行发布的金融行业标准《云计算技术金融应用规范 容灾》,应用于金融领域的云计算平台应至少达到容灾能力 3 级要求,各容灾等级对应的 RTO、RPO、可用性等关键指标要求见表 5.3。[49]

表 5.3 容灾等级指标示例

容灾等级	RTO	RPO	可用性
3 级	≤24 h	≤24 h	每年非计划服务中断时间不超过 4 天,系统可用性至少达到 99%
4 级	≤4 h	≤1 h	每年非计划服务中断时间不超过 10 h,系统可用性至少达到 99.9%
5 级	≤30 min	≈0	每年非计划服务中断时间不超过 1 h,系统可用性至少达到 99.99%
6 级	≤2 min	0	每年非计划服务中断时间不超过 5 min,系统可用性至少达到 99.999%

该规范也明确指出容灾能力级别划分应符合国家标准《信息安全技术 信息系统灾难恢复规范》。[50] 从数据备份、数据处理、网络能力和运维能力等 4 个要素给出云计算平台容灾能力等级相关技术要求,可以建设灾备中心,完善灾备管理制度,实现数据的全备及部分业务系统的灾备。金融行业较为通用的做法是建立"两地三中心"机制,即同城灾备和异地灾备,以满足业务系统及数据的灾备,大体架构如图 5.8 所示。

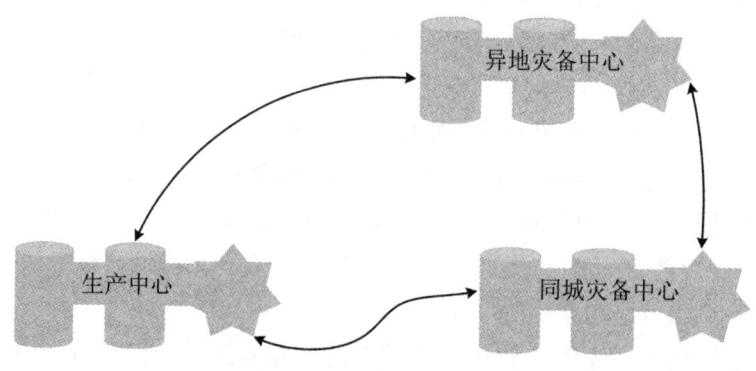

图 5.8 "两地三中心"灾备方式

具体到属于金融行业的证券业,2010 年中国证券监督管理委员会发布的《证券期货经营机构信息系统备份能力标准》,根据证券期货经营机构不同的业务类型、信息系统的特点,定义了6个等级的备份能力,从低到高依次是:第一级、第二级、第三级、第四级、第五级、第六级。[51]

第一级为数据备份级,包括对数据备份的要求;第二、三、四级为故障应对级,包括对数据备份的要求和对故障应对的要求,从行业实际出发,一般地,实时信息系统对应于第二、三、四级,非实时信息系统对应于第二级;第五级为灾难应对级,包括对数据备份的要求,对故障应对和灾难应对的要求;第六级为重大灾难应对级,包括对数据备份的要求,对故障应对、灾难应对和重大灾难应对的要求。

按照证券行业标准与实践,证券公司的信息系统典型分类如图5.9所示。

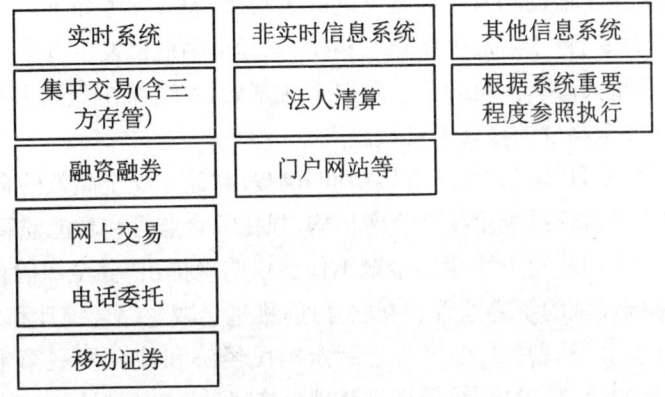

图5.9 证券公司信息系统典型分类示例

2018年中国证券监督管理委员会进一步发布了《证券基金经营机构信息技术管理办法》,其明确规定容灾备份的相关要求:证券基金经营机构应当确保备份系统与生产系统具备同等的处理能力,保持备份数据与原始数据的一致性。重要信息系统应当符合下列信息系统备份能力等级要求:[52]

① 实时信息系统、非实时信息系统的数据备份能力应当达到第一级。
② 非实时信息系统的故障应对能力应当达到第二级。
③ 证券公司实时信息系统的故障应对能力应当达到第四级,基金管理公司实时信息系统的故障应对能力应当达到第三级。
④ 实时信息系统、非实时信息系统应当具备灾难及重大灾难应对能力,相关技术指标应当分别达到灾难应对能力第五级、重大灾难应对能力第六级。
⑤ 灾难应对能力可以通过重大灾难应对能力体现,但重大灾难应对能力相关技术指标应当达到灾难应对能力第五级。

7. 信创规划

信创全称是信息技术应用创新产业,是指IT基础硬件(芯片、服务器等)和IT基础软件(操作系统、中间件、数据库)等一系列创新技术。过去很多年间,国内IT底层标准、架构、生态等都由国外IT巨头制定,由此存在诸多安全风险。因此,需要逐步建立基于自己的IT底层架构和标准,形成自有开放生态,而这也是信创产业的核心。

信创领域一般包括 4 个类别：① IT 基础硬件：涵盖 CPU 芯片、服务器、存储、交换机、路由器、各种云和相关服务内容；② IT 基础软件：涉及数据库、操作系统、中间件等领域；③ 应用软件层面：一般会包括 OA 办公软件、ERP、桌面办公软件、政务应用等；④ 信息安全产品：包括边界安全产品、终端安全产品等。

信创是国家战略，也是当今形势下国家经济发展的新动能。发展信创是为了解决本质安全的问题。本质安全，也就是说，现在先把它变成我们自己可掌控、可研究、可发展、可生产的。我国也明确了"数字中国"建设战略，抢占数字经济产业链制高点。国家提出"2+8"安全可控体系（其中 2 是指党政两大体系，8 是指金融、石油、电力、电信、交通、航空航天、医院、教育等八大主要行业）。这些都是为了实现信创发展的目标——自主可控。

其中国家及地方关于信创均有不同程度的政策支持，摘要参考如下：

(1) 2015 年 11 月 9 日，十八届五中全会指出"国际金融危机发生以来，主要经济体都对其金融监管体制进行了重大改革。统筹监管重要金融基础设施，维护金融基础设施稳健高效运行"，同时提出"建立安全高效的金融基础设施"。

(2) 2016 年 3 月 16 日，国家"十三五"规划明确提出"建立安全高效的金融基础设施，实施国家金库工程"和"统筹监管系统重要性金融机构，强化综合监管和功能监管"。

(3) 2017 年 7 月 16 日，第五次全国金融工作会议明确提出"健全风险监测预警和早期干预机制，加强金融基础设施的统筹监管和互联互通，推进金融业综合统计和监管信息共享"。

(4) 2020 年 11 月 3 日，《中共中央关于制定国民经济和社会发展第十四个五年规划和二〇三五年远景目标的建议》提出"统筹推进基础设施建设"和"确保国家经济安全。加强经济安全风险预警、防控机制和能力建设，实现重要产业、基础设施、战略资源、重大科技等关键领域安全可控"。

(5) 2020 年 12 月 16～18 日，中央经济工作会议(2021)专门强调"强化国家战略科技力量，增强产业链供应链自主可控能力，形成强大国内市场"，首次将"强化国家战略科技力量"作为明年的首要任务列入清单。

(6) 2021 年 7 月 30 日，国家(湖北)信息技术应用创新人才大会"锻造精兵强将　共谋信创发展"，湖北省经信厅将继续在政策、资金、服务 3 个方面施力，尽力使信创"两基地一园一中心"早日建起来、动起来、强起来，以最大效能支撑带动湖北信创产业高质量发展。

国家及地方政策在很大程度上推动了信创产业的发展，而在信创建设关键路线上，又主要分为以下 4 个方向：

(1) 中国"芯"：基于国产芯片的硬件设备，如服务器、存储、网络、安全等关键基础设施，且要进入信创名录。

(2) 国产操作系统与数据库：选择自主可控、稳定高效、易学易用的国产操作系统和数据库。

(3) 国产中间件：选择安全可控、具有自主知识产权的国产中间件。

(4) 业务适配：基于国产化环境进行适配改造，满足关键行业业务的安全性、实时性、稳定性高要求。

从 2020 年开始，"2+8"的信创推进工作全面启动，重要行业的信创替换既是信创产业发展的深水区，也是产业发展的关键点。当前国内信创领域的主要代表厂商见表 5.4。

表 5.4 当前国内信创领域的主要代表厂商

信创领域	代表厂商				
信创服务器	华为	新华三	中科曙光	浪潮	联想
信创存储设备	华为	宏彬科技	长江存储	浪潮信息	紫光集团
信创 CPU 芯片	华为海思	中国长城	龙芯中科	中科曙光	申威科技
信创云	阿里云	华为云	腾讯云	天翼云	浪潮云
信创 PC 整机	中国长城	联想	同方股份	中科曙光	华为
信创操作系统	深度科技	麒麟软件	统信软件	中科红旗	中科方德
信创数据库	达梦数据库	人大金仓	南大通用	华为	瀚高软件
信创中间件	东方通	中创	恒生电子	普元信息	宝兰德
信创办公软件	钉钉	致远互联	蓝凌	泛微网络	飞书
信创 ERP 软件	用友网络	浪潮	金蝶	东软集团	新中大
智慧政务	中国电信	中国移动	中科曙光	用友政务	拓尔思
智慧交通	百度 Apollo	华为	阿里云	腾讯	海信网络科技
智慧医疗	阿里健康	平安好医生	微医	商汤科技	浪潮健康
金融科技	恒生电子	神州信息	建信金科	宇信科技	长亮科技
信息安全	奇安信	深信服	华为	腾讯安全	启明星辰

对于一个企业来讲，信创的建设完全是一个反序的过程，因为最终目标是为了支撑企业应用系统安全、平稳、可靠地运行，这就需要从应用系统适配中间件、操作系统、数据库，再到操作系统、数据库去适配底层硬件。因而对于需要开展信创建设的行业企业而言，需要在企业 IT 战略规划过程中，在企业应用架构规划和 IT 基础设施规划方面，有足够的前瞻，提前做好信创方面的规划安排，以避免后续实施过程带来重复建设的风险。

本 章 小 结

企业 IT 基础设施为企业应用系统运行提供了支撑基础，是企业 IT 战略规划的重要规划内容。本章从企业 IT 基础设施的概念出发，介绍了公司战略、信息安全两个方面对企业 IT 基础设施规划的要求。围绕企业 IT 基础设施能力，结合项目实践总结，提出可从基础环境支持能力、网络通信能力、计算能力、备份容灾能力和 IT 管理能力共 5 个方面开展企业 IT 基础设施能力分析与评估。面向企业 IT 基础设施规划，提出了在企业 IT 基础设施现状分析、企业应用架构蓝图规划两者结合的基础上，开展差距分析，进而完成企业 IT 基础设施蓝图规划的方法。进一步围绕数据中心、网络架构、计算平台、IPv6部署、容灾备份、信创建设6个方面,详细介绍了各专项规划的内容。

练　　习

由各项目组各自分别选择IT基础设施规划的一个专项领域,即数据中心、网络架构、计算平台、IPv6部署、容灾备份及信创建设,搜集相关技术与案例资料,完成技术调研总结报告,不少于3000字。

第6章 企业信息安全规划

6.1 企业信息安全概述

国际标准化组织(International Organization for Standardization,ISO)对于信息安全的定义是"保护信息的机密性、完整性和可用性。另外,信息安全也可以包括其他属性,例如真实性、可追究性、不可抵赖性、可靠性"。[53]针对企业而言,企业信息安全是指企业在信息安全目标的指导下,通过一系列的相关技术系统与管理制度的设计、实施、调整及完善,保障企业信息网络、IT设备设施、数据资产及人员的安全,避免企业遭受信息安全损失。

由于信息安全体系在企业中的重要性以及投资的需要,因此有必要在企业IT战略规划中对企业信息安全做出规划安排,使企业的信息安全工作能够朝着规划科学化、防护体系化、运作规范化、参与全员化的目标深入发展。

6.1.1 企业信息安全风险分类

企业信息安全风险是指企业信息受到外部窃取或内部泄露、恶意修改或破坏,而导致的企业经济损失或声誉手段等严重后果的风险。总体而言,企业信息安全风险可以分为以下5类[54]:

1. 人员泄露信息风险

人员泄露信息风险是指企业内部人员或外部人员有意识或无意识地泄露企业信息,导致企业信息资产遭受经济损失或造成社会不良影响的风险。企业的主体是人,所以人员泄露信息风险是导致企业信息资产损失的主要因素。例如,研发和技术人员有意识或无意识地泄露企业技术信息,中高层管理人员有意识或无意识地泄露企业内部管理文件,第三方合作人员有意识或无意识地泄露企业信息以及商业间谍行为等。

2. 设备保密措施不足风险

设备保密措施不足风险是指企业所使用的各种设备由于保密措施不足导致企业信息泄露的风险。由于各类信息化设备与企业日常经营管理和业务作业关系日益紧密,但是一些企业防范意识薄弱,导致存储在企业信息化设备中的信息外泄。例如,办公电脑保密措施不足,通信设备保密措施不足,机房设备保密措施不足等。

3. 环境变化风险

环境变化风险是指企业发生非常规性突发环境变化或者常规性突发环境变化导致企业办公环境遭到破坏,对企业造成信息资产损失的风险。环境突发事件一旦发生,将会对企业造成严重损失,所以企业一定要做好针对每一类环境事故的应急预案,把企业的损失降到最低,例如,地震等不可抗力因素、意外事故、设备设施故障、通信线路故障等。

4. 管理不到位风险

管理不到位风险是指由于企业管理机制不健全、管理体系不完善导致企业信息外泄的风险。对企业信息、人员、设备设施管理不当，都有可能导致企业信息的意外泄露。例如，对企业内部机密文件未进行区域分级管理，员工商业机密管理培训不到位，企业信息安全管理制度不完善等。

5. 网络安全风险

网络安全风险是指由于企业内部、外部或中间层的网络保护不到位而遭受网络攻击的信息安全风险。这也是当前企业网络几乎每日都可能遇到的信息安全风险，例如，来自黑客的攻击，计算机病毒的传播，企业员工内部账户密码被盗等。

6.1.2 信息安全法规政策

近年来，我国在信息安全领域的法律法规与政策日趋体系化，在企业信息安全规划中，需要及时掌握与应用相关法律法规与政策，有利于制定更符合外部监管与企业发展要求的信息安全规划。本节梳理与筛选了当前企业信息安全规划需要关注的法律法规与政策（表6.1）。

表6.1 信息安全法规政策摘选

发布日期	法律法规与政策	解读
2016年11月7日	《网络安全法》	是我国第一部全面规范网络空间安全管理方面问题的基础性法律，并对"网络(cyber)"进行了重新定义，是指"由计算机或者其他信息终端及相关设备组成的按照一定的规则和程序对信息进行收集、存储、传输、交换、处理的系统"，其含义外延更大。作为基本法，与之前看到的各部门规章有着本质区别，它明确提出不履行相应的责任与义务，都将会受到法律的处罚。处罚也从不同角度进行了细化和明确，特别是会对主管人员或直接负责人员进行处罚，构成犯罪的会依法追究刑事责任。《网络安全法》在网络运行基本安全要求、应急预案与响应要求、政务安全治理、个人信息保护、等保测评等方面做出了明确规定
2017年6月27日	《国家网络安全事件应急预案》	该预案适用于网络安全事件的应对工作。该预案明确网络安全事件是指由于人为原因、软硬件缺陷或故障、自然灾害等，对网络和信息系统或者其中的数据造成危害，对社会造成负面影响的事件，可分为有害程序事件、网络攻击事件、信息破坏事件、信息内容安全事件、设备设施故障、灾害性事件和其他事件
2018年6月27日	《网络安全等级保护条例（征求意见稿）》	内容涉及支持与保障、网络的安全保护、涉密网络的安全保护、密码管理、监督管理、法律责任等内容。其中，它拟将网络分为5个安全保护等级，拟规定未经允许或授权，网络运营者不得收集与其提供的服务无关的数据和个人信息，不得违反法律、行政法规规定和双方约定收集、使用和处理数据和个人信息，不得泄露、篡改、损毁其收集的数据和个人信息，不得非授权访问、使用、提供数据和个人信息

续表

发布日期	法律法规与政策	解读
2019年4月10日	《互联网个人信息安全保护指南》	为有效防范侵犯公民个人信息违法行为,保障网络数据安全和公民合法权益,公安机关结合侦办侵犯公民个人信息网络犯罪案件和安全监督管理工作中掌握的情况,组织北京市网络行业协会和公安部第三研究所等单位相关专家,研究起草了《互联网个人信息安全保护指南》,供互联网服务单位在个人信息保护工作中参考借鉴
2019年5月13日	《信息安全技术网络安全等级保护基本要求》《信息安全技术网络安全等级保护测评要求》《信息安全技术网络安全等级保护安全设计技术要求》国家标准	为了配合《网络安全法》的实施,同时适应新技术(移动互联、云计算、大数据、物联网等)、新应用情况下等保工作的开展,新标准针对共性安全保护需求提出安全通用要求,针对新技术(移动互联、云计算、大数据、物联网等)、新应用领域的个性安全保护需求,形成新的等保基本要求标准。调整各个级别的安全要求为安全通用要求、云计算安全扩展要求、移动互联安全扩展要求、物联网安全扩展要求和工业控制系统安全扩展要求
2019年5月28日	国家互联网信息办公室发布的《数据安全管理办法(征求意见稿)》	对公众关注的个人敏感信息收集方式、广告精准推送、APP过度索权、账户注销难等问题进行了直接回应。规定:要收集个人敏感信息行为,网络运营者需向网信部门备案;定向精准推送广告需标识清晰且用户可拒绝;明令禁止APP强迫授权或默认勾选;尊重用户"被遗忘权",允许注销账号和删除个人信息;小程序泄露用户信息平台承担部分或全部责任
2020年4月27日	《网络安全审查办法》	规定了关键信息基础设施运营者采购网络产品和服务,影响或可能影响国家安全的,应当按照该办法进行网络安全审查。通常情况下,关键信息基础设施运营者应当在与产品和服务提供方正式签署合同前申报网络安全审查。网络安全审查充分尊重和严格保护企业的知识产权。网络安全审查的目的是维护国家网络安全,不是要限制或歧视国外产品和服务
2021年3月12日	《常见类型移动互联网应用程序必要个人信息范围规定》	规定了地图导航、网络约车、即时通信等38类常见类型APP必要个人信息范围。必要个人信息是指保障APP基本功能正常运行所必需的个人信息,缺少该信息APP无法提供基本功能服务。只要用户同意收集必要个人信息,APP不得拒绝用户安装使用

续表

发布日期	法律法规与政策	解读
2021年7月30日	《关键信息基础设施安全保护条例》	是我国网络安全法律法规体系的一项重要法规，是对于《网络安全法》的补充、强调，明确了重点行业和领域重要网络设施、信息系统属于关键信息基础设施，明确了国家对关键信息基础设施实行重点保护，采取措施，监测、防御、处置来源于中华人民共和国境内外的网络安全风险和威胁，保护关键信息基础设施免受攻击、侵入、干扰和破坏，依法惩治危害关键信息基础设施安全的违法犯罪活动
2021年6月10日	《数据安全法》	作为我国关于数据安全的首部法律，《数据安全法》标志我国在数据安全领域有法可依，为各行业数据安全提供监管依据。《数据安全法》明确了"数据，是指任何以电子或者非电子形式对信息的记录"。除了《网络安全法》所界定的"网络数据"外，还将"其他方式对信息的记录"纳入了数据范畴。《数据安全法》明确了政府、企业、社会相关管理者、运营者和经营者的数据安全保护责任，消除了数据活动的灰色地带，对各行各业都形成了制约机制，及时遏制住了与国计民生相关数据的随意共享和流转
2021年8月20日	《个人信息保护法》	作为我国首部针对个人信息保护的专门性立法，《个人信息保护法》构建了完整的个人信息保护框架，对个人信息处理规则、个人信息跨境传输、个人信息处理活动的权利、信息处理者的义务、监管部门职责以及法律责任等做出了全面的规定

6.2 信息安全管理体系

从全球来看，应用最广泛的信息安全管理体系标准是国际标准化组织（ISO）专门为信息安全管理体系建立的 ISO/IEC27000 系列标准。在国内，公安部颁布出台了信息安全等级保护制度，用于指导我国国内企业对信息系统进行安全建设。下面分别对这两个信息安全管理体系进行说明。

6.2.1 信息安全管理体系标准

ISO/IEC27000（简称 ISO27000）系列标准是国际标准化组织（ISO）为信息安全管理体系制定的一套标准，其核心标准 ISO27001、ISO27002 分别由英国标准协会（BSI）于 1995 年颁布的 BS7799-1 和 BS7799-2 演化而来。到目前为止，实践中常用的 ISO 系列的信息安全管理体系标准有 5 个（包括 ISO27001《信息技术-安全技术-信息安全管理体系-要求》、ISO27002《信息技术-安全技术-信息安全控制实用规则》、ISO27003《信息技术-安全技术-信息安全管理体系实施指南》、ISO27004《信息技术-安全技术-信息安全管理-测量》、ISO27005《信息技术-安全技术-信息安全风险管理》），其中 ISO27001 作为 ISO27000 系列标准的主标准，详细说明了建立、实施和维护信息安全体系的要求,用于指导开展信息安全管理体系建设,其中信息安全管理划分为 14 个安全控制域,具体包括 35 个控制目标、114 个安全控制措施,基本覆盖了企业信息安全管理的各个领域,见表 6.2。因此,基于 ISO27001 标准开展信息安全建设,可有效避免企业信息安全管理的盲区。

表 6.2 ISO27001 标准的控制描述结构

安全控制域(14 个)	控制目标(35 个)	安全控制措施(114 个)
信息安全策略	1	2
信息安全组织	2	7
人力资源安全	3	6
资产安全	3	10
访问控制	4	14
加密	1	2
物理和环境安全	2	15
操作安全	7	14
通信安全	2	7
系统获取、开发和维护	3	13
供应商关系	2	5
信息安全事件管理	1	7
业务连续性管理的信息安全方面	2	4
符合性	2	8

ISO27001 强调信息安全管理体系的构建和基于 PDCA 管理控制循环的持续改进,如图 6.1 所示。第一阶段为计划阶段,第二阶段为实施阶段,第三阶段为检查阶段,第四阶段为处置阶段,PDCA 作为一种通用的持续改进过程方法,被广泛用于 ISO 管理体系的实施。[55]

ISO27001 标准本身作为建立、实施、运行、监控、评价和改进信息安全管理体系的标准,可充分借助 PDCA 管理控制循环,有效提升企业信息安全管理的主动性。在计划阶段,企业应建立与企业战略、目标和方针保持一致的信息安全管理方针、目标、过程和规范,以管理信息安全风险。在实施阶段,企业通过一系列的管理与技术活动,实施和运行信息安全管理体系的方针、控制措施、过程和规范。在检查阶段,企业对照信息安全管理体系的方针、目标,对信息安全管理的有效性进行评价,并将结果报告管理者以供评审。在处置阶段,企业基于对体系的内部审核和管理评价的结果,采取纠正和预防措施,以持续改进企业的信息安全管理体系。以业务需求为导向的信息安全管理体系建设方法是 ISO27001 标准的最大特点,可最大限度地保证体系中的管理与技术活动符合企业信息安全管控需要。

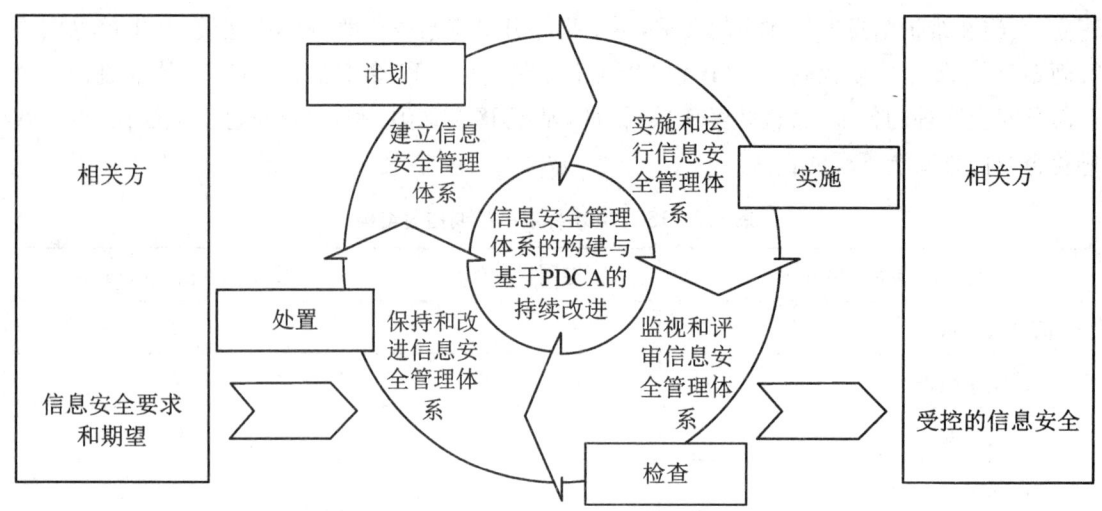

图 6.1　ISO27001 的 PDCA 管理控制循环

6.2.2　信息安全等级保护制度

2004 年,公安部等多部委颁布《关于信息安全等级保护工作的实施意见》,并于 2007 年 6 月颁布了《信息安全等级保护管理办法》,该文件确定了等级保护制度的主要内容、具体要求和工作流程,同时相继颁布了系统定级、等级划分、实施和测评等多个相关的国家标准。按照基础类、应用类、产品安全类和其他类,等级保护标准包括如下内容。[56]

1. 基础类标准

《计算机信息系统　安全保护等级划分准则》(GB 17859—1999)

《信息安全技术　信息系统等级保护安全设计技术要求》(GB/T 25070—2010)

2. 应用类标准

《信息安全技术　信息系统安全等级保护定级指南》(GB/T 22240—2008)

《信息安全技术　网络安全等级保护定级指南》(GB/T 22240—2020)

《信息安全技术　信息系统等级保护安全设计技术要求》(GB/T 25070—2010)

3. 产品安全类标准

《信息安全技术　操作系统安全技术要求》(GB/T 20272—2006)

《信息安全技术　操作系统安全评估准则》(GB/T 20008—2005)

4. 其他类标准

《信息安全技术　信息安全风险评估规范》(GB/T 20984—2007)

《信息安全技术　网上银行系统信息安全保障评估准则》(GB/T 20983—2007)

2018 年 6 月,公安部会同中共中央网络安全和信息化委员会办公室(简称中央网信办)、国家保密局、国家密码管理局,联合起草了《网络安全等级保护条例(征求意见稿)》,等级保护从原来的"信息安全等级保护"变更为"网络安全等级保护",标志着实施 10 年之久的信息安全等级保护制度(等级保护 1.0)跨入了网络安全等级保护制度(等级保护 2.0)的新阶段。

按照等级保护 2.0 的标准,根据网络在国家安全、经济建设、社会生活中的重要程度,以及一旦遭到破坏、丧失功能或者数据被篡改、泄露、丢失、毁损后,对国家安全、社会秩序、公共利益以及相关公民、法人和其他组织的合法权益的危害程度,网络安全划分为 5 个安全保护等级,见表 6.3。[57]

表 6.3 等级保护 2.0 的等级划分

受侵害的客体	对客体的侵害程度		
	一般损害	严重损害	特别严重损害
公民、法人和其他组织的合法权益	第一级	第二级	第三级
社会秩序、公共利益	第二级	第三级	第四级
国家安全	第三级	第四级	第五级

网络运营者或主管部门应参考《信息安全技术　网络安全等级保护定级指南》(GB/T 22240—2020)的要求,梳理出定级对象并合理确定其所属网络的安全保护等级。按照等级保护 2.0 的要求,网络运营者应当在规划设计阶段确定网络的安全保护等级;当网络功能、服务范围、服务对象和处理的数据发生重大变化时,网络运营者应当依法变更网络的安全保护等级;网络定级应按照网络运营者拟定网络等级、专家评审、主管部门核准、公安机关审核的流程进行。对于基础网络、云计算平台和大数据平台等起到支撑作用的网络系统,应根据其承载或将要承载的等级保护对象的重要程度确定其安全保护等级,原则上应不低于其承载的等级保护对象的安全保护等级。原则上大数据平台的安全等级不低于第三级。

6.3　企业信息安全规划

企业 IT 战略规划中的企业信息安全规划需要面向企业信息安全管理体系的未来建设,帮助企业建立信息安全管理的总体框架。这里的企业信息安全规划并不是实施企业信息安全管理体系,而是从企业 IT 战略出发,确定企业信息安全工作的主要任务。面向标准与规范,从实践中总结,本书认为企业 IT 战略规划制订者可从信息安全组织、信息安全制度、人员安全管理、IT 基础设施安全、应用系统安全、数据安全、信息安全应急管理与应急预案共 7 个方面为企业制订信息安全规划。

6.3.1　信息安全组织

企业信息安全管理不是单纯的技术问题,单一依靠企业信息技术部门的力量是无法贯彻实施企业信息安全管理要求的。2017 年 6 月 1 日实施的《网络安全法》,明确了网络运营者和关键信息基础设施运营者的法律责任。2017 年 8 月 15 日,中共中央办公厅发布《党委(党组)网络安全工作责任制实施办法》,明确了各级党委(党组)主要承担的网络安全责任。在企业中,信息安全已经是涵盖企业战略、管理、业务、技术等多个方面的综合性、跨职能的管理工作,所以企业需要建立企业全局性的信息安全组织。

在企业决策层,应当采用专门委员会或领导小组的形式,建立企业管理层直接领导下的信息安全领导决策组织。根据网络安全工作责任制要求,"按照谁主管谁负责、属地管理的原则,各级党委(党组)对本地区本部门网络安全工作负主体责任,领导班子主要负责人是第一责任人,主管网络安全的领导班子成员是直接责任人"。此条规定明确了从中央到地方和基层的政府机关、企事业单位、人民团体中各级党委和党组,是网络安全工作的责任主体,并且进一步明确了领导班子主要负责人和相关领导班子成员的责任。所以,在企业决策层,要负责企业信息安全管理规划、策略及重大安全事件的决策与审批,并为企业信息安全工作开展提供足够的资源支持。

在企业职能层,需要设立企业信息安全管理的主管部门,通常会由信息技术部门承担这项职责,在有些企业还会专门在信息技术部门之外设立信息安全专责管理部门。信息安全主管部门负责企业日常的信息安全管理、监督、考核与培训。

在企业执行层,需要建立由信息技术、业务、管理等各相关部门共同组成的信息安全工作团队。其中,信息技术专业往往会设置信息安全专岗人员,例如,在金融企业,一般会按照监管要求明确信息安全专岗人员的安排。业务与管理部门的信息安全人员通常会有专岗、兼岗等不同情况,这主要根据企业业务与管理的实际需求来确定。信息安全工作团队负责落实企业信息安全管理的各项措施,预防与监测信息安全风险,以及信息安全事件发生后的应急响应与处理。

6.3.2 信息安全制度

企业信息安全制度需要结合企业所属行业的特点、监管要求以及企业自身的实际情况进行制定。在企业信息安全规划阶段,主要关注信息安全的管理方针、信息安全的管理原则及信息安全的策略3个层面的基本规定。

1. 企业信息安全的管理方针

企业信息安全规划应当明确企业信息安全的管理方针作为指导企业信息安全工作的总体指南。一般而言,企业信息安全的管理方针应当涵盖以下方面:

(1)依法合规:以国家法律为中心、政策法规为依据、相关制度建设为基础,重视对法律法规、监管要求和企业管理制度的遵从性。

(2)全面综合管理:信息安全管理覆盖信息技术管理活动及业务管理活动中的所有信息资产,涵盖信息资产全生命周期,同时要做到管理与技术并重、相辅相成。

(3)强调落实:强调信息安全管理制度与技术系统的落实,通过严谨周密的制度设计、标准规范的技术系统实施,构建有效且可靠的信息安全技术管理体系。

(4)分级保护:对信息、系统划分不同的安全等级要求,分类实施安全措施,组织执行差异性保护。

(5)预防为主:信息安全管理采取事前防护、过程控制、持续改进的策略,通过贯彻日常业务与技术活动的管理措施与技术手段,做到信息安全风险的有效、及时预防。

2. 企业信息安全的管理原则

信息安全的管理原则可以作为组织信息安全技术与管理工作的一般准则,通过明确的管理原则,有助于推动企业各相关人员按照一致的准则开展信息安全相关工作。一般而言,企业信息安全管理原则可以关注以下7个方面的要求:

(1) 基于安全需求原则

根据信息系统的重要性、可能受到的威胁及面临的风险分析安全需求,按照信息系统等级保护要求确定相应的信息系统安全保护等级,遵从相应等级的规范要求,从全局上恰当地平衡安全投入与效果。

(2) 主要领导负责原则

主要领导应确立信息安全保障宗旨和政策,组织有效安全保障队伍,调动并优化配置必要的资源,协调安全管理工作与各部门工作的关系。

(3) 全员参与原则

信息系统所有相关人员应参与信息系统的安全管理,并与相关方面协同、协调,共同保障信息系统安全。

(4) 持续改进原则

随着安全需求和系统环境的变化,应及时地将现有的安全策略、风险接受程度和保护措施进行复查、修改、调整以至提升安全管理等级,维护和持续改进信息安全管理体系的有效性。

(5) 分权和授权原则

对特定职能或责任领域的管理功能实施分离、独立审计等实行分权,避免权力过分集中所带来的隐患,以减小未授权的修改或滥用系统资源的机会。任何实体(如用户、管理员、进程、应用或系统)仅享有该实体需要完成其任务所必需的权限,不应享有任何多余权限。

(6) 选用成熟技术原则

成熟的技术具有较好的可靠性和稳定性,采用新技术时要重视其成熟的程度,并应首先局部试点然后逐步推广,以减少或避免可能出现的信息安全风险。

(7) 分级保护原则

按等级划分标准确定信息系统的安全保护等级,实行分级保护。

3. 企业信息安全的策略

依据企业信息安全的管理方针与管理原则,可以制定企业信息安全在企业信息技术应用各个方面的管理策略,通常会涵盖物理安全、网络安全、主机安全、应用安全、数据安全等5个方面。

(1) 物理安全策略

物理安全策略用于保护信息系统基础设施、设备、存储介质免受非法的物理访问、自然灾害和环境危害。物理安全策略需要明确物理安全边界、物理进出控制、对办公场所及设备的保护等要求。例如,可以明确企业数据中心机房不能位于大楼的地下室、一楼房间或大楼的顶层,机房的正上方不能是用水量大的房间。

(2) 网络安全策略

网络安全策略用于明确企业网络在规划设计、建设及运行阶段必须遵循的准则,从而形成贯彻企业信息安全管理方针与原则的具体措施,能够保证企业网络按照一致的安全规范投产运行。例如,可以明确企业内网与外网隔离的技术标准,明确企业定期开展网络系统漏洞扫描的要求,明确企业网络边界安全设备配置标准等。

(3) 主机安全策略

以服务器为代表的主机是整个信息系统的核心资产载体,也是非法攻击者最终攻击的目标。主机安全策略就是要确保主机的硬件、软件及数据不被非授权用户使用、访问、泄露和破坏,明确主机安全防护的技术措施与管理规则。例如,主机必须开启日志审计功能,主机登录密码必须强制实施强密码规则,主机操作系统安全必须实施最小安装原则并关闭所有不需要的主机服务等。

(4) 应用安全策略

企业应用系统承载了企业业务与管理的流程与数据,应用系统实施与运行过程中,往往会因为系统设计缺陷或人员操作失误带来应用安全风险。应用安全策略应作为指导企业应用系统设计、开发、上线及运行各阶段的通用准则,从而防止应用系统自身或用户相关因素带来的风险。例如,应用系统用户登录的身份双因素认证、应用系统必须开启日志审计功能、应用系统登录在线超时的自动退出等。

(5) 数据安全策略

数据作为企业信息资产的最主要组成内容,越来越受到企业的重视,同时也面临数据生产、采集、存储、加工、使用整个过程的多环节安全风险。制定数据安全策略的主要目标是结合企业数据应用的全生命周期,确定企业数据安全保护的基本要求。例如,可以明确重要数据在存储介质或数据库中的存储必须采用加密方式,数据备份作业必须使用规范标准的备份工具,禁止企业重要数据在内网和外网中的明文传输等。

6.3.3 人员安全管理

如 6.1.1 节所述,人员泄露信息的风险是企业信息资产遭受损失的主要因素。在人员安全管理方面,企业应当建立面向企业员工及外包人员的信息安全管理机制与措施。

1. 企业员工的人员安全管理

对于企业员工,增强全员安全意识与态度,培育良好的信息安全文化是最主要的抓手。在此方面,可以进一步按照企业员工的岗位类型针对性开展教育培训工作。

对于企业管理层,需要宣导信息安全方面的法律法规与政策文件,帮助管理层提高对信息安全工作的认识,使管理层成为企业信息安全文化的主要倡导者,并为企业信息安全建设与运行提供有效的指导和支持。

对于信息技术员工,需要加强信息安全管理理论知识和技术技能的培训,使之能够掌握信息安全管理方法,熟悉信息安全管理规范与作业指引,掌握信息安全相关技术系统的操作维护,具备信息安全事件监测、发现与处置的能力,有效承担起维护信息系统安全的职责。

对于普通员工,要贯彻全员参与的信息安全文化,从信息系统使用、个人与办公信息保护等方面进行信息安全意识教育培训,提高全员的信息安全意识,共同维护企业信息安全。

总体而言,在信息安全的人员安全管理方面,仅依靠管理制度难以发挥预期的作用,需要通过持续有效的教育培训及配套措施,推动企业形成良好的信息安全文化,指导企业管理层与员工的行为,减少与预防由于人员因素带来的信息安全风险。

2. 外包人员的人员安全管理

对于采用外包方式开展信息系统建设与运行或承担企业其他职能服务的企业而言,外包人员同样是信息安全管理的重点对象。针对此问题,可以从以下 4 个方面制订相应的应对

措施:

(1) 建立完善的外包服务商选择机制,只有慎重选择,才能降低外包带来的信息安全风险。在外包服务商尽职调查方面,需要详细了解外包服务商的信誉度,包括市场评价、监管评价、资金安全性、近几年的财务状况等。而且需要由多个备选的外包服务商,通过综合比较,择优录取。另外,还需要关注外包服务商相关工作是否有相关合法的知识产权保护制度,这可以在法律层面保护企业的外包服务信息安全。

(2) 做好外包人员的遴选工作,可以参照企业员工面试的程序,制订外包人员的资格标准与录用要求,对为企业提供外包服务人员的资质、能力与职业素质进行把关,可以有效预防外包人员风险。

(3) 与外包服务商及外包人员签订相关的信息安全协议,明确双方的权利和义务,严格控制外包人员所拥有的业务或技术权限,禁止其有越权的行为。因为外包服务商或外包人员原因造成的企业信息泄露而为企业带来经济损失的,在协议中应当明确具体相关的补偿办法和措施。此外,针对具体外包服务的情形,可以要求外包服务商及外包人员,即使在外包服务结束后,仍然在约定的时间内继续履行相关的信息保密义务。

(4) 合理选择与安排外包服务内容,并在使用外包人员服务过程中建立完备的监督管理机制。对于外包后信息安全存在较大风险的工作,企业应审慎评估,避免外包。例如,在金融行业中,对于金融机构核心业务系统的运行维护,一般不允许将系统管理权授予外包人员。

6.3.4 IT基础设施安全

IT基础设施安全主要包括企业网络安全、企业数据中心安全两个领域。

1. 企业网络安全

企业网络安全可从网络区域划分、网络边界管理、内网安全防护3个方面着手开展规划工作。

(1) 网络区域划分

企业网络应按照业务性质划分不同网络安全区域,避免将重要区域部署在网络边界处,在技术上可采用防火墙的安全域来划分不同的网络安全区域。一般而言,企业网络大致可以分为4个网络安全区域:对外提供互联网访问服务的互联网区域、面向异地机构或合作伙伴提供访问服务的外联区域、用于企业应用系统部署的服务器区域、用于核心网络设备部署的内网核心区域。

针对安全区域不同,需要实施相应的安全管理措施。例如,具有相同安全防护要求的网络与应用系统可处于同一个安全区域中,安全区域之间可以实施物理隔离或逻辑隔离方式,对高安全等级要求的安全区域可以部署特定的安全技术手段和安全审计设备。

(2) 网络边界管理

企业网络安全区域划分后,各区域之间的网络边界主要有以下3类:

① 互联网边界:是整个网络中安全等级最低的区域,故其安全防护尤为重要。

② 外联区边界:主要为异地机构或者联网合作单位提供专线接入,其安全等级处于中等水平。

③ 内网区域边界:是内部网络安全区域之间的边界,一般包括办公网络安全区域、应用系统安全区域、运维管理安全区域等,其安全等级处于最高水平。

针对不同的安全区域边界,需要采用相应的防护措施,举例如下:

① 互联网边界

一般会部署防火墙、入侵防御系统(intrusion prevention system,IPS)、Web 应用防护系统(web application firewall,WAF)、上网行为管理。

互联网防火墙采用包过滤及端口访问控制实现最外层的安全边界防护;IPS 通常作为第二道防线,解决防火墙未检测出的网络攻击和恶意代码攻击;WAF 是专门针对网站类应用设立的第三道安全防线;上网行为管理则主要对内部员工上网流量进行安全审计和管控。

② 外联区边界

典型的防护措施是采用防火墙加 IPS 的部署方式,采用防火墙做边界防护和访问控制,同时启用 IPS 实现入侵防范。

③ 内部区域边界

一般会通过防火墙安全域策略,实现内部网络安全区域间的访问控制。

(3) 内网安全防护

在内网安全防护方面,通常会采用多种安全技术产品开展综合监测与防护工作,重点围绕服务器安全与用户终端安全开展工作,一般包括以下技术的应用:

① 漏洞扫描:采用漏洞扫描工具,对服务器操作系统及应用系统基于漏洞数据库通过扫描等手段检测安全脆弱性,发现可能被利用的漏洞并采取必要的修复措施。

② 防病毒:在服务器与用户终端均部署防病毒软件系统,并在企业内部部署防病毒系统发布平台,可为各类型和各版本操作系统提供防病毒软件和病毒库更新服务。同时,建立企业内部病毒监控预警机制,及时获知来自外部的病毒预警,监测内部病毒感染事件的发生,形成有效的发现及处置能力。

③ 端点检测与响应(endpoint detection and response,EDR):当前许多网络攻击者越来越多地伪装成看似合法的方式进行攻击,甚至可以绕过防病毒等防御体系,在此情况下,EDR 技术应运而生。与传统防病毒技术不同,EDR 主要以大数据和人工智能的威胁分析来解决传统技术无法解决的互联网新型恶意软件。EDR 实际应用也趋于成熟,国内外有多家安全厂商开始推广 EDR 技术的终端安全防护方案,这种主动防御的方式也越来越被认可。

④ 终端监控与审计:在信息安全要求较高的行业企业,通常也会实施终端监控与审计系统,通过在用户终端部署监控与审计系统代理程序,实现对用户终端行为的管控。其监控的内容包括外设的监控(如 U 盘)、终端上文件、进程、驱动和服务的监控与审计,网络连接行为控制,刻录与打印审计,终端异常行为审计等。

2. 企业数据中心安全

企业数据中心安全主要以机房安全为中心,关注供电安全、消防安全、物理访问控制,并部署数据中心动环监控系统。

(1) 供电安全

数据中心机房供电安全应从设计、设备选型、主动性维护 3 个角度采取措施来保障。在设计阶段,不仅需要符合数据中心机房建设的相关标准规范,还需要尽可能地采用自动化设备,如高压自动切换、低压自动切换及发电机组自启动等,缩短故障切换时延。在设备选型方面,应将设备质量可靠、可维护、可扩展、可管理作为最主要的选型标准,设备应支持业界通用的开放标准和协议,能够与其他厂商的设备有效互通,实现监控功能。此外,通过供电系统主动性维护安排,可以在设备故障的萌芽阶段做到尽早发现问题,减少维修时间,提高供电系统的可靠性。

(2) 消防安全

虽然数据中心机房会按照标准配备自动化气体灭火等消防设施,然而由于机房内设备种类繁多、用电功率大、线路结构复杂,消防安全隐患多,从消防安全角度来说,数据中心机房应重点关注自动化消防系统、空调及 UPS 电源(含电池组)、强电供电及防雷接地系统的消防隐患。机房自动化消防系统包括消防自动报警系统、气体灭火系统及消防联动设备,只有进行定期的监测与维护保养,才能保证其处于良好的整备状态。在机房精密空调、UPS 电源及电池组方面,只有按照规范定期检测与维护,特别是 UPS 定期充放电检测,才能有效消除这些主要耗电设备的消防隐患。数据中心机房的交、直流线路与防雷接地一般会共用,因此接地电阻不应大于 1 Ω,应定期检测并对机房接地点进行加固。同时,也需要定期观察、检测强电线路、接头的运行状态,若发现有发热或松动的情况,应及时处理。

(3) 物理访问控制

数据中心机房物理访问控制主要关注出入管控,应划分机房不同功能区域,对人员进出按照工作需求划定对应的机房功能区域,并建立进出时间及原因的出入登记制度。同时,部署机房专用的安防监控系统及门禁系统,保护机房物理安全。例如,可在机房的各个出入口及关键位置部署监控视频采集终端,实现对所有机柜的无死角监控。

6.3.5 应用系统安全

《信息安全技术 应用软件系统通用安全技术要求》(GB/T 28452—2012)国家标准明确了应用软件在设计与实现过程中的安全技术要求。按照该标准,在安全功能方面,应用软件应满足用户身份鉴别、抗抵赖、访问控制、安全审计、数据完整性保护、数据保密性保护、备份与恢复等技术要求。王伟萌等在参考该标准的基础上对企业应用软件开发安全体系进行了总结,如图 6.2 所示。[58]

1. 设计安全

设计安全包括架构安全设计、功能安全设计、资源使用设计、通信安全设计 4 个方面。

(1) 架构安全设计

架构安全设计一方面会关注应用软件架构及传输协议、服务端口、组件等的安全规范描述,例如,需要建立对于组件资源的访问控制机制。另一方面,它还会关注应用软件对外开放的接口安全,包括接口应用范围、身份验证和访问控制等,例如,对请求连接的系统进行身份验证。

(2) 功能安全设计

应用软件的功能安全设计涵盖关键点较多,涉及身份鉴别、访问控制、信息输出、数据加密、数据保护、数据备份和恢复、安全审计、抗抵赖、资源控制等多个方面。以数据加密为例,应用系统应对敏感数据进行加密,并在服务器加密存储敏感数据。再如在安全审计方面,对应用软件系统重要事件要提供安全审计机制,严格限制对安全日志的访问,并建立安全日志的备份及清理机制。

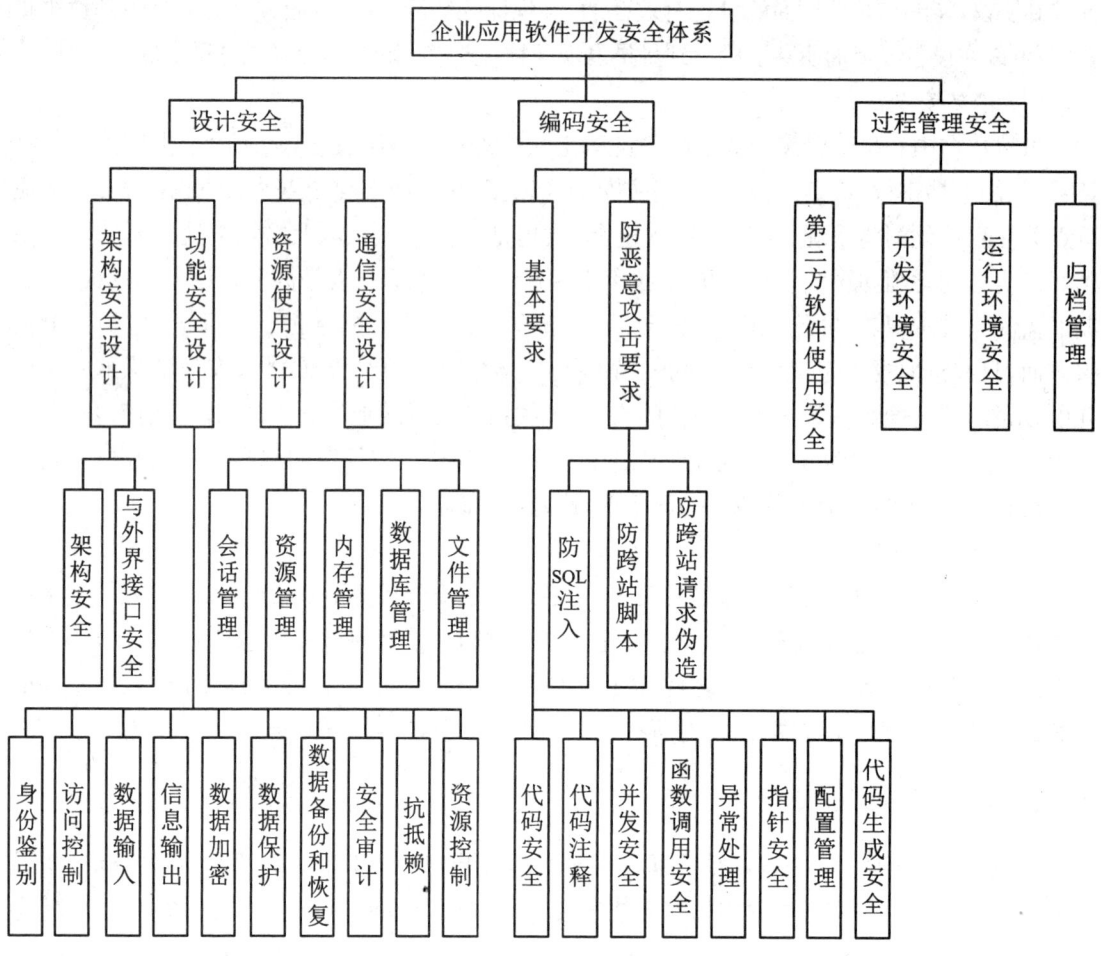

图 6.2　企业应用软件开发安全体系

(3) 资源使用设计

资源使用设计包括会话管理、资源管理、内存管理、数据库管理、文件管理 5 个方面。以数据库管理为例,应当禁止使用默认的角色、账号与默认数据库口令访问数据,数据库账号权限应遵循最小权限原则;数据库连接字符串或密码应加密存储;应规定不同新任级别用户连接数据库的角色;及时释放数据库资源。再以文件管理为例,应采用最小权限原则进行文件访问授权,禁止暴露目录或绝对文件路径;禁止用户修改因公程序文件和资源,权限仅限于可读。

(4) 通信安全设计

应用软件采用安全通信协议对数据进行安全传输,如 HTTPS 协议和 SFTP 协议,并且应使用加密传输确保通信安全,包括对通信过程的报文或会话过程加密。此外,对信道中传输的消息要进行完整性验证。

2. 编码安全

应用软件的编码安全主要分为基本要求与防恶意攻击要求2个方面。

(1) 基本要求

基本要求涉及面广,包括代码安全、代码注释、并发安全、函数调用安全、异常处理、指针安全、配置管理、代码生成安全8个方面。以代码安全为例,应规范变量、函数命名及代码格式;使用第三方代码,对代码安全性进行评估和测试;对代码进行版本控制;对代码的访问权限进行控制。再以函数调用安全为例,代码应对函数入口参数的合法性和准确性进行检查;避免在API或外部交互的接口暴露仅限内部或部分用户访问的方法或函数。

(2) 防恶意攻击要求

防恶意攻击主要包括防SQL注入、防跨站脚本代码、防跨站请求伪造3个方面。以最常见的防SQL注入为例,代码中不应直接通过用户输入字符串构造可执行SQL语句;使用参数化查询或参数绑定来构造SQL语句;不在存储过程中使用字符串连接构造SQL语句,执行不可信的参数。

3. 过程管理安全

过程管理安全包括以下4个方面:

(1) 第三方软件使用安全

随着开源软件代码和API开放的日益流行,许多程序员已经习惯采用第三方软件或组件的方式来完成程序的构建。在此方面,存在诸多安全隐患。因此,在第三方软件使用方面,需要使用从官方渠道获取的第三方软件,将所有组件及时升级到不存在已知高危漏洞的版本;对第三方软件进行完整性验证测试,确保未被篡改;定期对第三方软件进行安全性检测,避免使用已知高危漏洞的组件版本。

(2) 开发环境安全

一方面,要构建安全的编译环境,从官方渠道获取编译器,确保安装了所有补丁;另一方面,要安全存储源代码,权限控制保护源代码不被非法用户访问,确保开发环境与实际运行环境的物理隔离。

(3) 运行环境安全

应用软件发布前删除所有与调试和测试相关的代码、配置、文件等;及时删除服务器上不需要的应用程序和系统文档;关闭服务器上不需要的服务;软件运行服务器的系统组件避免使用存在已知漏洞的版本。

(4) 归档管理

版本归档时,删除开发过程中的临时文件、备份文件、无用目录等;归档的程序文件中不保留调试用的代码。

6.3.6 数据安全

数据安全是指保证数据的机密性、完整性、一致性、可用性、不可抵赖性,避免数据的泄密、破坏、篡改和丢失。

1. 数据安全标准

在大数据时代,数据安全必然是企业信息安全的最重要构成。我国于2019年发布了《信

息安全技术　数据安全能力成熟度模型》(GB/T 37988—2019)，给出了组织数据安全能力的成熟度模型架构，规定了数据采集安全、数据传输安全、数据存储安全、数据交换安全、数据销毁安全、通用安全的成熟度等级要求。[59]该模型主要由以下 3 个维度构成：① 安全能力维度，包括组织架构、制度设置、技术方法和人员配备方面的能力；② 数据安全过程维度，主要包括数据采集、传输、存储、处理、交换、销毁 6 个阶段；③ 能力成熟等级维度，包括非正式执行级、计划跟踪级、充分定义级、量化控制级、持续优化级 5 个阶段。

2021 年 12 月，全国信息安全标准化技术委员会秘书处发布了《网络安全标准实践指南—网络数据分类分级指引》，给出了网络数据分类分级的原则、框架和方法。[60]数据分类分级原则包括合法合规原则、分类多维原则、分级明确原则、从高就严原则以及动态调整原则。常见的数据分类维度包括公民个人维度、公共管理维度、信息传播维度、组织经营维度、行业领域维度。从国家数据安全角度可将数据分为一般数据、重要数据、核心数据 3 个级别。该指南给出的数据分类分级实施流程包括数据资产梳理、数据分类、数据定级、审核标识管理、数据分类分级保护。其中数据分类流程包括：识别是否存在法律法规或主管监管部门有专门管理要求的数据类别，并对识别的数据类别进行区分标识；从行业领域维度，确定待分类数据的数据处理活动涉及的行业领域；完成上述数据分类后，数据处理者可采用线分类法对类别进行进一步细分。

ISO/IEC JTC1/SC27 作为信息安全国际标准的权威组织，积极开展大数据安全与隐私保护相关的国际标准的制定，目前已经初步形成"大数据安全与隐私保护"标准体系，包括：ISO/IEC 20547-4:2020《信息技术　大数据参考架构　第 4 部分：安全与隐私》；ISO/IEC PWI 27045《信息技术　大数据安全与隐私保护　数据安全管理框架》；ISO/IEC WD 27046《信息技术　大数据安全与隐私保护　实现指南》。其中，ISO/IEC PWI 27045《信息技术　大数据安全与隐私保护　数据安全管理框架》由阿里巴巴在 SC27/WG4 提出并通过立项，在该标准中，大数据安全要求分为生命周期安全和通用安全两部分，具体分布见表 6.4。[61]

表 6.4　大数据生命周期安全要求与通用安全要求

		生命周期安全线				
模型设计	项目策划安全	处理安全	使用安全	存储安全	发布和共享安全	销毁安全
需求分析 数据供应 链安全	安全策略规划 数据分类分级	数据采集安全管理 数据源鉴别及记录 数据脱敏 数据分析安全 数据处理环境安全	数据质量管理 数据正当使用 数据导入导出安全	存储媒体安全 逻辑存储安全 数据备份和恢复	数据传输安全 数据共享安全 数据发布安全 数据接口安全	数据销毁处置 存储媒体销毁处置
		通用安全线				
组织和人员管理		数据资产管理		终端数据安全		监控与审计
鉴别与访问控制		安全事件应急响应		合规管理		元数据管理

2. 企业数据安全管理

由于数据安全标准本身还处于制定与应用的初始阶段,从企业数据安全管理实践来看,站在企业 IT 战略规划制订者角度,可以主要关注以下 3 个方面的企业数据安全管理要求:

(1) 数据分类分级管理

数据分类分级管理是对企业数据全流程、全过程进行管理的基础性工作。数据分类更多是从业务角度出发,梳理数据归属的业务范畴,也就是类别。这个业务范畴的范围可大可小,完全依托于企业前期基于业务的梳理结果。做数据分类,并不是业务越细分越好,大部分细分之后的数据具有多重属性,会导致数据的多重划分,反而导致数据分类失败。反之,如果分类过于粗犷,对于企业的指导意义也会显著下降,找到数据分类颗粒度的平衡点是关键。

数据的分级不同于数据分类,对于大多数企业来说,可以主要面向监管要求出发来建立数据分级规范。数据分级是数据安全领域的工作,主要针对数据敏感等级进行分级。企业数据密级程度按照数据类别及数据内容会有所不同,敏感等级不同的数据在使用时受到的保护策略也有所不同。

从目的来看,数据分类分级就是为了对不同分级或分类的数据采用不同的保护措施。由于分类分级越多,数据管理成本越高,因而企业应当采用简单的分类分级规则,一般以三级数据分级为推荐,见表 6.5。[62]

表 6.5　企业数据分类分级示例

数据分级	数据分类	说　明	数据保护重点
敏感数据	敏感个人数据	如证件号、生物特征、银行卡号、手机号;各种交易/通信/医疗/出行/住宿记录、财务/征信/健康状况、关系链、生物基因、种族血统、宗教信仰	加密、脱敏、去标识化、隐私法律合规
	身份鉴别数据	如用户口令、系统口令、秘钥	加密
	敏感业务数据	如预算、计划、敏感业务文档	水印、流转跟踪、加密(可选)等
普通数据	一般个人数据	如姓名、出生日期	脱敏
	一般业务数据	可以在企业内部公开的数据	安全使用
公开数据	公开数据	如新闻、公关、博客、自媒体数据	合规审核

(2) 数据备份管理

数据是资产,备份最重要。数据备份管理属于企业数据安全管理的基础工作,但真正能把数据备份管理做到周密完善也是颇具挑战的工作,特别是在当前企业应用系统与 IT 基础设施规模增长迅速的条件下,更是难上加难。在企业实际发生的数据损失事件中,由于数据备份管理不足造成损失反而是常见的原因之一。

① 数据备份级别

数据备份分为 3 个级别:一是全量备份,对需备份的数据进行全部备份,不考虑它自上次备份以来是否被改变。这种备份方式的优点是恢复快;缺点是备份数据量大,并且需要较长的时间。二是差分增量备份,只备份上一次备份以来增加、改动过的数据。其优点是每次备份的数据量少;缺点是恢复时需要全备份及多份增量备份才能完全恢复数据。三是累积增量备份,只备份自上一次全备份以来变化过的数据。其优点介于全量备份与差分增量备份之间。

② 数据备份类别

企业数据备份管理一般分为两类:系统级备份与业务级备份。系统级备份是为保障系统连续、稳定地运行,对应用系统和相关数据进行备份,例如,每日对应用系统文件及其数据库进行备份。业务级备份主要为了满足企业内外部审计检查、业务特殊要求等对历史数据提取、查询的需要,对应用系统相关数据进行备份,例如,每日对应用系统的日志进行备份。

③ 数据备份策略的制定

数据备份策略的制定是数据备份管理的关键,策略要素包括备份内容、备份频率、备份方式、保存期限等。制定合理的数据备份策略既要满足业务数据查询或系统恢复的需要,又要满足在达到恢复目标前提下尽量减少备份冗余,以节约成本、降低耗时。企业应用系统数据库的备份策略示例见表 6.6。[63]

表 6.6　企业应用系统数据库的备份策略示例[63]

备份类别	应用级别	备份数据规模	备份方式与备份频率	备份数据保存期限
系统级备份	所有应用	大型	每月全备＋每日归档日志备份	保存 1 个月
	所有应用	中型	每周全备＋每日归档日志备份	保存两周
	所有应用	小型	每周 2 次全备＋每日归档日志备份	保存两周
业务级备份	A、B 类应用	任意	每月末全量备份	保存 5 年
	C、D 类应用	任意	每月末全量备份	保存 3 年

④ 数据备份的可恢复性验证

数据备份的最终目标是数据恢复,因而为了确保该目标的达成,仅仅完成数据备份是不够的。企业数据安全管理还应当建立数据备份可恢复性验证机制,一方面,可以通过备份数据抽检方式进行恢复验证;另一方面,也可以定期组织数据恢复演练来验证备份数据的可恢复性及数据备份管理技术系统的可靠性。

(3) 数据应用管理

数据作为企业资产,其价值的重要体现在于数据应用。然而,数据应用本身也会对数据安全带来潜在的威胁。一方面,企业应当建立数据应用管理制度,明确数据的资产地位、管理机构、责任部门,对数据采集、存储、交换、共享与使用等方面做出管理安排,设计数据应用管理的工作流程。另一方面,应当依据数据安全的法律法规,结合企业所处行业的监管规定及企业自身对数据管理的要求,建立企业数据应用合规机制。例如,可依据《个人信息保护法》对客户和员工的个人敏感信息的数据应用进行规范。

6.3.7 信息安全应急管理与应急预案

1. 信息安全应急管理

按照《信息安全技术 信息安全事件分类分级指南》(GB/Z 20986—2007)的定义,信息安全事件是指由于自然或者人为以及软硬件本身缺陷或故障的原因,对信息系统造成危害,或对社会造成负面影响的事件。[64]信息安全应急管理就是为了应对突发或重大信息安全事件的发生而所做的准备以及在事件发生后所采取的措施,其目的是尽可能减小和控制住信息安全事件的损失,提供有效的响应和恢复指导。

企业信息安全应急管理覆盖信息安全事件的事前、事中、事后的全过程,一般包括预防、准备、响应与恢复4个环节。从实践来看,企业信息安全应急管理体系建设通常有以下6个方面的工作需要开展:

(1) 信息安全风险分析

可参照6.1.1节的企业信息安全风险分类,对企业各类信息安全风险进行分析,建立风险点清单,对其中的重要危险因素进行风险预警,根据风险预警信息和实际情况制订改进措施,并且需要对采取了改进措施后的残余风险进行评估。

(2) 业务影响分析

业务影响分析是在风险分析的基础上,进一步分析各种信息安全事件可能对业务带来的影响,即可能对企业造成的损失。可以采用定量或定性分析方法,来确定应急响应的恢复目标。一般而言,可以使用RTO和RPO指标,判断对相关业务带来的影响和损失,并根据企业期望的损失控制目标来确定RTO和RPO的恢复目标。通过这种业务影响分析,可以为信息安全事件定级,并按照事件级别不同实施相应的响应与处置标准。

(3) 应急能力评估

应急能力评估聚焦于信息安全事件发生后对业务的恢复能力,这个恢复能力需要与业务影响分析所确定的预期恢复目标进行差距分析,判断业务恢复过程中所需要的各种资源,包括技术、人力、基本环境等方面,是否能够满足预期恢复目标。

(4) 应急策略制定

根据业务影响分析确定的恢复目标,制定业务恢复运行的策略,从而达到RTO或RPO的目标要求。例如,对具备灾备应用系统的企业,可以将启用灾备应用系统作为应急策略的选择之一。

(5) 应急预案编制

应急预案编制是企业信息安全应急管理的关键。应急预案是指面对突发和重大信息安全事件的应急管理、指挥、恢复的行动计划与操作指引。企业应针对可能面对的各种信息安全事件,分别制订相应的应急预案。《网络安全法》明确规定:"网络运营者应当制定网络安全事件应急预案;负责关键信息基础设施安全保护工作的部门应当制定本行业、本领域的网络安全事件应急预案。"2017年1月,中央网信办印发了《国家网络安全事件应急预案》,将网络安全事件分成有害程序事件、网络攻击事件、信息破坏事件、信息内容安全事件、设备实施故障、灾害性事件和其他事件7类,事件分级根据影响人数和损失分为特别重大、重大、较大、一般4个级别。

对于企业信息安全应急预案编制而言,应当按照信息安全风险分析与业务影响分析的结果,确定企业信息安全事件分类,并与企业上级单位及所属行业主管或监管部门的应急预案形成衔接。企业信息安全应急预案需要建立预案体系化结构,各预案之间的衔接性和一致性,需要在详细程度与灵活程度之间取得平衡。应急预案和场景的设计要遵循"第一时间恢复业务"的原则,应急预案场景要根据信息安全事件发生时的业务影响确定事件场景等级。企业信息安全应急预案体系包括总体预案和专项应急预案。总体预案包括应急方针、政策、应急组织机构及相关应急职责,应急行动、措施和保障等基本要求和程序等。专项应急预案是针对具体的信息安全事件类别而制订的具体行动计划,能够明确指导应急管理与应急处置相关人员进行快速恢复操作。

(6) 应急演练

应急演练是在实践中检验应急预案完整性、可操作性的重要手段,也用于检验应急管理与应急处置相关人员的领导、执行与协调能力,以及检验应急保障资源的准备情况。通过应急演练过程,模拟真实的信息安全事件场景,可以及时发现应急预案的缺陷与不足,早发现、早改善、早预防。应急演练更有助于积累处理信息安全事件的实际经验,提高相关人员的处置技能。

2. 信息安全应急预案示例

为便于说明企业信息安全应急管理的实务,下面提供两种不同类型的信息安全事件应急预案示例。应急预案本身不是企业信息安全规划需要交付的结果,这里的应急预案示例只是为了给读者提供一个从实务角度理解企业信息安全应急管理的方法。

示例一 漏洞攻击应急专项预案

(1) 预案启动条件

经确定是安全漏洞攻击事件后,漏洞攻击应急专项预案启动命令,执行漏洞攻击应急专项预案。

(2) 预案执行原则

① 系统恢复原则和业务保障原则。对安全事件原因明确的,应按照系统恢复最快为原则。对于不明原因的安全事件,以对业务保障最有力为原则。② 及时通报原则。安全事件处置过程中要将业务影响情况及时上报领导。

(3) 预案处置工作

① 事件诊断确定

一般情况下,漏洞攻击安全事件具有以下特征:入侵检测系统发现漏洞攻击行为、操作行为;审计系统记录了漏洞攻击的操作过程;在系统日志中发现非法登录、操作行为;入侵行为包括执行操作命令、上传恶意程序、各种非常操作等行为;通过系统漏洞检查发现对应的入侵利用漏洞。

② 事件现场处置

针对漏洞攻击具体情形,采取以下应急响应处理措施:

(a) 一般系统入侵恢复

这种类型的系统入侵再细分为以控制系统为目的的系统入侵和修改服务内容为目的的系统入侵。对于这种类型的入侵系统攻击，应采取以下应急措施：记录恢复过程中所有的步骤。首先，建立被入侵系统当前完整系统快照，或只保存被修改部分的快照，以便事后分析和留作证据；立即通过备份恢复被修改的系统或者网页；查看系统目前的网络连接情况，如果发现不正常的网络连接，应当立即断开与它的连接。然后，通过查看系统进程、服务和分析系统日志文件，来检查系统攻击者在系统中还做了什么样的操作，以便做相应的恢复；通过分析系统日志文件，或者通过弱点检测工具来了解攻击者入侵系统所利用的漏洞，并升级补丁弥补漏洞；修复系统或应用程序漏洞后，还应当添加相应的防火墙规则来防止此类事件的再次发生，并升级系统中 IPS 和杀毒软件的特征库。最后，使用系统或相应的应用程序检测软件对系统或服务进行一次彻底的弱点检测，在检测之前要确保其检测特征库是最新的，并根据弱点检测结果进行相应的安全加固。所有工作完成后，还应当在后续的一段时间内，安排专人对此系统进行实时监控，以确保系统已经不会再次被此类入侵事件攻击。

(b) 窃取数据类入侵恢复

目前，大部分攻击者都是以获取企业中机密数据为目的而进行相应系统入侵活动，以便能够通过出售这些盗取的机密数据获取非法利益。这类攻击行为会造成数据泄密或者数据破坏，因此应急处理的首要任务就是保护内部数据的安全。对于这种类型的入侵系统攻击，应采取以下应急措施：首先，立即找到与攻击源的网络连接并断开，然后通过添加防火墙规则来阻止；建立被入侵系统当前完整系统快照，或只保存被修改部分的快照，以便事后分析和留作证据；立即通过备份恢复被修改的系统；查看系统目前的网络连接情况，如果发现不正常的网络连接，应当立即断开与它的连接。然后，通过查看系统进程、服务及分析系统和服务的日志文件，来检查系统攻击者在系统中还做了什么样的操作，以便做相应的恢复；修改数据库管理员账号名称和登录密码，重新为操作数据的用户建立新的账户和密码，并且修改数据库的访问规则；通过分析系统日志文件，或者通过弱点检测工具来了解攻击者入侵系统所利用的漏洞，并升级补丁弥补漏洞；修复系统或应用程序漏洞后，还应当添加相应的防火墙规则来防止此类事件的再次发生，并升级系统中 IPS 和杀毒软件的特征库。最后，使用系统或相应的应用程序检测软件对系统或服务进行一次彻底的弱点检测，在检测之前要确保其检测特征库是最新的，并根据弱点检测结果进行相应的安全加固。所有工作完成后，还应当在后续的一段时间内，安排专人对此系统进行实时监控，以确保系统不会再次被此类入侵事件攻击。

(c) 以破坏系统或业务正常运行为目的的系统入侵恢复

攻击者入侵系统的目的是让系统或系统中的业务不能正常运行，如果发现不及时，当这类系统入侵事件攻击成功后，就会造成系统意外停机事件和业务意外中断事件。处理这类系统入侵事件时，已经没有必要再考虑系统需不需要停机处理的问题了，既然系统都已经不能正常运行了，考虑这些都是多余的，最紧要的就是尽快恢复系统正常运行，尽量加快系统和业务恢复正常运行的速度，减少它们停止运行的时间，尽量降低由于系统停机或业务中断造成的影响和损失。对于这种类型的入侵系统攻击，应采取以下应急措施：首先，立即找到与攻击源的网络连接并断开，然后通过添加防火墙规则来阻止；建立被入侵系统当前完整系统快照，或只保存被修改部分的快照，以便事后分析和留作证据；立即通过备份恢复被修改的系统；在系统中重新安装与业务相关的应用程序,并且尽量通过备份恢复与业务相关的数据;查看系统目前的网络连接情况,如果发现不正常的网络连接,应当立即断开与它的连接。然后,通过查看系统进程、服务及分析系统和服务的日志文件,来检查系统攻击者在系统中还做了什么样的操作,以便做相应的恢复;修改数据库管理员账号名称和登录密码,重新为操作数据的用户建立新的账户和密码,并且修改数据库的访问规则;通过分析系统日志文件,或者通过弱点检测工具来了解攻击者入侵系统所利用的漏洞,并升级补丁弥补漏洞;修复系统或应用程序漏洞后,还应当添加相应的防火墙规则来防止此类事件的再次发生,并升级系统中IPS和杀毒软件的特征库。最后,使用系统或相应的应用程序检测软件对系统或服务进行一次彻底的弱点检测,在检测之前要确保其检测特征库是最新的,并根据弱点检测结果进行相应的安全加固。所有工作完成后,还应当在后续的一段时间内,安排专人对此系统进行实时监控,以确保系统不会再次被此类入侵事件攻击。

③ 事件处置分析

事件现场处置工作结束后,形成安全漏洞攻击应急处置报告,并向相关领导汇报。报告内容包括事件处置工作开展时间和结束时间、事件处置人员、事件类型、事件风险分析、事件处置方法、事件处置结果、事件处置建议等方面的内容。

示例二 官网网页篡改攻击应急专项预案

(1) 预案启动条件

经确定是网页篡改攻击事件后,网页篡改攻击应急专项预案启动,执行网页篡改攻击应急专项预案。

(2) 预案执行原则

① 系统恢复原则和业务保障原则

对安全事件原因明确的,应按照系统恢复最快为原则。对于不明原因的安全事件,以对业务保障最有力为原则。

② 及时通报原则

安全事件处置过程中要将业务影响情况及时上报领导。

(3) 预案处置工作

① 事件诊断确定

一般情况下,网站页面篡改安全事件具有以下特征:网站内容被更改;网站被挂马;网站链接被篡改;安全监控系统安全事件报警;日志审计系统监控到攻击行为。

② 事件现场处理

针对网站页面篡改安全事件,应采取以下应急响应处理措施:

(a) 如果攻击者正在实施网页篡改攻击,攻击未成功,则在网络边界防火墙、入侵防御系统、网页防护系统上过滤攻击源地址和操作行为。

(b) 如果网页已经被篡改,任何人能够看到网页被篡改的内容,则利用防火墙把网站服务器地址封掉,或者直接关闭网站服务器,避免被篡改的网页内容暴露。

如果网站对服务可用性要求高,不允许关闭网站服务器,建议启动备用网站服务器。

将被攻击的服务器脱离网络,线下处理网页篡改攻击事件。

人工登录服务器手工清除篡改恶意程序、图片、文字等内容,并在服务器上安装恶意程序查杀工具进行全面检查。

使用漏洞工具全面检查服务器漏洞,并更新系统补丁。

对篡改网页进行人工修复或自动备份修复,网页修复后,在内网进行网页内容测试,无问题,则网站服务器重新上线。

(c) 如果网站内容破坏严重,无法恢复,则建议会议期间关闭网站服务器,启用网站备份服务器。

必要情况下(如网页被篡改内容包含敏感信息),建议立即关闭网站服务器,并通知相关部门(当地公安网络信息安全监察部门)。

③ 事件处置分析

事件现场处置工作结束后,形成网页篡改攻击应急处置报告,并向相关领导汇报。报告内容包括事件处置工作开展时间和结束时间、事件处置人员、事件类型、事件风险分析、事件处置方法、事件处置结果、事件处置建议等方面的内容。

本 章 小 结

企业信息安全规划是企业 IT 战略规划的重要专项规划内容,本章在说明企业信息安全概念的基础上,介绍了企业信息安全风险分类和信息安全法规政策。围绕企业信息安全管理体系,一方面介绍了 ISO27001 国际标准;另一方面,说明了我国信息安全等级保护制度的标准要求。针对企业信息安全规划,从信息安全组织、信息安全制度、人员安全管理、IT 基础设施安全、应用系统安全、数据安全、信息安全应急管理 7 个方面详细介绍了相关管理与技术内容。总的来说,站在企业 IT 战略规划制订者的角度,企业信息安全规划主要用于帮助企业建立信息安全总体工作框架,明确信息安全工作的主要任务和行动指南。

练　　习

由各项目组各自分别选择企业信息安全规划的一个专项领域,即信息安全组织、信息安全制度、人员安全管理、IT 基础设施安全、应用系统安全、数据安全、信息安全应急管理,对标信息安全等级保护相关标准要求,并收集相关参考文献,完成该领域的信息安全等级保护标准解读报告,不少于 2000 字。

第 7 章 企业 IT 治理规划

7.1 企业 IT 治理概述

7.1.1 企业 IT 治理的定义

在 2.2.2 节中,本书介绍了企业治理与管理的概念与关系。企业治理用于解决决策权的授权安排,企业管理则是制定与执行决策的过程。企业 IT 作为现代企业职能的重要组成部分,IT 治理与管理同样属于企业治理与管理的范畴。麻省理工学院学者 Peter Weill 与 Jeanne Ross 在其著作 *IT Governance: How Top Performers Manage IT Decision Rights for Superior Results* 中指出:"IT 治理就是在 IT 应用过程中,为鼓励期望行为而明确的决策权归属和责任担当框架。"他们认为 IT 治理应当做出 5 种决策,包括 IT 原则的决策、IT 架构的决策、IT 基础设施的决策、业务应用需求的决策、IT 投资和优先顺序决策。[65]

作为企业治理组成部分的 IT 治理关注企业活动中和信息系统相关的部分,企业治理为 IT 治理提供框架。IT 治理在很多方面需要依据企业治理来制定相应的 IT 治理策略,要依据企业治理的责权固定来决定 IT 治理的责权划分,要依据企业治理的机构设置来建立相应的 IT 治理机构,要依据企业治理目标确定 IT 治理的目标,并且要将 IT 治理的监控工作纳入企业治理的监控体制接受企业的监督和审查。

可以说,企业治理驱动与调整 IT 治理,企业治理侧重于整体的规划,IT 治理侧重于企业中信息资源的有效利用。在最终目标方面,IT 治理与企业治理是一致的,都是为了实现企业价值最大化。IT 治理在支持企业治理方面,同样会发挥重要作用,主要包括以下 3 个方面。

1. IT 治理是解决信息不对称问题的重要手段

信息不对称问题是影响企业治理的重要原因之一。以企业管理层决策的信息不对称为例,由于企业管理层从宏观角度对企业进行管理,掌握企业整体的、综合的和外部的信息较多,而下级管理者处于基层,因而对企业具体的、详细的情况掌握较多。在信息不对称条件下,企业管理层制订的计划、目标往往与实际情况不符,与下级管理者的期望和实际能力不符。而此时,下级管理者经常从本部门利益出发,抵制上级管理者制订的计划,导致高估成本、虚增开支、隐瞒问题等情况出现。

企业的基本经营信息与业务运营数据是企业管理层决策的重要依据,而 IT 治理本身正是解决信息不对称问题的重要手段,IT 治理通过搭建与运行企业应用系统与 IT 基础设施,可以确保企业各类数据的真实性、完整性和准确性。在实践中,企业一把手对企业信息化与数字化支持的主要原因之一,就是期望通过 IT 治理手段,解决管理层决策信息不对称的经营风险。

2. IT 治理是提高企业内控水平与信息质量的重要保证

IT 治理往往与企业管理和业务活动紧密联系,企业应用系统更是承载与固化企业管理制度与内部控制程序的重要载体。通过科学有效的 IT 治理,可以保证企业应用系统的运行效果与信息质量,减少传统人工信息传递存在的错误和舞弊现象,确保企业内部控制系统稳定有效,可以为不同管理者提供高质量的决策信息,从而有利于提高企业治理的效率与效果。

3. 通过 IT 治理可以为企业降本增效和业务创新带来价值

在众多企业将信息化与数字化作为降本增效和业务创新的主要模式之后,构建企业 IT 治理体系就成为达成企业目标的基本要求。IT 治理的重点是业务与 IT 的整合和控制,IT 治理的重要结果就是 IT 资源的合理配置。这不仅有助于企业 IT 成本的有效管理,更可通过 IT 治理达成的企业 IT 项目成功与 IT 运行安全来为企业降本增效和业务创新带来价值。

7.1.2 企业 IT 治理与 IT 管理的关系

企业 IT 治理是企业董事会与管理层根据企业战略计划制订的企业 IT 运作架构,包括企业 IT 战略规划与目标,为企业 IT 管理设置了组织结构与管理目标。企业 IT 管理是指企业内部 IT 资源的管理,按照确定的 IT 管理目标进行组织、计划、控制等管理活动,目的是通过有效率的活动实现 IT 部门的效益和为业务与客户创造价值。可以说,企业 IT 治理是解决"做什么"的问题,企业 IT 管理是解决"如何做"的问题,二者之间是一种紧密的交叉关系,总体上企业 IT 治理包含了企业 IT 管理。企业通过 IT 治理的规划和决策,明确 IT 权利责任分配,利用体系化的制度来保障 IT 管理工作的落实。

7.1.3 企业 IT 治理工具

企业有效实施 IT 治理离不开企业 IT 治理工具的选择与应用。IT 治理工具是指在实施 IT 治理工作过程中所采用的方法论,包括工作框架、基本方法与最佳实践。国内外的学者和相关组织在 IT 治理工具、模型及方法领域开展了大量的研究工作,提出或发布了许多 IT 治理的方法论。从国内企业 IT 治理实践来看,应用最为广泛的主要有两个 IT 治理工具:一个是信息与信息技术相关的控制目标 COBIT(control objectives for information and related technology),由美国信息系统审计与控制协会(Information Systems Audit and Control Association,ISACA)在 1996 年公布,COBIT 是国际上公认的 IT 治理最佳实践;另一个是 IT 基础框架库(information technology infrastructure library,ITIL),由英国政府的计算机和电信局(Central Computer and Telecommunications Agency,CCTA)开始组织研究,在 CCTA 并入英国商务部(Office of Government Commerce,OGC)后,由 OGC 进行继续研究与管理,已经成为全球 IT 服务治理领域的最佳实践。

1. COBIT 的 IT 治理体系

目前,COBIT 已经发布了 6 个版本,包括 1996 年的 COBIT 1.0,1998 年的 COBIT 2.0,2000 年的 COBIT 3.0,2005 年的 COBIT 4.0 及 2007 年修订版的 COBIT 4.1,2012 年的 COBIT 5.0,最新版本为 2018 年底发布的 COBIT 2019。历经 20 多年的持续改进与完善,COBIT 已经成为 IT 治理领域的权威方法论。本节将围绕最新版本的 COBIT 2019 进行介绍。

COBIT 2019 发布的出版物包括 4 个主要文件:《COBIT 2019 框架:简介和方法》,介绍了

COBIT 2019 的关键概念[66];《COBIT 2019 框架:治理和管理目标》,全面介绍了 40 项核心治理和管理目标,以及其中包含的流程和其他相关组件[67];《COBIT 2019 设计指南:信息和技术治理解决方案的设计》,探讨了可能影响治理的设计因素,并包含了规划定制的企业 IT 治理体系的工作流程[68];《COBIT 2019 实施指南:信息和技术治理解决方案的实施和优化》,制定了一份持续改进治理的路线图[69]。下面将重点围绕 COBIT 治理体系的原则、核心模型、流程能力级别、治理体系设计流程与方法 4 个方面进行说明:

(1) COBIT 治理体系的原则

COBIT 2019 提出了以下企业 IT 治理体系的 6 个核心原则[69]:

① 每个企业都需要 IT 治理体系,以满足利益相关方的需求,并通过使用 IT 来创造价值。价值反映了效益、风险与资源之间的平衡,企业需要可行的战略和治理体系来实现这一价值。

② 企业 IT 治理体系包括若干组件,这些组件可能是不同类型的,但能以整体协同的方式运作。

③ 企业 IT 治理体系应该是动态的。这意味着每次变更一个或多个 IT 治理体系的设计因素(如业务战略变更或技术变更)时,必须考虑这些变化对企业 IT 治理体系的影响。IT 治理体系的动态性有助于构建可行的、面向未来的企业 IT 治理体系。

④ 企业 IT 治理体系应该明确区分 IT 治理与 IT 管理的各自相关活动和结构。

⑤ 应根据企业需求量身定制企业 IT 治理体系,使用一系列治理体系设计因素作为参数来定制 IT 治理体系的组件并确定优先级。

⑥ 企业 IT 治理体系应覆盖整个企业,不仅关注 IT 职能,还应关注企业为实现其目标而实施的所有技术和信息处理,无论其在企业的哪个位置实施。

(2) COBIT 核心模型

COBIT 将企业 IT 治理与管理划分为以下 5 个核心控制域,并进一步细化为 40 个控制目标。[67]

① 评估、指导和监控(evaluate,direct and monitor,EDM)

在 EDM 控制域,企业最高治理组织将评估企业 IT 战略规划、指导企业管理层执行所选的 IT 战略规划并监督 IT 战略规划的实施。在控制目标方面,包括 5 个目标,即确保治理框架的设置和维护、确保实现效益、确保风险优化、确保资源优化以及确保利益相关方参与。

② 调整、计划和组织(align,plan and organise,APO)

APO 控制域主要针对 IT 的整体组织、战略和支持活动,包括的控制目标有 14 个,均用"妥当管理"为定语,涵盖 IT 管理框架、IT 战略、企业架构、业务与 IT 创新、IT 促成的企业产品与服务组合、IT 预算与成本、IT 人力资源相关业务人力资源、以业务为代表的利益相关者的关系、为业务提供 IT 服务的协议、IT 供应商、IT 方案与服务的交付质量等,将 IT 风险纳入企业总体风险管理、信息安全、数据管理中。

③ 构建、购置和实施(build,acquire and implement,BAI)

BAI 控制域针对 IT 解决方案的定义、购置和实施以及它们到业务流程的整合,其控制目标有 11 个,包括妥当管理的 IT 计划、需求定义、IT 解决方案识别与构建、IT 系统可用性和容量、IT 组织变更、IT 相关所有变更(业务流程/应用系统/IT 基础设施的变更)、IT 系统实施与发布、IT 及相关业务知识、IT 资产、IT 系统配置及 IT 项目。

④ 交付、服务和支持(deliver,service and support,DSS)

DSS 控制域针对 IT 服务的运营交付与支持,包括信息安全。这个控制域包括 6 个控制目标,有妥当管理的 IT 服务运营、IT 服务请求与事故、IT 服务运营问题、业务连续性的 IT 支撑、信息安全服务以及业务流程控制(维护企业内部业务流程或外包运营所处的信息资产的完整性和安全性)。

⑤ 监控、评价和评估(monitor,evaluate and assess,MEA)

MEA 控制域针对 IT 的绩效监控及其与内部绩效目标、内部控制目标和外部要求的一致。这个控制域包括 4 个控制目标,包括妥当管理的 IT 绩效与一致性监控、IT 内部控制、IT 外部要求合规性、IT 审计。

(3) COBIT 流程能力级别

COBIT 认为 IT 绩效管理是 IT 治理与管理中不可或缺的内容,COBIT 在软件能力成熟度模型集成(capability maturity model integration for software,CMMI)2.0 版本基础上进行了扩展,使 COBIT 2019 能够支持基于 CMMI 的流程能力方案,让 COBIT 的控制目标相关流程可以在 0 到 5 之间的不同能力级别下运行。这里的能力级别用于衡量流程的实施和执行情况。COBIT 定义的 IT 流程能力级别包括如下 6 个级别[66]:

① 0 级:缺乏基本能力;以不完整的方法达成治理和管理目的;可能无法达成任何流程目标。

② 1 级:流程通过应用一组不完整的活动大体达到其目标,具有初始、直观的特征,条理不够清晰。

③ 2 级:流程通过一组基本但完整的活动达到其目标,可视为"已执行"。

④ 3 级:流程运用组织资产,以更有条理的方式达到其目标。流程通常定义明确。

⑤ 4 级:流程达到目标,定义明确,并且绩效得到量化。

⑥ 5 级:流程达到目标,定义明确,流程绩效得到量化以实现改进,并寻求持续改进。

COBIT 2019 为每个控制域的每个控制目标定义其相关流程,并给出该流程能力级别的指导建议。例如,以 APO 控制域的"妥当管理的 IT 预算和成本"控制目标为例,COBIT 2019 建议其流程之一是确定 IT 资源分配的优先顺序,流程活动包括 5 个活动。[67]

① 根据业务案例以及战略和战术优先级对所有 IT 计划和预算请求进行排序。建立程序,确定预算分配和消减。

② 在针对 IT 促成的计划、服务和资产的高层次预算分配中分配业务和 IT 资源(包括外部服务提供商)。考虑是购买或开发资本化的资产和服务,还是以按需付费的方式使用外部资产和服务。

③ 建立沟通预算决策的程序,并与业务部门预算负责人一起审查。

④ 识别、沟通和解决预算决策对业务案例、投资组合和战略计划的重大影响。例如,这可能包括由于企业环境变化而需要修改预算,或预算不足以支持战略目标或业务案例目标。

⑤ 获得决策层对 IT 预算影响的批准,提出解决这些影响的行动建议。

在能力级别建议上,COBIT 2019 建议以上①至④的业务活动的流程能力级别为级别 2,⑤的流程能力级别为级别 3。

(4) COBIT 治理体系设计流程与方法

COBIT 2019 将 IT 治理体系规划流程分为 4 个步骤：了解企业环境和战略、确定 IT 治理体系的初步范围、优化 IT 治理体系的范围、最终确定 IT 治理体系的设计。针对每个步骤，COBIT 2019 均给出了详细的指导，在此简要介绍如下。

① 了解企业环境和战略

COBIT 2019 在使用"设计因素"的方式来描述 IT 治理体系的设计过程中，应当如何了解企业环境和战略，并将之分解为了解企业战略、了解企业目标、了解风险概况、了解当前 IT 相关问题、了解企业运营所处的威胁环境、了解合规性要求、了解 IT 角色、了解 IT 采购模式、了解 IT 实施方法、了解技术采用战略、了解企业规模 11 个方面。[68]

以了解企业战略为例，COBIT 2019 给出的设计因素为企业战略原型，包括成长/收购（企业专注于成长）、创新/差异化（企业专注于为客户提供不同的创新产品和服务）、成本领导（企业专注于短期成本最小化）、客户服务/稳定性（企业专注于提供面向客户的稳定服务）。进一步，COBIT 2019 将这些战略原型与控制目标的对应关系进行关联。例如，成长/收购的战略原型对应 APO 控制域的妥当管理的 IT 战略、企业架构及 IT 促成的企业产品与服务组合，和 BAI 控制域的妥当管理的 IT 计划、IT 组织变更及 IT 项目。在为企业设计 IT 治理体系前，需要理清企业当前属于以上哪种战略原型，可以将其战略要求按照 COBIT 2019 的指导说明方便地转化为 IT 治理和管理的控制目标。COBIT 2019 认为，最好的做法是确定一个主要原型并选择一个备用原型。当企业战略被定义为同等重要的战略原型组合时，IT 治理和管理的相关目标就几乎同等重要，但也带来其优先级难以划分的问题。

② 确定 IT 治理体系的初步范围

如前文所述，COBIT 2019 将了解企业环境和战略的 11 个设计因素进行分解，正如使用战略原型选项来了解企业战略，针对每个设计因素，COBIT 都给出了"因素值"的选项，并对每一个选项给出了对应的 IT 治理与管理控制目标（包括该控制目标下的重要组件与焦点领域），建立了目标级联关系。再如，IT 采购模式的设计因素，COBIT 2019 给出外包、云、内包（自建）、混合 4 个因素值选项；进一步，针对外包选项，COBIT 2019 给出的级联控制目标报告 APO 控制域的妥当管理的 IT 服务协议、IT 供应商及 MEA 控制域的妥当管理的 IT 绩效和一致性监控。

因而，在第一步了解企业环境和战略之后，实际上就是确定了 11 个设计因素的因素值，可以按照 COBIT 2019 给出的级联控制目标，并通过定性分析与定量分析相结合的方法，为这些控制目标做优先级排序，确定优先的控制目标及其重要组件和焦点领域，即 IT 治理体系初步范围。

③ 优化 IT 治理体系的范围和最终确定 IT 治理体系的设计

这两个步骤的方法思路基本一致，就是通过深入的分析，解决控制目标之间可能存在的冲突，从而最终确定 IT 治理体系的设计。COBIT 2019 认为，没有普遍适用的准则可以解决所有企业环境中的相互竞争和冲突的优先级，建议可以让所有关键利益相关方（关键干系人）参与讨论 IT 治理体系设计，包括董事会、管理层、业务高管、IT 部门管理层、风险及审计部门管理层；此外，更强调企业按照自己的具体情况来分析和设定控制目标的优先级，而不是拘泥于 COBIT 2019 的指南。

COBIT 已经成为全球范围内最权威的 IT 治理工具和 IT 控制基本模型。COBIT 主要关注内容是从企业战略到企业业务活动的各个方面，重视对企业中各环节的 IT 治理相关控制点进行系统性管理。COBIT 给出的方法论体系化程度很高，在实践中的可操作性强，普遍用于企业 IT 管理改进和 IT 审计领域，其实施效果也得到了业界的广泛认可。

2. ITIL 的 IT 服务治理体系

国际权威 IT 领域研究机构 Gartner 认为，IT 服务管理(IT service management, ITSM) 是一套通过服务级别协议(service level agreement, SLA)来保证 IT 服务质量的协同流程。它融合了系统管理、网络管理、系统开发管理等管理活动以及变更管理、资产管理、问题管理等许多流程理论和实践。ITSM 的核心理念就是源自于 ITIL 框架。ITIL 至今主要经历了 4 个版本：1989 年发布的初始版，1999 年发布的第 2 版，2007 年发布的第 3 版，2019 年发布的第 4 版。ITIL 真正被大规模使用是从第 2 版开始的，在第 1 版的基础上，第 2 版结合以流程为导向的思想，开始整合分类，形成 IT 服务管理的理论体系。在第 3 版中，ITIL 修订内容更加注重行业实践评价和行业专家的意见，强化了 ITIL 在实践过程中的应用。2019 年，第 4 版正式发布，也是当前的最新版本。ITIL 第 4 版是对以前框架的演进，更新了框架内容，为服务管理引入了一种整体方法，并侧重于从需求到价值的端到端服务管理。

下面本节将以 ITIL 第 4 版为基础，从 ITIL 基本原理、四维模型、服务价值体系、服务价值链、管理实践 5 个方面来介绍 ITIL 的 IT 服务治理体系。[70]

(1) ITIL 基本原理

ITIL 在 IT 服务管理方面的基本原理如图 7.1 所示。[71]

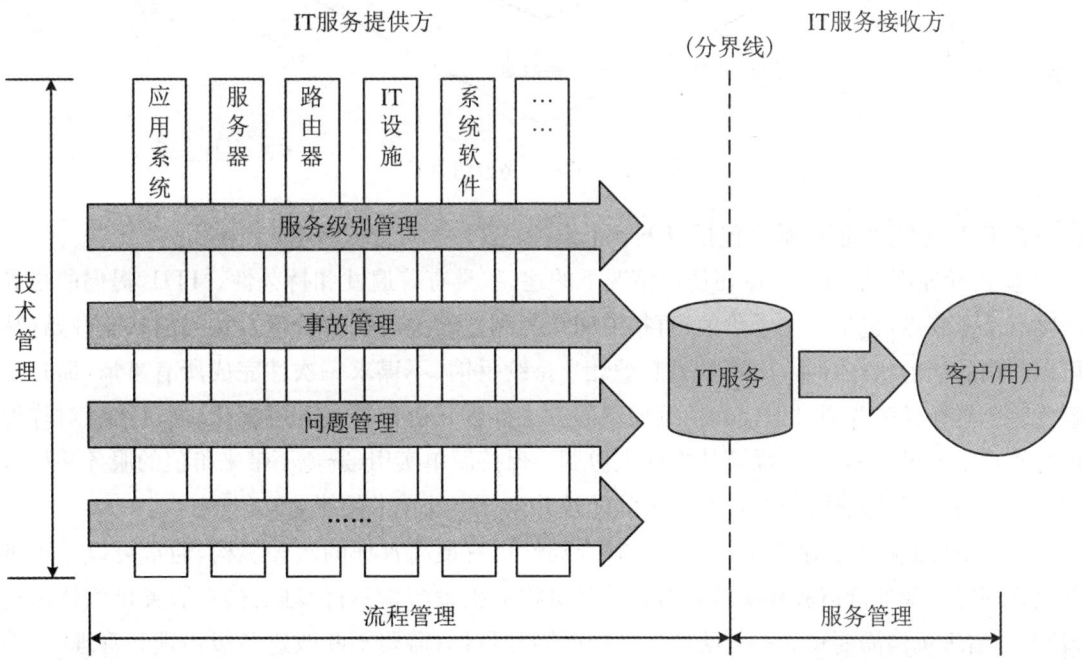

图 7.1　IT 服务管理的基本原理

首先，将纵向的各种技术管理，如服务器管理、网络管理和系统软件管理等，进行"梳理"，形成IT管理的流程(ITIL对IT管理流程给出了明确的指导)。这些流程主要在IT服务提供方内部使用,还需要将这些流程"打包"成特定的IT服务,然后提供给客户或用户。例如,针对企业IT服务中常见的账号开设流程,一般由客户或用户提出申请后,IT服务提供方按照既定的账号开设IT流程执行相关的审核、审批、开设等流程任务,将账号开设的服务结果提供给客户或用户。

(2) ITIL服务价值体系

ITIL服务价值体系用于描述ITIL各种组件和活动如何协同工作,以通过IT服务完成价值的创造。如图7.2所示,ITIL服务价值体系以机会和需求作为输入,机会代表为利益相关者增加价值或改善组织的选择或可能性;需求是内部或外部客户/用户对产品和服务的需求或期望。ITIL服务价值体系的结果是价值,即为客户/用户带来的可感知的益处、有用性和重要性。

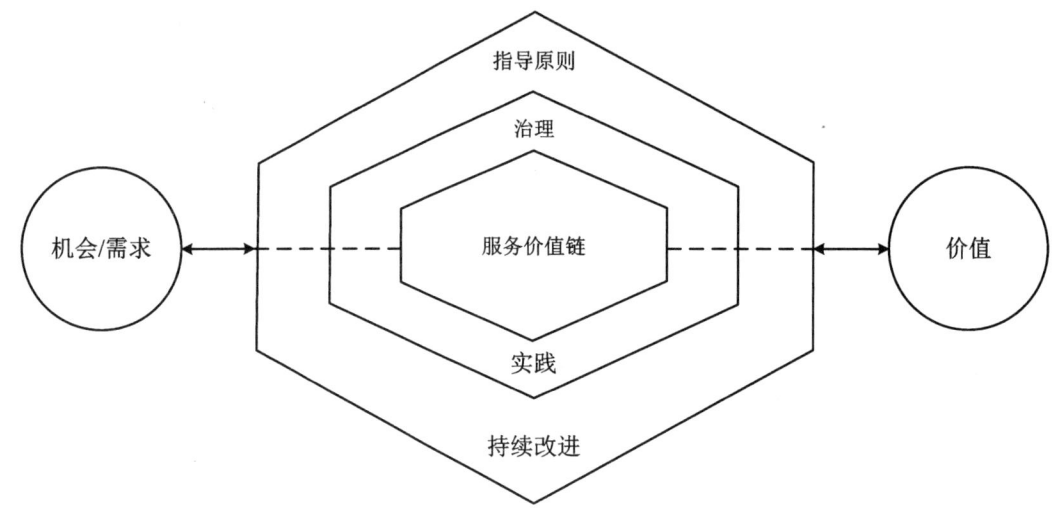

图 7.2 ITIL 服务价值体系

在ITIL服务价值体系中包括以下5个组件:

① 指导原则:是指导企业在任何情况下的建议,具有普遍性和持久性。ITIL提倡的指导原则有7个要点,包括专注于价值(直接或间接为利益相关者创造价值)、从当前状态开始(从可以利用的当前状态开始,而不是另起炉灶)、持续反馈(不谋求一次性完成所有事情,而是分解为多个具体任务并通过迭代和持续反馈的方式推进)、协作并提升可视化(通过信息对称促进协作)、全面思考和工作(强调从整体上协调)、保持简单实用(避免不带来价值的服务并尽可能让流程简洁高效)、优化和自动化(消除低效并充分借助技术的能力)。

② 治理:企业需要建立对组织绩效和合规性负有最高责任的治理机构,通常可以是董事会或管理层。服务价值链和实践要符合治理机构的决策与指示;治理机构对服务价值体系进行监督;治理机构需要建立一套明确的共同原则和目标;需要不断改进各级治理和管理,以满足利益相关者的期望。

③ 服务价值链:服务价值链是一种运营模式,这是ITIL服务价值体系的核心,下文会详细说明。

④ 实践：是为执行工作或实现目标而设计的组织资源集，实际上就是 IT 服务的最佳实践总结，下文会详细说明。

⑤ 持续改进：ITIL 认为为了最大限度地提高 IT 服务的有效性，需要贯彻持续改进的方法，并提出了 ITIL 持续改进模型，为组织提供实时改进的结构化方法。这个持续改进模型实际上就是通过 7 个问题的持续反思来推进持续改进的过程，这 7 个问题（步骤）按照顺序依次包括：我们的愿景是什么、我们现在在哪里、我们要去哪里、我们如何到那里、采取行动、我们如何确定到那里了、我们如何保持已经达成的目标状态。

(3) ITIL 四维模型

ITIL 的四维模型是 IT 服务管理需要关注的 4 个方面，这些内容与 ITIL 服务价值体系的所有元素都有关并对其产生影响，即组织和人、信息和技术、合作伙伴和供应商、价值流和流程。这 4 个方面如果得不到正确的处理，就可能导致 IT 服务无法交付，或者无法满足质量或效率的期望。

① 组织和人

组织的复杂性会不断增长，需要确保组织的结构和管理方式，以及其角色、职责、权限和沟通系统的有效性。例如，在组织中促进信任和透明的文化是有用的，鼓励其成员在任何问题对客户产生影响之前提出并升级问题的处置，实施纠正措施。

人永远都是关键要素，不仅要注意团队或个人成员的技能和能力，还要注意管理和领导风格，以及沟通和协作能力。人们越来越理解他们的专业化和角色与组织中其他人的角色之间的界面，以确保适当的协作和协调水平。例如，在 IT 软件开发或用户支持中，IT 服务提供方越来越认识到其服务团队的成员都应该对组织的其他领域有广泛的了解，并结合所需领域的专业化，才能更好地输出服务。

② 信息和技术

信息和技术既适用于服务管理，也适用于所管理的服务。支持服务管理的技术包括流程系统、知识库、通信系统和分析工具等，并越来越受益于技术的进步。例如，人工智能客服技术在客户支持服务领域的应用。而对于许多服务，信息管理是实现客户价值的主要手段。再如，网络管理服务通过维护和提供有关组织的活动网络连接和利用率的准确信息，促进其用户的价值创造，从而允许其调整其网络带宽容量。

③ 合作伙伴和供应商

每个企业的 IT 服务在某种程度上都会依赖于合作伙伴和供应商提供的服务，在 ITIL 服务价值链体系中的每个组件都应当将合作伙伴和供应商作为一个重要的考量维度。例如，企业可以考虑将有限的资源聚焦于核心竞争力相关的 IT 服务，使用合作伙伴和供应商来满足其他 IT 服务需求，从而获得具有效益的结果。

④ 价值流和流程

IT 服务提供方的运营模式，涵盖了有效管理产品和服务的所有关键活动，这就是 ITIL 服务价值链。价值链运作模式是通用的，在实践中它可以遵循不同的模式，价值链运作中的这些模式称为价值流。价值流和流程定义了实现既定目标所需的活动、工作流程、控制和程序。这个维度侧重于 IT 服务提供方开展的活动及其组织方式，以及其如何确保为所有利益相关者高效地创造价值。

(4) ITIL 服务价值链

ITIL 服务价值链包括 6 个价值链活动，这些活动用于实现产品和服务的创造，进而产生价值。

① 计划：其目的是确保对企业所有 4 个维度以及所有产品和服务的愿景、当前状态和改进方向有共同的理解。例如，该活动的关键输入之一有企业管理层提供的制度、要求和限制；该活动的成果之一可以是战略、战术和运营计划。

② 改进：其目的是确保所有价值链活动和服务管理 4 个维度的产品、服务和实践能够持续改进。例如，该活动的关键输入之一有所有价值链活动提供的绩效信息和改进机会；该活动的成果之一有所有价值链活动的改进举措。

③ 参与：其目的是提供理解利益相关者需求的渠道，并与利益相关者维系良好关系。例如，该活动的关键输入之一有来自客户/用户的请求和反馈；该活动的成果之一包括改进机会和向利益相关者的反馈改进。

④ 设计和转换：其目的是确保产品和服务不断满足利益相关者对质量、成本和发布时间的期望。例如，该活动的关键输入之一有计划提供的架构和策略；该活动的成果之一有合同和协议要求。

⑤ 获取/构建：其目的是确保服务组件在需要的时间和地点可用，并满足约定的规范。例如，该活动的关键输入之一有设计和转换提供的要求和规格；该活动的成果之一有服务组件，用于交付和支持。

⑥ 交付和支持：其目的是按照约定的协议和利益相关者的期望提供和支持服务。例如，该活动的关键输入之一有获取/构建提供的服务组件；该活动的成果之一包括提供给客户/用户的服务。

(5) ITIL 管理实践

ITIL 第 4 版与第 3 版的重要区别在于，第 3 版强调的是 IT 服务本身，第 4 版更关注服务价值的交付。在第 4 版中，ITIL 提供了通用管理、服务管理和技术管理三大类别共 34 个管理实践，每个管理实践还会明确给出针对 ITIL 服务价值链各环节需要关注的事项。

以技术管理大类中的基础架构和平台管理的管理实践为例。ITIL 给出了基础架构的范围说明，并阐述新技术与云服务模型。在此基础上，ITIL 认为在计划、改进、设计和转换、获取/构建 4 个价值链活动中，基础架构和平台管理提供了各活动所需的必要信息；在交付和支持活动中，主要包括基础架构和平台管理的支持服务以及基础架构的持续维护，包括补丁管理、备份等的执行。在云服务方面，ITIL 认为还会涉及服务财务管理、供应商管理、容量和性能管理、变更控制、事件管理及部署管理方面的管理实践。例如，在服务财务管理方面，由于云服务的采用，ITIL 建议调整 IT 成本模型，使用运营费用支出来替代传统的 IT 资产投资支出。

作为 30 多年持续优化和不断基于实践总结的 IT 服务治理工具，ITIL 已经成为领域最为权威的标准方法论。ITIL 的第 4 版通过引入服务价值体系、服务价值链和服务价值流，使得 ITIL 可以面向为客户/用户提供价值来更好地组织管理 IT 服务事项。实际上，ITIL 第 4 版的发展目标是成为一个端到端的 IT 运营模型，涵盖技术支持的产品和服务的全面交付，指导 IT 如何更好地服务于企业业务目标，与企业战略保持一致。

7.2 企业 IT 治理规划

从企业 IT 战略规划项目的角度出发,企业 IT 战略规划者并不需要为企业提供基于 COBIT 或 ITIL 的咨询服务,而是参照这些 IT 治理的最佳实践,为企业 IT 治理提供规划输出。从 ITSP 实践层面出发,本节将围绕企业 IT 治理规划涉及事项分别进行说明,包括治理架构、制度体系、战略管理与组织管理。

7.2.1 企业 IT 治理架构

在企业 IT 治理架构规划方面,可以关注两个方面的企业 IT 治理架构实践与经验,一是 IT 治理的权责分配,二是 IT 组织模式。

1. 企业 IT 治理的权责归属

如 7.1.1 节所述,企业 IT 治理可以理解为企业 IT 决策权归属和责任担当框架。所以,企业 IT 治理规划首先需要明确的就是权责分配的安排。在此方面,金融行业 IT 治理的规则最为明确,可以作为重要参考。

以证券行业为例,中国证券监督管理委员会在 2018 年 12 月公布了《证券基金经营机构信息技术管理办法》,其第二章"信息技术治理"中,非常清晰地规定了证券基金经营机构(证券公司和公募基金)在信息技术治理方面的权责分配。[52]

其中,第六条明确规定:"证券基金经营机构应当完善信息技术运用过程中的权责分配机制,建立健全信息技术管理制度和操作流程,保障与业务活动规模及复杂程度相适应的信息技术投入水平,持续满足信息技术资源的可用性、安全性与合规性要求。"

第七条规定了董事会在信息技术治理方面的权责:"证券基金经营机构董事会负责审议本公司的信息技术管理目标,对信息技术管理的有效性承担责任,履行下列职责:(一)审议信息技术战略,确保与本公司的发展战略、风险管理策略、资本实力相一致;(二)建立信息技术人力和资金保障方案;(三)评估年度信息技术管理工作的总体效果和效率;(四)公司章程规定的其他信息技术管理职责。"

第八条对企业管理层的权责进行了明确:"证券基金经营机构经营管理层负责落实信息技术管理目标,对信息技术管理工作承担责任,履行下列职责:(一)组织实施董事会相关决议;(二)建立责任明确、程序清晰的信息技术管理组织架构,明确管理职责、工作程序和协调机制;(三)完善绩效考核和责任追究机制;(四)公司章程规定或董事会授权的其他信息技术管理职责。"

第九条明确了企业需要设立 IT 治理委员会:"证券基金经营机构应当在公司管理层下设立信息技术治理委员会或指定专门委员会(以下统称信息技术治理委员会)负责制定信息技术战略并审议下列事项:(一)信息技术规划,包括但不限于信息技术建设规划、信息安全规划、数据治理规划等;(二)信息技术投入预算及分配方案;(三)重要信息系统建设或重大改造立项、重大变更方案;(四)信息技术应急预案;(五)使用信息技术手段开展相关业务活动的审查报告以及年度评估报告;(六)信息技术治理委员会委员提请审议的事项;(七)其他对信技术管理产生重大影响的事项。"并规定了 IT 治理委员会的人员组成要求:"信息技术治理委员会应当由高级管理人员以及合规管理部门、风险管理部门、稽核审计部门、主要业务部门、信息技术管理部门等部门负责人组成,可聘请外部专业人员担任信息技术治理委员会委员或顾问。"

第十条和第十一条分别就企业设置首席信息官和设立信息技术管理部门做出了明确规定,包括"证券基金经营机构应当指定一名熟悉证券、基金业务,具有信息技术相关专业背景、任职经历、履职能力的高级管理人员为首席信息官,由其负责信息技术管理工作","证券基金经营机构应当设立信息技术管理部门或指定专门机构(以下统称信息技术管理部门)负责实施信息技术规划、信息系统建设、信息技术质量控制、信息安全保障、运维管理等工作"。

可见,企业 IT 治理的权责分配安排是企业治理的组成部分之一,需要在企业董事会、管理层、IT 治理专门组织、分管 IT 的高级管理人员以及 IT 部门之间建立明确的权责分配机制。

2. 企业 IT 专业委员会

企业 IT 治理架构的最佳实践中,最具代表性的就是建立跨专业的 IT 治理委员会(或承担 IT 治理职能的其他名称的专业委员会)以及各层次的 IT 专业委员会(或承担不同分工职责的 IT 工作组),这样便于确保企业董事会、管理层在承诺、责任、升级机制、所有权等方面更加有效、更正式的沟通和透明的合作。[72]

以上这种 IT 专业委员会的设置,需要结合企业所属行业特点、企业规模及企业本身的治理情况来规划,在此通过两个示例进行说明。

林琳、赵甡给出了一个全球性金融集团公司在 4 个层面上设立的 IT 指导委员会示例[73],包括:

(1) 集团 IT 指导委员会

成员包括集团 CIO(牵头人)、集团 COO、CFO、审计主管(无投票权成员)和全球客户集团业务主管。每半年开一次会议,批准有关 IT 战略、基础设施投资支出和 IT 共享服务组织中采取的商业决策的提议计划。为了确保 IT 开支适当、有效且与集团战略一致,也必须评估总支出水平、集团系统支出和旗舰项目。

(2) 区域 IT 指导委员会

成员包括区域 CIO、区域 CEO、COO、CFO、职能事业主管。至少每季度开一次会议,按照流程批准新项目需求,以及评估项目状态、生产的系统可用性、绩效和质量问题。另外,主要职能还包括准备年度预算及其他特殊事件要求,另召开附加的会议。记录和报告必须报送给以下人员:全球客户集团或区域主管;全球资本市场运营操作部 IT 人员及其他利益相关者。

(3) 全球客户集团 IT 指导委员会

每季度开一次会议,批准或否决由区域 IT 指导委员会提出的选择建议,改进现有集团系统或推出新集团系统。记录和报告须报送给集团 CIO、区域 CIOs 及其他利益相关方。

(4) 项目层次指导委员会

定期开会,成员因项目不同而不同,一般包括某个客户集团的高级业务领导、针对客户集团的 IT 关系经理、项目团队的高级 IT 管理层及其他相关主体。主要职能有:基于业务案例和流程批准新项目需求;评估项目等级地位和质量问题;监控投资回报率以及其他特殊事件。

黄长胤则提供了某企业智能财务项目中运用IT治理框架的案例,如图7.3所示。[74]

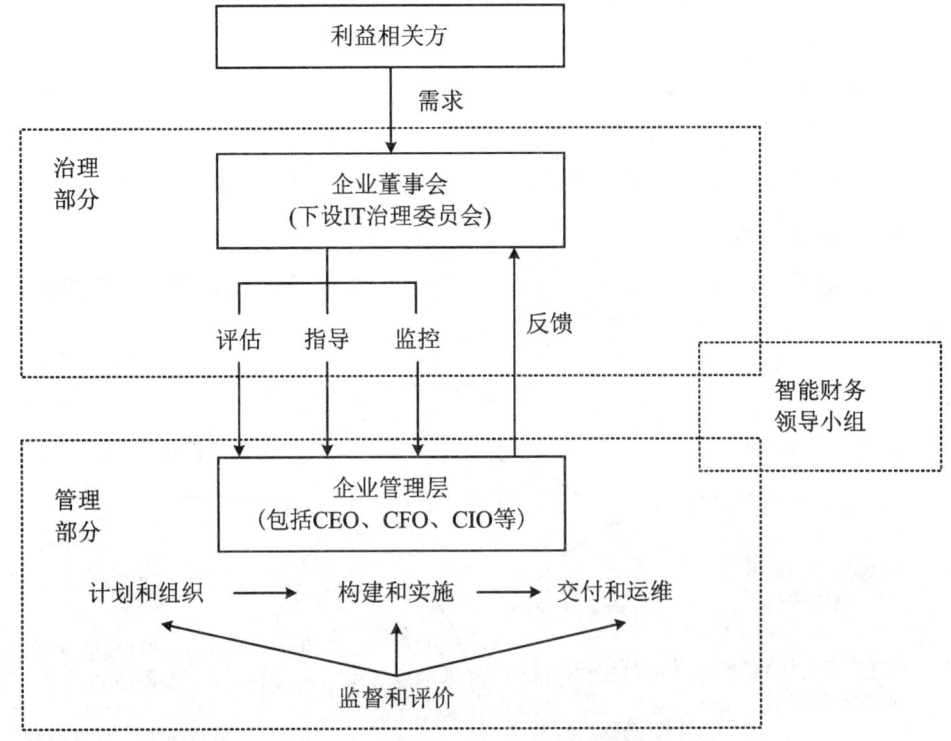

图7.3　某企业智能财务项目中运用IT治理框架的案例

该企业组建了智能财务领导小组,作为专门管理智能财务建设和运营等工作的组织或机构,其在IT治理框架中与IT治理的治理部分和管理部分都有重合,治理部分的IT治理委员会和管理部分的管理层都需要与其进行必要的协作和沟通。一般情况下,上述智能财务领导小组和IT治理委员会中都应有CFO和企业财务部门负责人。同时,智能财务领导小组中有CIO或者IT部门负责人,更有助于智能财务项目建设的IT治理。

IT治理框架的治理部分中,企业董事会根据内外部利益相关方的需求,进行IT治理决策。该企业的IT治理委员会作为董事会下设的专业委员会,直接对董事会负责,由高级管理人员、IT、业务及职能等部门负责人组成。董事会授权IT治理委员会,采用定期或不定期会议等方式进行IT治理的决策。在智能财务建设过程中,财务和业务工作会引入新的智能技术。IT治理委员会需要平衡、协调利益相关方的需求,并对智能财务建设中的IT治理方案进行评估,以选择兼顾各方需求的IT治理目标。评估工作包括与智能技术应用相关的合规性问题、可实现的预期收益、需要的IT资源、IT治理的风险等。IT治理委员会还需要通过确定不同IT治理事项的优先等级和制定决策来设定IT治理的工作方向,并依据确定的治理目标和工作方向,指导和监控管理部分在智能财务建设中实现这些治理目标并坚持这些工作方向。如果董事会下设审计委员会、内部控制委员会、风险管理委员会,IT治理委员会还需与其就IT治理工作中的内部审计、内部控制和风险管理等问题进行交流和协作。其中,信息系统内部审计可以为IT治理效果的绩效评估提供参考。

在IT治理框架的管理部分中,企业各级管理层按照IT治理委员会设定的IT治理目标和工作方向,开展IT治理的计划和组织、构建和实施、交付和运维等各阶段工作,并在整个过程中实施监控和评价。在智能财务项目建设中,管理层需要将IT治理的工作方向融入财务和业务工作,确保IT治理目标的实现。

通过以上两个案例,可以看出,针对企业的具体情况,设置适合的IT治理结构与相应的IT专业委员会是有效实施IT治理的重要途径。这种方式不仅用于企业整体IT治理层面,也需要与具体的IT项目实施相结合,以期最终达到企业IT治理的目标。

3. 企业IT的组织模式

企业IT的组织模式主要包括3种:分散管控模式、集中管控模式和联邦管控模式,如图7.4所示。[38]

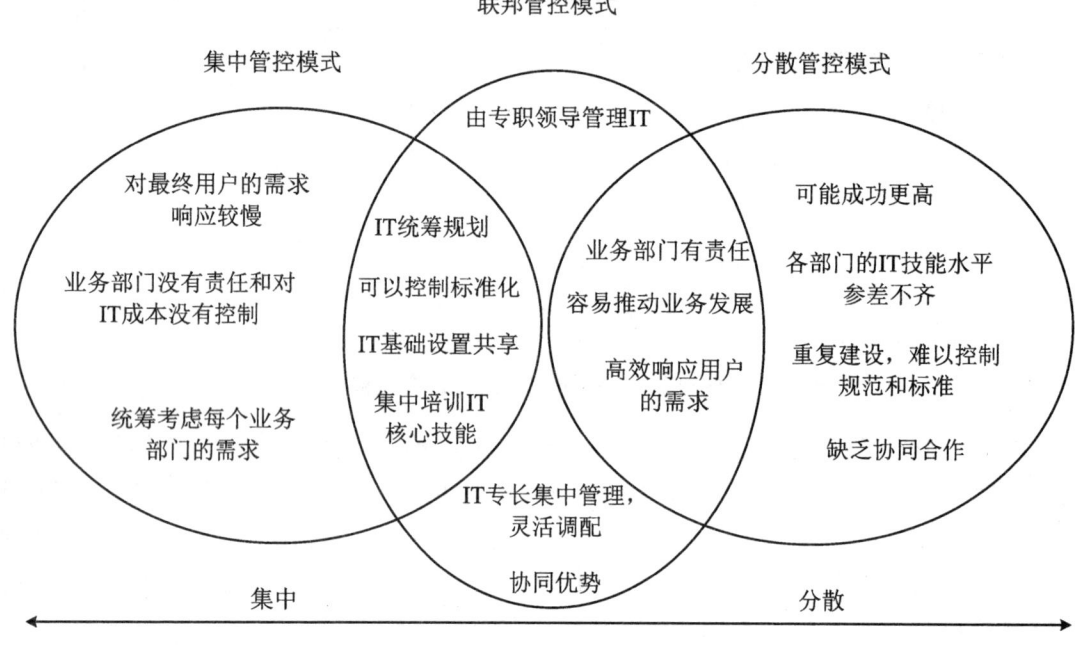

图7.4 3种IT管控模式

分散管控模式将IT决策权放在业务单元,这种模式下,企业总部通常没有IT组织,即使有,也是为了提供总部机关信息化应用的服务,具有最大的灵活性,容易在业务与IT深度结合方面发挥优势。然而,其缺点也比较明显,就是各业务部门的IT技能水平参差不齐,低水平重复建设应用系统的情况普遍存在,也缺乏在企业整体层面的协同合作。

集中管控模式是由集中的IT组织制定统一的IT政策,包括业务单元的IT政策,可以快速应对企业整体层面的决策,有利于IT管理的高效运作,在业务与IT标准化、IT基础设施共享、统筹考虑各业务单元需求等方面具备明显优势。但是,由于这种模式下IT的立场是站在企业总部的立场,也容易出现对业务用户的需求响应较慢,业务单元参与IT的积极性不高的情况。

国内企业的一般情况是,在刚成立IT组织机构的时候,往往是"集中的"。但随着时代的变迁和IT定位的变化,集中管控模式面临的一个大问题就是:如何加强与业务单元协同,如何有效支撑业务发展。于是,有的企业开始进行尝试,将IT组织与资源分散到业务单元去,业务单元也承担了一定的 IT 职责,因而走向另一个极端,企业内不设置专门的 IT 组织结构,而在各业务单元分别设置具有 IT 职能的组织要素。从 IT 治理的角度出发,即从控制力度和信息透明度方面看,这两种模式都存在一定的局限性。过于集中导致 IT 与业务的紧密度不高,无法发挥其应有的作用;而过于分散的后果往往是对 IT 的控制力度不够,产生各种问题,如 IT 战略方向、IT 成本、质量管理及信息安全问题。[75]

因而,许多规模大的集团性企业也在尝试第三种管控模式,即联邦管控模式。在这种模式下,主要 IT 决策在集中的 IT 部门进行,在整合资源基础上提高了 IT 支持和服务的效率。各业务单元拥有一定的 IT 需求分析和技术实施队伍,可以侧重于业务与 IT 紧密结合的领域高效推进工作。比如,集团总部对下级业务机构的 IT 管理不进行直接干预,只做战略指导;但基础性和通用性的 IT 建设,比如 IT 基础设施,由集团总部统筹建设。但是,由于实践中,企业本身的情况千差万别,IT 队伍的能力也往往水平不一,理想的联邦管控模式很难会有统一、标准的设计与实现。而且,在这种模式下,如果顶层设计方面没有周密且灵活的安排,也容易造成集团总部 IT 与业务单元 IT 之间的职能重复、资源浪费和内部消耗。

表 7.1 是以上 3 种管控模式的优劣势比较。[75]

表 7.1 3 种管控模式的优劣势比较

项目	分散管控模式	集中管控模式	联邦管控模式
优势	业务/管理部门对 IT 部门有绝对的控制权,可以快速满足各类需求	可以制订统一的信息化规划,发挥整体优势服务业务部门,标准化和规范化高	可以进行统一的信息化规划,也能满足核心业务部门的需求
劣势	缺乏规划,容易形成孤岛,各部门协同难,容易重复建设	对业务部门的响应低,个性化需求满足较低	沟通管理成本高,决策机制复杂,对治理要求高
适用情况	一般在信息化初期	业务单一,管控力度大,公司强调规范化组织	业务多元化,且管控力度不是很强的企业

对于企业而言,在确定 IT 管控模式时,需要从自身的企业治理情况和发展阶段出发,面向企业战略要求进行选择,而且这种选择应当具备较好的灵活性和动态调整能力,不应受限于教科书。

7.2.2 企业 IT 制度体系

企业 IT 制度可以理解为有关企业 IT 治理与管理的规定、规范、准则的总和,各项 IT 制度之间相互关联和相互作用,从而成为一个有机的系统,可以称为企业 IT 制度体系。在实践中,企业 IT 制度体系的建设是企业 IT 治理的关键基础性工作,实际上也是设计了企业 IT 整体运作的方式。企业 IT 制度体系的作用主要体现在以下 3 个方面:

(1) 指导性与约束性:企业 IT 制度对 IT 人员做什么工作、如何开展工作都有明确的指导;同时,也明确 IT 人员不得做什么,以及违反规则会受到什么样的处罚。

(2) 导向性和激励性:企业 IT 制度对 IT 人员的行为选择和 IT 人员的发展具有激励、导向功能。作为 IT 人员互动和行为合法性的规范体系,企业 IT 制度规定了 IT 人员的行为的选择空间。而且,由于企业 IT 制度是利益的合理性和合法性的分配,实际上会发挥针对 IT 人员行为方式的激励和导向的功能。

(3) 规范性和合规性:企业 IT 制度是对企业 IT 工作程序的规范化、岗位责任的标准化,构成了企业 IT 工作的基本机制。并且企业 IT 制度的制定必须遵循法律法规与行业规定,满足合规性是企业 IT 制度的基本要求。

在 7.1.3 节介绍企业 IT 治理工具时,可以发现,无论是 COBIT 还是 ITIL,都会将流程管理纳入到 IT 治理体系中,并使之发挥重要作用。那么,在 IT 制度体系设计中,就需要理清流程与制度之间的关系。众所周知,流程与制度在企业的管理体系中是不可或缺的部分,二者既相互依存又各有不同,流程管理旨在按既定的顺序和步骤进行相关活动的流转,规定了工作事项的顺序安排,流程在一定程度上决定了企业经营活动的执行效率;而制度管理旨在明确具体的职责及分工,是规范员工行为的行动指南,是用于协调公司的各种内部关系,组织并协调人、财、物及生产经营活动得以正常运转一种重要的管理工具,通过规定具体的工作标准、规范、奖惩条款等推动执行。从 IT 治理角度来看,IT 流程与 IT 制度的相互配合,才能真正实现企业 IT 治理体系的有效运转。

一方面,IT 流程涵盖了 IT 制度的基本活动及其基本的管理功能,并能够在 IT 制度的框架下达成相应的工作内容,通过串联 IT 制度规定的管理事项,大部分 IT 制度都是通过流程的形式得以落实、实施,IT 流程是 IT 制度实现其管理职能的一种动态方式,是 IT 制度的管理功能得以实现的具体表现。

另一方面,IT 制度规定了 IT 流程中具体活动的管理要求、工作目的、工作方向及工作标准,强化了 IT 流程执行过程中的约束力。IT 制度是对流程中各活动环节的具体规定,是 IT 流程的具体化表现形式。并且通过 IT 制度的规定,约束了 IT 员工及相关员工在 IT 流程各节点的行为活动,使 IT 流程有的放矢,保证了流程中各环节的具体执行。

在此,本节给出一个企业典型 IT 制度体系示例,如图 7.5 所示。

(1) 在制度层级方面,可以分为 3 个层级:IT 基本制度作为 IT 管理总纲领,管理办法作为 IT 各专业领域的管理规范,实施细则和操作规程作为 IT 具体作业的规范。

(2) 在制度分类角度,企业 IT 制度体系可以涵盖 IT 治理、架构与规划管理、数据治理、需求与项目管理、开发与实施管理、运行与维护管理、信息安全管理、IT 外包管理、综合管理等 9 个类别,在每个类别之下可以结合各专业领域的具体情况设计相关管理制度。

(3) 一般而言,IT 基本制度更侧重于 IT 治理与管理的权责划分以及 IT 各专业领域管理的管理原则,不会涉及 IT 流程;IT 各专业领域的管理办法往往会规范与明确具体的 IT 管理流程;而 IT 实施细则和操作规程更关注 IT 作业流程层面的标准化与规范性。

第 7 章 企业 IT 治理规划

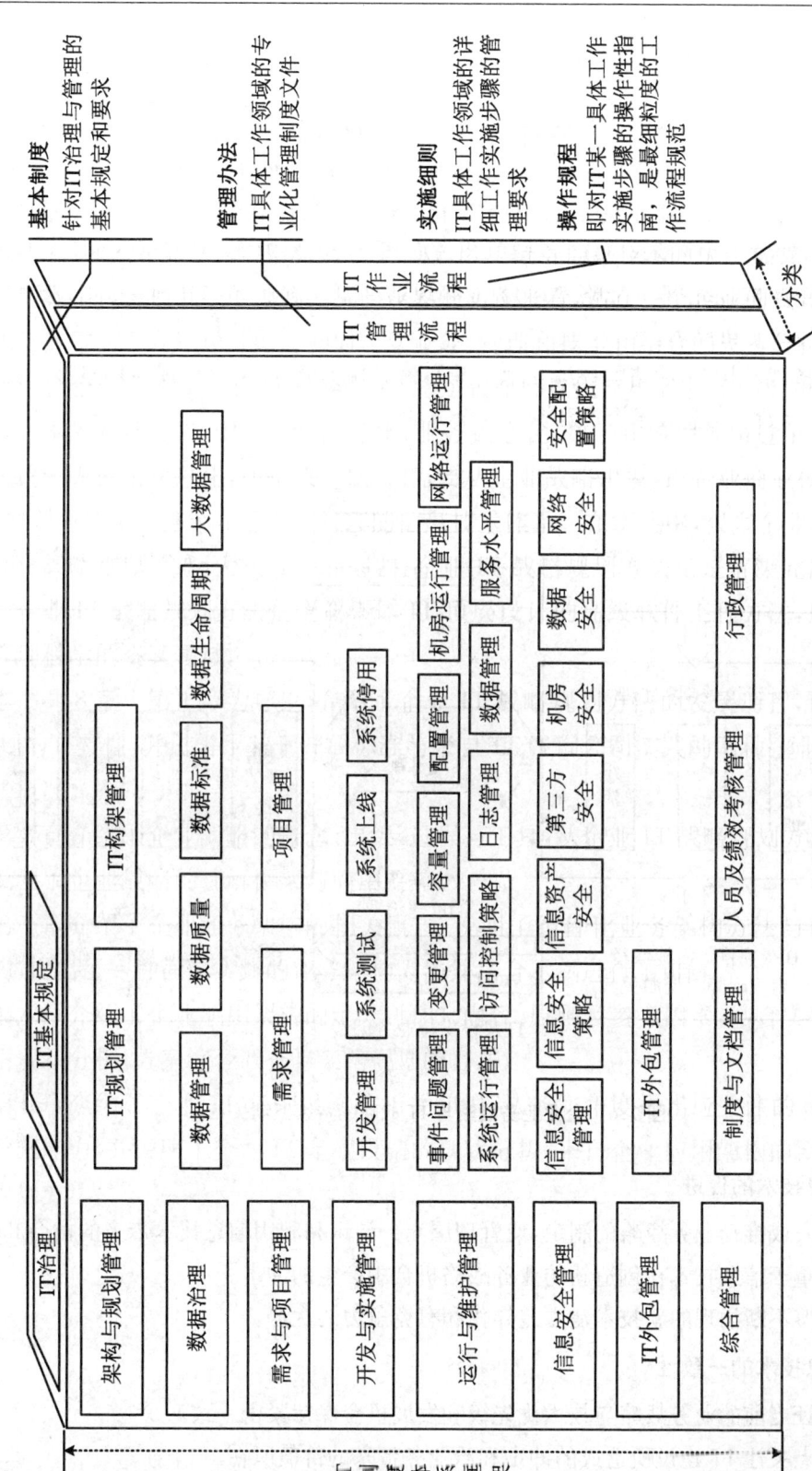

图 7.5　企业典型 IT 制度体系示例

7.2.3 企业 IT 战略管理

在 2.1.2 节中,本书介绍了企业战略管理过程。同样,企业 IT 战略本身也需要进行管理。企业 IT 战略管理的过程通常是一种业务战略驱动的持续滚动管理的过程。

企业 IT 战略作为企业开展信息化与数字化工作的高层指南文件,与企业业务战略是紧密联系、相辅相成的。业务战略为 IT 战略提出方向指引,企业组织体系提供保障,IT 战略需要支撑业务战略实施,依据业务战略做好 IT 战略规划,并适当地创新与超前,从而以技术视角为业务发展与变革提供助力。

企业业务战略与 IT 战略的持续互动关系如图 7.6 所示,最主要体现在信息技术的促进、信息技术的一致性、信息技术资产和资源 3 个方面。

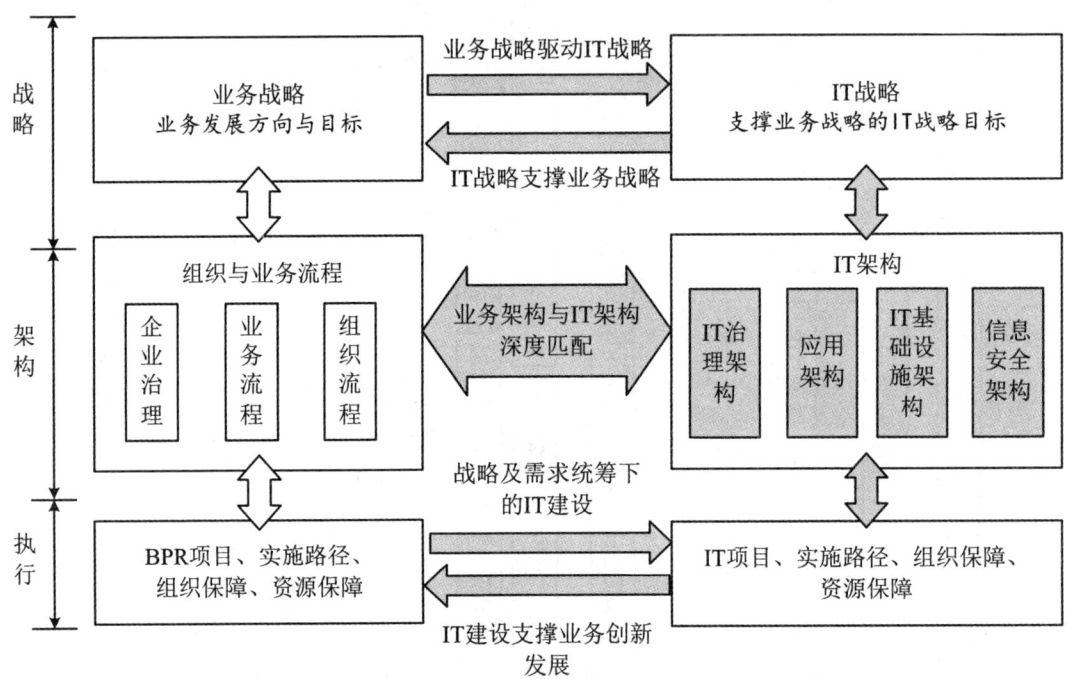

图 7.6 企业业务战略与 IT 战略的持续互动关系

1. 信息技术的促进

(1) 启发或推动业务战略的制定,使管理层充分认识和利用信息技术带来的机会和挑战。
(2) 着重于信息技术在创造新的业务战略机会中产生的冲击。
(3) 借鉴不断涌现的新技术建立差异化和有竞争力的优势。

2. 信息技术的一致性

(1) 保证当前的业务战略与技术优先级和发展机会保持紧密一致。
(2) 重点关注 IT 建设所造成的冲击和给业务带来的价值所在。

3. 信息技术资产和资源

(1) 定义与评估信息技术资产与资源,从而确定如何实施 IT 投资,以保证最大业务产出。

(2) 聚焦于 IT 投资组合优化和管理。
(3) 定期评估 IT 战略实施的绩效。
(4) 确定 IT 资源的分配和投入优先级别。

所以说,IT 战略管理是伴随业务战略演进而开展的 IT 战略规划持续完善更新的过程,随着业务的持续发展、外部环境的不断变化,IT 战略规划需要同步更新,以满足业务发展的新需要。一般而言,可以结合年度 IT 计划制定的工作,每年进行一次企业 IT 战略规划的滚动编修。编修时,应首先收集与分析企业业务战略调整变化的情况、各业务部门年度经营计划,并完成相关的关键干系人访谈,了解业务方向和重点的变化。

IT 战略规划的定期编修可以参考以下方式:

(1) 每年进行 IT 战略规划的迭代更新,根据战略落地执行情况,补充更新企业业务战略动态调整所需的 IT 战略调整内容。
(2) 在 IT 战略规划期结束后,如每三年或每五年,组织进行一次新的 IT 战略规划编制工作,可以结合企业新战略、业务发展趋势、行业技术变化、市场走向、监管政策,重新修订或制订企业 IT 战略规划蓝图,确定后续的发展方向、整体目标与重要举措。

在企业发生以下调整后,也可以对 IT 战略规划进行临时调整。

(1) 企业战略做出重大调整或业务领域发生重大变化,需要 IT 战略及时跟进匹配。
(2) 企业组织架构发生重大变化,部门职能调整。
(3) 外部市场环境发生重大变化,导致对特定业务或技术的认知发生改变。
(4) 新颁布的监管政策提出新的导向或明确要求。
(5) 出现重大科技风险,需要对风险进行评估审议。
(6) 技术领域出现新的突破或创新,企业核心业务系统面临重大变化。

7.2.4 企业 IT 组织管理

1. 企业 IT 组织架构

企业的组织架构包括企业内部决策权的分配、绩效评价与激励约束,三者相互作用,共同构成企业组织架构的核心要素。[76] 在形式上,组织架构包括企业正式的报告关系机制、程序与流程设计、监督和治理机制以及授权和决策的过程。7.2.1 节介绍了企业 IT 的组织模式,这属于偏顶层组织设计的安排。在企业 IT 组织架构规划中,除了 IT 组织模式之外,更关注 IT 组织的具体安排,也就是说,如何将企业 IT 的所有工作和需要完成的任务按照企业 IT 员工的专业与能力分配给员工,并指导企业 IT 员工之间协调这些工作的关系。下文将以典型证券公司的 IT 组织架构为例进行阐述,如图 7.7 所示。

典型证券公司的 IT 组织架构通常包括五大 IT 职能划分:① 规划管理。侧重于 IT 战略规划过程与年度 IT 工作计划的管理、业务与技术架构管理、新技术应用研究等。② 系统建设与研发。主要关注按照业务方向组织的应用系统开发与测试,以及各类信息化与数字化建设项目的管理。③ 运维保障。包括数据中心、网络、操作系统及基础软件等 IT 基础设施的运维保障,也包括各类应用系统的运维保障。④ 综合管理。主要涉及 IT 预算管理、IT 采购与供应商管理、IT委员会的运作支持、IT风险与合规管理、质量管理及外包管理等。⑤信息安全。通常按照监管规定设置独立的信息安全职能,包括信息安全管理,以及针对信息安全相关的技术研发管理。

图 7.7 典型证券公司的 IT 组织架构示例

2. 企业 IT 专业岗位

企业 IT 部门的职能划分之后,还需要进一步将部门的职能分解到企业 IT 的各个专业岗位。针对企业 IT 专业岗位的规划,一方面,要遵循企业统一的人力资源职级体系;另一方面,要结合企业 IT 各个专业领域的需要。下面通过示例说明,假设一家企业的人力资源职级体系按照从低到高的顺序依次为 A、B、C、D、E、F 不同职级,可以设计企业 IT 各专业岗位序列,见表 7.2。

进一步,还需要针对企业 IT 岗位的目标、任职资格及考核标准做出安排。这一般会由企业的 IT 部门与人力资源部门共同完成,在本节中不再详述。仅需要补充说明的是,企业 IT 岗位的规划不仅为了将企业 IT 的职能细化分解,达到企业 IT 部门职能的有效运作;同时,也需要通过企业 IT 专业岗位序列为企业 IT 员工的职业成长提供路线指引,如图 7.8 所示。

表 7.2 企业 IT 各专业岗位示例

企业职级序列		F	E	D	C	B	A
企业 IT 专业岗位序列	需求与产品序列	高级产品总监	产品总监	首席产品经理	高级产品经理	产品经理	产品经理助理
		高级设计总监	设计总监	首席交互设计师	高级交互设计师	交互设计师	助理交互设计师
	软件开发序列	首席架构师	资深架构师	高级系统架构师	系统架构师	高级软件工程师	软件工程师
				高级数据架构师	数据架构师	高级数据库工程师	数据库工程师
		高级测试总监	测试总监	高级测试经理	测试经理	高级测试工程师	测试工程师
	运行维护管理序列	高级系统运维总监	系统运维总监	高级系统运维经理	系统运维经理	高级运维工程师	运维工程师
	IT 基础设施序列	高级网络技术总监	网络技术总监	高级网络技术经理	网络技术经理	高级网络工程师	网络工程师
		高级系统技术总监	系统技术总监	高级系统技术经理	系统技术经理	高级系统工程师	系统工程师
		高级信息安全总监	信息安全总监	高级信息安全经理	信息安全经理	高级信息安全工程师	信息安全工程师
	项目管理序列	高级项目总监	项目总监	资深项目经理	高级项目经理	项目经理	项目助理

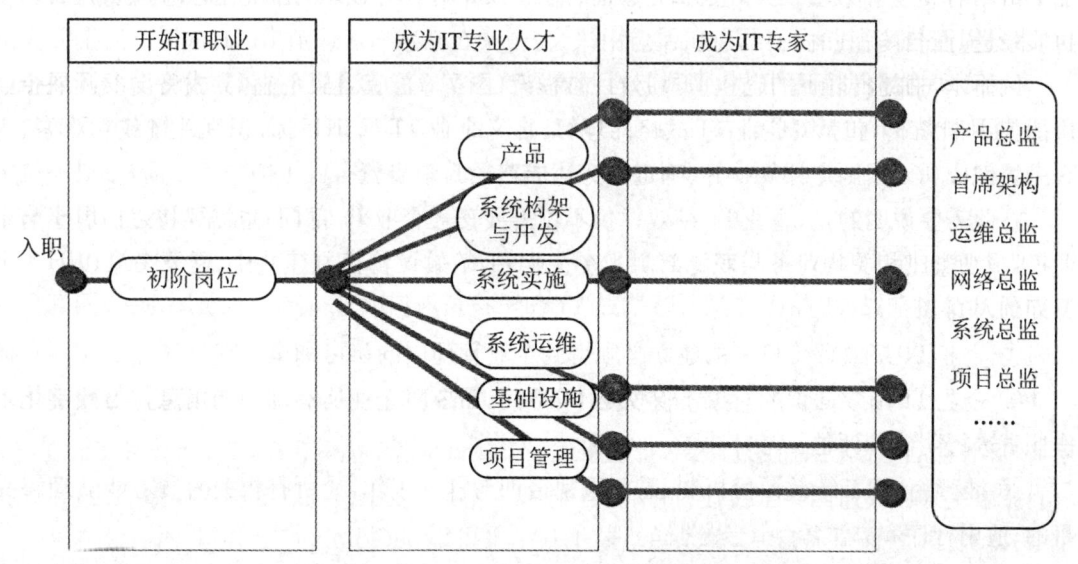

图 7.8 企业 IT 员工的职业成长示例

3. 企业 IT 绩效评价

企业 IT 绩效管理往往是企业 IT 组织管理中的难题,这主要包括以下 3 个方面的因素[75]:

(1) 长期性

由于 IT 基础处于不断变化的过程中,而且变化的节奏使企业无形中承受巨大的机会风险,并且 IT 本身具有很强的渗透性特征,这种渗透性表现为 IT 需要与企业进行融合,IT 系统具有的价值潜力必须在企业资源整合、组织机构发生重大变革之后才能体现出来。

(2) 间接性

由于 IT 投资的复杂性,以及 IT 投资回报主要体现在"间接效益"方面,因此不能指望所有的 IT 投资都有可以度量的回报。可以说,IT 绩效不是一种事后的结果性的反应,它不仅与最终系统的功能和成果紧密相关,而且也包含信息化进程中的战略实施、管理控制、项目管理的综合能力,其中蕴含着运营的效能以及可持续发展的能力,是信息化价值的综合体现。

(3) 综合性

企业 IT 项目的推进往往伴随着业务流程的重组和管理的变更,企业 IT 自身是无法独立取得成功的,需要与业务管理协同,综合推进 IT 项目的实施与落地。因此,在实践中,很难辨别哪些是由 IT 产生的收益,哪些是由管理和业务变革产生的收益。

所以,从实务角度,开展 IT 绩效评价工作,需要明确两件事情:一是企业 IT 部门在企业中的定位,二是采取何种方法进行评估。

企业 IT 部门在企业中的定位是企业 IT 绩效评价的基础。比如说,企业 IT 部门仅作为企业的 IT 基础服务提供部门,还是需要企业 IT 部门为企业业务运营提供重要支撑,或更多参与企业业务创新。

以企业 IT 部门的定位为基础,对企业 IT 绩效评价则要关注 3 个方面的要求:一是对企业业务战略的支持情况,二是对企业 IT 系统的运行质量进行考核,三是对企业 IT 项目建设与交付质量进行评价。

因而,本书提出以下的企业 IT 绩效评价框架(图 7.9),应当从企业 IT 战略出发开展企业 IT 绩效评价工作,包括对企业 IT 战略的理解、定义企业 IT 管理目标、识别关键成功因素、为每个关键成功因素制定评价指标、确定指标达成路径 5 个步骤。

在此需要说明的是,企业 IT 绩效评价不仅需要覆盖企业 IT 部门,也需要将之扩展至与企业 IT 成功紧密相关的业务与职能部门。在企业 IT 绩效评价机制建立中,需要考量以下 4 个方面的内容:

① 企业 IT 绩效评价机制的建立必须得到企业管理层的认可和全力支持。

② 企业 IT 绩效评价的对象不仅仅是 IT 部门,需要对企业所有部门的信息化与数字化工作职责进行明确和评估。

③ 推行企业 IT 绩效评价机制,需要重视培训与宣导工作,让所有相关的员工能够理解其目的、适用程序和方法等。

④ 企业 IT 绩效评价结果的应用是企业 IT 绩效评价机制的有效性保证,需要将评价结果应用于企业部门考核、员工薪酬及相关激励。

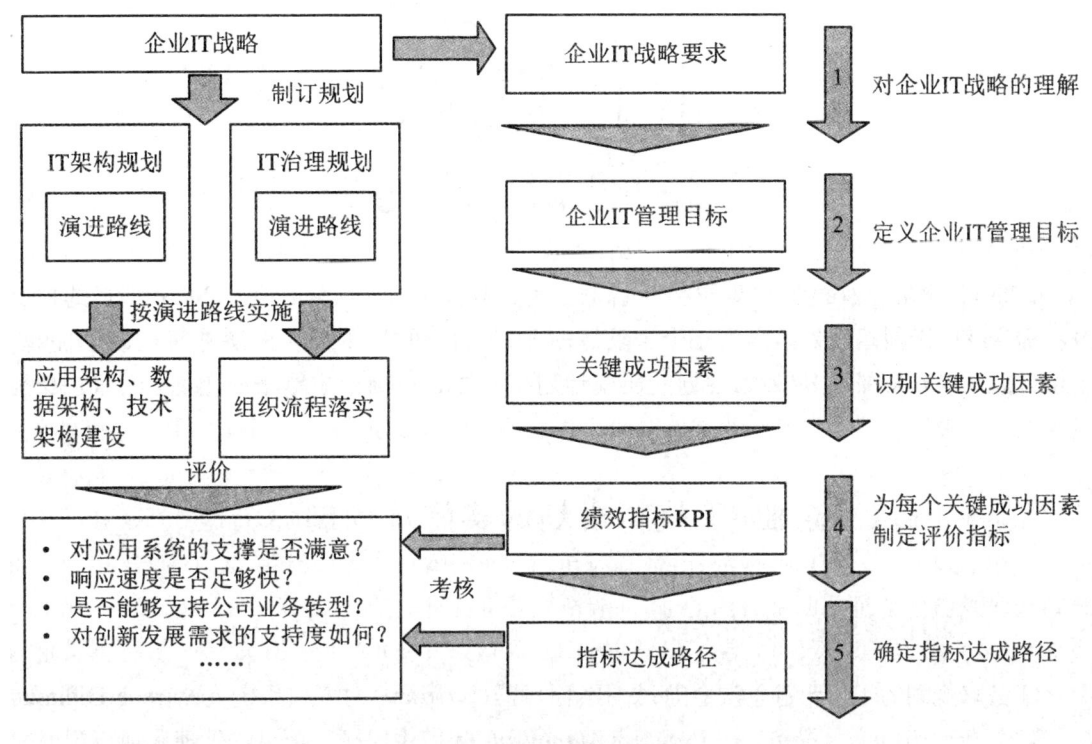

图 7.9　企业 IT 绩效评价框架

本章小结

企业 IT 治理是企业 IT 权责分配框架。企业 IT 治理是解决"做什么"的问题，企业 IT 管理是解决"如何做"的问题，二者之间是一种紧密的交叉关系，总体上企业 IT 治理包含了企业 IT 管理。企业有效实施 IT 治理离不开企业 IT 治理工具的选择与应用。IT 治理工具是指在实施 IT 治理工作过程中所采用的方法论，包括工作框架、基本方法与最佳实践。本章介绍了应用最为广泛的两个 IT 治理工具：COBIT 和 ITIL。在此基础上，本章从概念与实务结合的角度，介绍了企业 IT 治理规划需要关注的 4 个方面，即治理架构、制度体系、战略管理与组织管理。

练　习

各项目组在第 2 章练习所选的上市公司基础上，结合该公司所处行业与地区的特点，在基本规定、项目管理、运行管理、信息安全管理、信息技术外包管理等 5 个主题中，选择一个主题，为该公司撰写对应的 IT 管理制度，不少于 1000 字。

第 8 章　企业 IT 战略规划的实施计划与预算

企业 IT 战略规划最终是需要落地执行的,因而实施计划与预算是企业 ITSP 项目的重要内容,需要将 IT 战略规划落实为一个个具体的 IT 项目,通过 IT 项目的实施来达成 IT 战略规划目标。本章将围绕 IT 战略规划的实施计划与预算编制两个主题来介绍适合于 ITSP 实践的工作方法。

8.1　企业 IT 战略规划的实施计划制订方法

8.1.1　项目群与项目的关系

IT 战略规划的实施计划通常会通过一组项目群(program)的方式来定义。Irene Didinsky 在其著作 *Practitioner's Guide to Program Management* [77]中回顾了项目群管理和项目管理的历史,最早的项目群管理概念是 20 世纪 40 年代美国在制造原子弹的曼哈顿计划中提出的;1984 年,PMI 推出了项目管理专业认证(project management professional,PMP);1996 年,PMI 出版了《项目管理知识体系指南》,提出了项目管理的理论与方法论;2006 年,PMI 出版了 *The Standard for Program Management*,提出了项目群管理的理论与方法论;2007 年,PMI 推出了项目群管理专业认证(program management professional,PgMP)。根据 PMI 公布的数据,截至 2020 年 7 月,全球 PMP 认证人数为 1036267 人,PgMP 认证人数为 2943 人,可见在专业难度与复杂性方面,项目群管理较项目管理要超出很多。

按照 PMI 的标准定义,项目群是由一组相关的项目、子项目群和项目群活动组成的,它们通过协同的方式进行管理,这种协同管理所获得的收益是无法通过分别独立管理它们获得的。为了更好地说明项目群的概念,PMI 引入了组合(portfolios)的概念,并通过图 8.1 来说明组合、项目群和项目之间的关系。[78]

PMI 将组合定义为一个组织为达成其战略目标而管理的一个项目、项目群、子组合的集合;项目群是组合的基本构成单元,对组织战略目标达成而言,项目群具有重要意义;项目是项目群的组成部分或被单独管理,项目输出特定的产品、服务或结果。李长江等国内专家结合北斗项目群管理最佳实践出版了项目群管理理论与实践的专著,对组合、项目群及项目之间的关系进行了分析。[79]

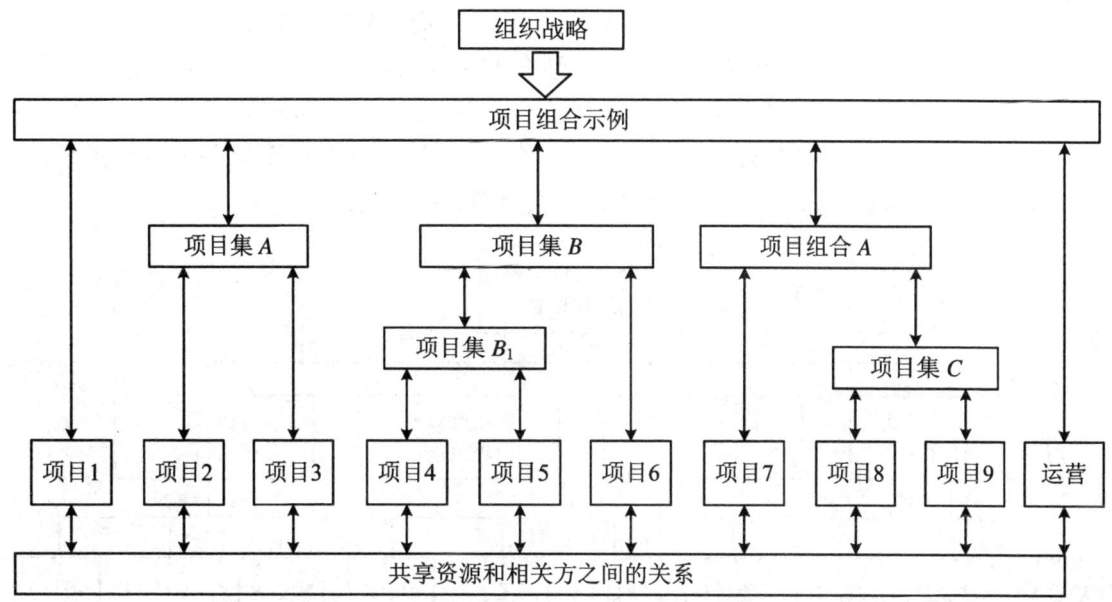

图 8.1 组合、项目群和项目之间的关系

1. 项目群与项目的关系

项目群区别于项目表现为以下 4 个方面：

(1) 目标多样性

对于单一项目来说，目标比较简单；而对于项目群来说，由于每个独特的项目都有其不同的目标和不同的特点，也就决定了项目群的多样性，从而加大了管理的难度和复杂度。

(2) 接口多层性

这里所说的接口，主要是指管理接口，包括各项目之间、与不同层面项目干系人之间的接口。对于单一项目来说，一般相对独立于其他项目，与其他项目之间只有几个次要的接口。而对于项目群来说，各项目之间都是紧密联系的，任何一个项目的失败都将影响到其他项目，也就可能导致整个项目群的失败。项目越多，管理接口就越复杂，所以处理好各项目之间的管理接口是多项目管理成功的关键。

(3) 信息复杂性

项目群管理的信息处理非常复杂。从内部环境来说，有各项目之间、各项目团队之间以及项目与组织相关职能部门之间的信息沟通；从外部环境来说，有项目群与用户、供应商、政府部门等进行的信息交流。

(4) 管理统一性

项目群管理要求将相关的项目全部纳入统一管理，主要体现在项目管理组织上的统一性和资源上的统一性。要从组织层面上，将原来以单个项目为单位的分散管理模式，整合成以组织为单位的统一管理模式。

2. 项目群与项目组合的关系

项目群是多个项目的集合。对于项目组合，更多的是从企业战略和总体业务目标出发，根据分类评价和风险分析归类到一起的一个组合，组合中的各个元素之间可能并没有太多的业务或技术联系,仅仅是为了监控组合整体绩效以配合企业商业目标需要。

实际上,从本书的 IT 战略规划主题来看,结合 ITSP 实践,往往一个 IT 战略规划就是一个组合,在组合之下,会规划多个项目群,并为每个项目群定义相关的项目。例如,如图 8.2 所示,一个企业的 IT 战略规划作为一个项目组合,可能会包括零售业务条线、机构业务条线、IT 基础设施、IT 治理 4 个项目群,每个项目群之下会涵盖相关的项目。

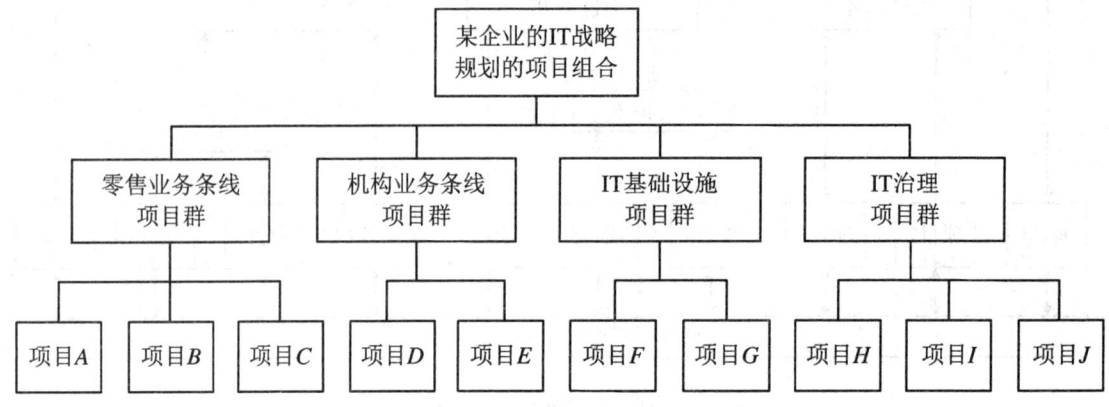

图 8.2 IT 战略规划的项目群示例

8.1.2 从规划出发定义项目群与项目

在前面的章节中,本书讲解了应用架构规划、IT 基础设施规划、信息安全规划、IT 治理与管理 4 个方面的内容,这也是企业 IT 战略规划的最主要交付物。从 IT 战略规划实施计划角度出发,需要从以上规划出发定义项目群与项目,才能完成实施计划的编制工作。在 ITSP 实践中,通常的方法是先定义项目,然后依据项目定义及相关因素综合分析,建立项目群。

1. 项目定义

根据 PMI 的定义,项目是为创造独特的产品、服务或成果而进行的临时性工作。[25] 对于项目的定义,可以从以下 3 个方面来理解:① 项目是一个有待完成的任务,有其特定性的目标、要求及环境;② 项目需要在规定的时间内完成任务,在人力、资金、物料等项目资源投入方面也是有限的;③ 项目的交付需要满足一定的质量、数量、技术指标等要求。总的来说,项目受到时间、成本与质量 3 个要素的约束,项目的目标就是在这些约束条件下能够尽可能达成目标客户所要求的项目成果。

IT 战略规划的项目属于信息化和数字化项目,对于该类项目的定义,《企业信息技术总体规划方法》一书以咨询公司典型定义方法为示例进行了描述与介绍,主要包括项目目标、任务和范围、参与方、实施方法、计划、人力资源需求、成本估算等。[38] 从易于实践的角度出发,本书认为,在 ITSP 实践中,可从应用架构规划、IT 基础设施规划、信息安全规划、IT 治理与管理 4 个方面的规划内容出发,围绕项目目标、实施范围、关键干系人、实现方式 4 个要素来定义项目。

(1) 项目目标

通过架构规划来确定项目目标是简单可行的工作方法。例如,在应用架构规划中,在企业业务架构基础之上,结合企业应用现状分析与综合调查,可以完成企业应用架构蓝图规划,而蓝图规划中的各应用系统,除非该应用系统已经建设完备且不存在内外部需求促使其升级或改造,多数情况下每个应用系统可以作为一个项目来定义。进一步,可以分析这个应用系统项目的来源因素,通常属于企业战略需要、内部或外部用户需求驱动、行业市场和监管政策驱动共3种情况之一或多个情况的组合,从而能够基于来源因素确定项目目标。比如说,近几年来,许多金融机构按照中国人民银行反洗钱监管要求规划与建设反洗钱信息系统,该应用系统的目标就是支持金融机构内部反洗钱信息化与数据化的管理需求,满足外部的反洗钱监管要求。

(2) 实施范围

项目实施范围一般可以使用以下两个维度来描述:

① 项目实施所覆盖的企业业务与管理领域。通常可以采用业务架构中所描述的业务组件范围来定义项目实施范围。例如,一个企业的财务管理业务组件包括财务核算、费用管控、资金管理、税务管理、会计档案、财务报表、管理会计等,那么定义财务管理应用系统的实施范围可以是以上业务组件的一个或多个。比如说,一个企业内部尚无财务管理应用系统,则可以将财务管理应用系统的实施范围定义为财务核算与财务报表两个最基本的业务组件。

② 项目实施所覆盖的组织单位或物理区域或二者的结合。这种情况多发生于大中型企业,这些企业往往会在多个物理区域开展业务活动,如省域、多省域、全国性、多地区或全球性业务活动,并且这些企业往往会通过多个法人主体或以集团化组织形式开展业务活动。针对此类情况,在定义项目实施范围的时候,需要确定项目实施需要覆盖的组织单位和物理区域,这对于制订项目计划和项目预算编制具有重要参考意义。例如,一个全国性的集团公司财务管理应用系统项目的实施范围可以包括集团公司总部及所属的分公司和子公司,物理区域可以是全国范围内开展业务活动的区域。

(3) 关键干系人

在项目定义中确定每个项目的关键干系人是非常重要的基本内容,在工作方法方面可以参考2.3.1节的介绍。一般而言,可以从"谁管理、谁建设、谁使用、谁运维"4个方面来确定项目的关键干系人。"谁管理"是指对项目是否能够立项发挥决策作用的干系人,"谁建设"往往是指企业内部的IT部门及参与建设的外部技术公司,"谁使用"是指具体参与项目投产使用的用户群体,"谁运维"通常包括承担技术运维的IT部门、参与运维的外部技术公司以及承担业务运维的用户单位。

仍以前面使用的财务管理应用系统为例,"谁管理"通常是企业CEO或CFO来决策该项目是否可以立项实施;"谁建设"往往是IT部门和外部的财务软件厂商;"谁使用"一般包括实施范围内的财务部门人员,也可能会涉及企业全体员工(如网上报销系统面向全员使用);"谁运维"方面,通常技术运维工作由IT部门安排专岗人员和外部的财务软件厂商承担,像业务用户授权之类的业务运维工作一般由财务部门承担。

(4) 实现方式

项目定义中也需要关注项目的实现方式,毕竟定义项目是为了将项目落地实施并达到交付目标。对于信息化与数字化项目而言,从简单分类角度出发,项目实现方式有外购、自建及上云3种方式。外购是指向专业IT厂商采购产品及配套实施服务,项目交付部署于企业内部;自建是指通过独立自主建设来完成项目交付;上云实际上是近年来迅速发展的项目交付方式,是指通过购买云计算厂商的云计算服务来实现项目的交付。项目实现方式会对项目的计划与预算带来重要影响,这也是在项目定义阶段最需要投入资源开展分析工作的方面。例如,史俊仙与张弢对中小企业互联网化战略的实施路径进行了探讨,指出从降低成本、提高效率的角度出发,中小企业互联网化战略实现路径宜采取"自建+外购+共享"模式;针对业务模块的梳理分析,需要采用"自建"方式发挥业务主导作用;针对IT系统的搭建和运维,更适合采用"外购"专业IT厂商的产品及服务;并且可尽量采用云计算环境的产品和成熟的软件包,使用软件即服务(software as a service, SaaS)类产品,可以实现较低的维护成本和快速的交付。[80]

2. 项目群设计

如 8.1.1 节所述,项目群中的各个项目本身是可以各自独立地组织实施的,但是这种各自独立的实施结果可能会导致偏离项目群的整体目标。将各个独立的项目按照一定的业务或管理关系进行协同管理,从而可以达到项目群的整体目标。在完成项目定义工作之后,结合每个项目的项目目标、实施范围、关键干系人、实现方式,可以开展项目群的分析设计工作。

首先,需要从关键干系人出发,围绕各项目是否可实现协同管理、有效控制的要求,分析项目群的合理组织方式。李辉山与费纪祥通过定义工程项目群管理协同度的指标来对项目群协同作用进行测度,通过实证指出,项目群协同管理是一种自上而下的拉动式管理,高层管理者对协同工作的重视能够使各参与方获得最大程度的行政支持,进而能够引领和激励各参与方在项目群实施过程中为贯彻和实现组织的战略目标而不断努力。[81]因此,在项目群组织方面,首先需要注重关键干系人,特别是高层管理者,是否可以充分发挥对项目群协同的指导与支持作用。例如,如果在项目 A、B、C 中,A、B 的关键干系人高度重合,C 的关键干系人与 A、B 差别很大,那么 A、B 则更适合纳入同一个项目群进行管理。

其次,从实施范围、实现方式两个方面出发,聚焦项目群内各项目资源的合理配置。资源是一切项目群实施的基础,需要通过合理的组织和配置才能使资源达到最优的组合,发挥最大的效用。从实施范围来看,特别是对于多组织、多地域的实施范围,应尽可能在项目群设计中实现资源的共享。例如,如果项目 A 和 B 均涉及某城市的一家子公司,那么将 A 和 B 纳入同一个项目群组织实施,将有助于更好地调度该子公司资源参与实施工作。在实现方式方面,应注重考虑对项目资源的合理调度与共享,减少不同项目之间的资源配置冲突问题。例如,如果项目 A 和 B 均需要由某家技术公司的同一个团队完成主要实施任务,那么将项目 A 和 B 纳入同一个项目群则更易于实现资源的合理配置。

最后,项目群设计应当考虑是否利于将各项目的项目目标进行优化、整合与调整。在此方面,可以借鉴的工作方法是基于收益分析的项目群设计。PMI 将收益(benefits)看作项目群交付成果的结果,是由组织及干系人实现的收获和资产。收益并非就是项目群的交付成果。例如,某企业建立的 ERP 项目群,其交付成果是投产运行的 ERP 各系统,而收益则是 ERP 上线所带来的效率提升和成本降低。因而在项目群设计中,可以结合收益分析来组织和协调各个项目的目标。一方面,需要考虑是否可以最大化实现预期收益,达到各维度之上的综合预期收益最高;另一方面,也需要注重项目之间的平衡问题,例如,对高风险高回报的长期项目和低风险低回报的短期项目进行平衡,从而获得尽可能可达成的项目群收益。

8.1.3 编制实施计划

在完成项目定义与项目群设计之后,需要按照 IT 战略规划的战略规划期编制战略实施计划。实施计划编制应当从建立编制策略入手开展工作。

1. 确定实施计划编制策略

企业 IT 战略规划是以企业战略为依据的,企业战略的战略规划期、主要目标及时间节点安排是企业 IT 战略实施计划编制的最重要依据。实施计划编制要在符合企业战略目标与时间要求的前提下,充分考虑各项目群及每个项目开展实施工作所受到的人力、时间、财力等资源约束,这需要在编制实施计划时能够在统筹分析的基础上,建立分批次逐步实施的推进方式,保证对资源的最大化利用。

根据企业内外部各类资源的实际情况,制定科学、合理的编制策略,是完成一个可执行的 IT 战略实施计划的重要保证。通常而言,在编制策略时可以重点关注以下两个方面:

(1) 项目的优先级分析

项目的优先级是编制实施计划的重要因素,对于多个项目群的众多项目而言,使用单一维度开展优先级分析是缺乏可操作性的。一般来说,可以借助 3 个维度的分析来做出判断,包括项目的重要性、紧迫性和预期收益。针对待分析的项目,可以使用这 3 个维度来构建分析矩阵,如图 8.3 所示。

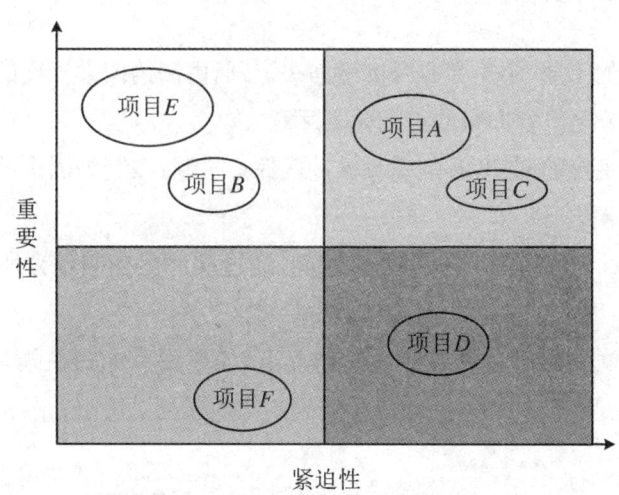

图 8.3 项目优先级分析矩阵示例

将紧迫性、重要性作为矩阵的两个维度,整个矩阵划分为 4 个象限,分别对应紧迫性低重要性低、紧迫性高重要性高、紧迫性低重要性高、紧迫性高重要性高,根据对每个项目紧迫性重要性的判断放入矩阵进行排列。同时,使用项目图例的大小来代表项目预期收益的大小。显然,位于右上角紧迫性高重要性高且预期收益大的项目应当作为最优先的项目来安排实施计划,经常也会将该类项目称为 IT 战略规划的"速赢"项目。

当然,使用矩阵分析方法只能从定性的角度对项目进行大致的优先级分类,为进一步细化优先级分析,可以围绕 3 个维度设计细化权重指标来开展定量的指标分析。比如,对于重要性指标的细化可以从对主营业务的支撑、对业务与管理效率的提升、提升管理精细化水平和管控能力 3 个方面结合企业实际情况设置细化指标权重；对于紧迫性指标，可以从当前是否有信息系统支持、是否当前信息系统已经阻碍业务发展、是否有必须尽快满足的市场和监管条件 3 个方面来因地制宜设置细化指标权重；对于预期收益，可以从是否符合企业业务战略目标达成、短期收益、中长期收益、社会效益 4 个方面来具体定义细化指标的权重。

(2) 项目的复杂性分析

信息化与数字化项目的复杂性可以重点从两个角度开展分析工作，包括项目之间的依赖关系以及项目实施的难度。

① 项目之间的依赖关系

在项目组合中，项目之间会存在一定的依赖关系，常见的依赖关系包括技术依赖、资源依赖、进度依赖等。针对多项目之间的依赖关系问题，Eliyahu M. Goldratt 提出了关键链项目管理(critical chain project management, CCPM)方法，可以将关键链看作在综合考虑工作约束与资源约束下计算出来的制约整个项目组合周期的一个工作序列，关键链管理包括关键路径、时间、资源、费用等综合因素。[82]李俊亭在《关键链多项目管理理论与方法》一书中介绍了 CCPM 方法的要点，包括以下 7 个方面[83]：

(a) 项目进度计划的制约因素决定项目的周期，在制约环节上延长 1 h，就等于整个系统损失 1 h。

(b) 非制约环节的工期，不由其本身的潜力决定，而由制约因素工期的实现需求决定。

(c) 在非制约环节上节省大量的工期无实际意义。

(d) 为保证项目系统的周期，必须设置缓冲区保护机制；在制约因素的入口处和出口处分别采用不同的缓冲机制。

(e) 对每一任务的时间安排应采用乐观时间，通过缓冲区控制保证所有任务按时或提前完成。

(f) 在项目群和单项目存在资源冲突的情况下，如果没有超过资源容量，应安排同时进行；如果超过了，特别是在制约因素上或已影响到制约因素的进度，应错开它们的进度安排，避免并发。

(g) 制订制约主进度计划时，应考虑整个系统的所有制约环节。

可见，借鉴 CCPM 方法，对项目之间的依赖关系进行分析和管理，最主要的是站在整体优化的角度来分析，把管理重点放在制约因素上，抓"主要矛盾"并寻求解决措施。

② 项目实施的难度

项目的实施难度分析涉及因素多，可以结合企业实际情况，确定主要因素，通过综合评分法来对不同项目的实施难度进行排序比较。例如，可以从业务、管理、技术、数据 4 个维度开展分析工作。业务方面，重点考虑项目实施是否具备较好的业务基础、是否会因对业务现状带来改变而增加实施难度和风险；管理方面，重点考虑项目实施是否具备来自中高层的管理支持、配套的管理制度与手段是否完备；技术方面，重点关注项目的产品与技术成熟度是否达到要求、是否会存在大量的定制化开发工作;数据方面,重点关注项目上线所需要的各类基础数据和业务数据是否具备良好的基础、数据质量目标达成的难度。在确定评分维度之后,可以使用评分表格来组织综合评分,见表8.1,为业务、管理、技术分别设置1~3分,为数据设置1~2分,分值越高,难度越大。

表 8.1　项目实施难度综合评分

项目	业务	管理	技术	数据	实施难度总分
项目 A	2	2	1	2	7
项目 B	3	3	2	2	10
项目 C	1	2	1	1	5

根据实施难度综合评分的结果,对于实施难度较低的项目,应当优先考虑纳入实施计划;对于实施难度很高的项目,需要审慎评估项目是否具备实施条件,可以在实施计划中放在靠后的位置,甚至可以放弃纳入实施计划。

2. 编制实施计划的一般方法

通过分析与确定实施计划的编制策略,企业IT战略规划制订者已经对所需要纳入实施计划的项目群和项目的整体情况进行了掌握。此时,可以按照IT战略的战略规划期来编制实施计划,需要注意的是,这个实施计划是企业最顶层的IT战略实施计划,应当围绕项目目标和周期来编制,而不是做项目的具体计划。

从一般方法角度出发,IT战略的实施计划编制可以参考以下6个方面的常用规则:

(1) IT基础设施项目往往先行

IT基础设施包括数据中心、基础软硬件(服务器、存储设备、数据库、中间件等)、内外部网络等,也可以进一步涵盖用户使用的电脑终端、移动手机终端等设备及其配套软件(如Office办公软件)。IT基础设施是承载各类信息化与数字化应用系统的基础平台,通常建设周期较长、投资较多,因而往往在实施计划编制中将IT基础设施项目群放到最优先执行的位置。

(2) "速赢"项目要优先考虑

在项目优先级分析中,可以将重要性高、紧迫性高、预期收益大的项目纳入"速赢"项目。在项目复杂性分析中,如果该类项目的实施难度较低、对其他系统的依赖程度较低,那么就可以将该类项目进一步定稿为"速赢"项目。由于这些项目的投入产出效益较高、实施风险较低,因此要优先考虑实施这些项目,要保证该类项目尽早带来效果,从而促进整体IT战略实施工作的开展。

(3) "一把手"关注的战略项目要优先考虑

IT战略毕竟依托于企业战略,因而企业"一把手"关注的战略项目要优先考虑。一方面,该类项目会得到来自高层的有力支持,这非常有利于项目目标的达成;另一方面,"一把手"由于得到的信息更为全面,在战略项目优先级判断上,"一把手"的意见是IT战略规划制订者需要特别重视的关键干系人意见。

（4）计划编制要重点关注项目之间的依赖性

项目之间的依赖性分析结果对于编制实施计划具有重要参考意义。需要从实施次序上尊重这种项目之间依赖的客观规律，实现实施计划整体的节奏有序，避免出现依赖关系不清晰带来的项目失败风险。

（5）较高复杂性的项目要分阶段实施

对于大中型企业而言，往往会存在一个或多个较高复杂性的项目，要么项目实施的业务条件不具备或会带来较大的业务改变，要么技术产品不成熟且存在较大的技术风险等。与此同时，这种较高复杂性的项目往往来自于企业"一把手"关注的战略项目，或是来自于需求重要且紧迫的业务或管理信息系统项目，又面临不得不开展实施工作的窘境。在这种情况下，结合企业实际，建立分阶段实施计划是最常见的应对方法。比如，可以考虑从相对容易实现的部分开始实施，也可以考虑使用试点方式限制第一阶段实施范围之后成熟后再组织推广，这样可以在有效控制项目风险的前提下推动该类项目的实施工作。

（6）要考虑IT投资安排符合企业经营策略要求

从某种程度上讲，IT战略的实施计划也是IT战略投资计划，并且由于IT投资的效益彰显需要较长的时间周期，在一个特定年度内，往往IT投资的数字会给企业经营带来一定的财务压力。这就需要在IT投资安排中，充分考虑是否符合企业经营策略要求，在实施计划编制中要通过合理的节奏安排来满足企业对IT投资的财务要求。

综上所述，可以采用项目群和项目作为实施计划的纵轴，以战略规划期作为实施计划的横轴，以每个项目的优先级和复杂性为依据，来完成IT战略的实施计划编制，如图8.4所示。

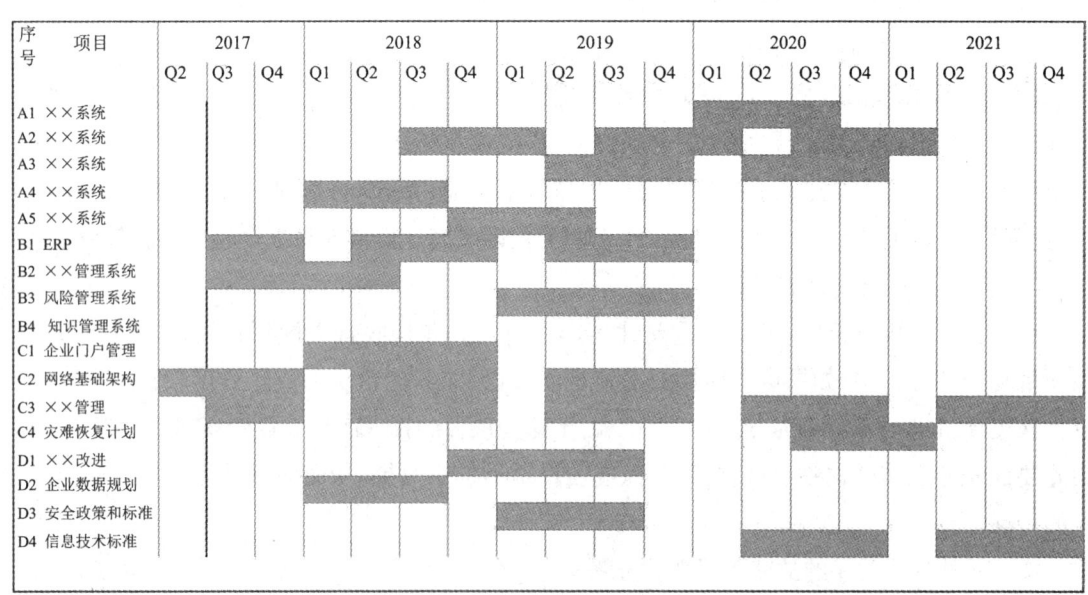

图8.4　IT战略实施计划示例

8.2 企业IT战略规划的预算编制方法

在完成IT战略实施计划的基础上,还需要完成预算编制。在多数企业中,IT战略规划、实施计划与预算通常都需要经过企业董事会的审议,从而使之成为企业IT战略实施的基本依据。IT战略规划的预算编制与常见的财务预算编制不同,IT战略规划的预算是以项目群和项目为基础开展编制工作的,更像是投资计划的编制。

8.2.1 预算编制的假设与基础数据

由于预算编制需要落实到具体数字上,因此对于许多IT战略规划制订者而言,往往感到入手困难,这主要是由于假设条件不清晰、基础数据不足带来的预算编制障碍。因而开始编制预算之前,需要先理清这两个事项。

1. 预算编制的假设条件

预算编制需要有前提,可以通过假设条件的方式进行定义。对于IT战略规划的预算而言,最主要的假设条件是编制范围,这包括以下4个方面的内容:

(1) 编制周期

编制周期通常需要符合两个方面的要求:一是与IT战略的战略规划期保持一致;二是需要按照企业预算管理的年度周期为单位进行编制。需要注意的是,在编制周期的安排上,需要兼顾实施计划的节奏安排,需要在预算编制方面满足实施计划各项目组织实施的投资需要。

(2) 组织范围

组织范围需要明确预算的编制主体,即该预算资金来自企业的哪个法人主体。对于集团化的企业而言,IT战略规划的预算往往涵盖多个预算编制主体,在预算编制中,需要就该预算涉及的编制主体给予清晰的说明。

(3) 项目范围

在预算编制的假设条件中,对于项目范围的定义往往可以使用例外描述的方法,即哪些事项不纳入项目范围之中,不在预算范畴内。例如,多数情况下,IT战略规划预算是不需要将企业员工办公电脑、打印机等设备纳入预算范畴的;对于一些需要外购数据源的项目,比如外购工商企业数据、外购市场行情数据等,这部分外部数据的采购费用也可以不纳入IT战略规划预算内。

(4) 外部条件

IT战略规划预算是在一定的外部条件下编制的,在预算编制中难以对可能发生的、对IT战略带来重大影响的外部条件进行预测。对于这种可能带来变化的外部条件,可以在预算编制中以假设条件的方式进行约定。例如,对于企业所属行业的监管变化是难以预测的,可以将之作为例外条件纳入预算假设。

2. 预算编制的基础数据

预算编制的过程就是所涉及各个项目的投资数据预测的过程,这种预测需要基础数据的支撑,包括内部数据和外部数据两个方面。

(1) 内部数据

预算编制的内部数据可以重点参考 3 个方面的数据：① 对于 IT 运行保障类项目的预算，像通信网络费用、机房运行费用等，应当将企业历年的该类预算支出情况作为重要参考数据。② 对于涉及企业已有信息系统的升级改造类项目的预算，应当收集已有信息系统相关预算支出数据作为参考依据。③ 对于企业已有的 IT 固定资产盘点数据也要进行收集，特别对于 IT 基础设施预算的编制，已有的 IT 固定资产应当从利旧、可用性等多个方面进行分析来确定 IT 基础设施预算编制是否纳入对该类已有固定资产的继续使用。

(2) 外部数据

外部数据主要用于 IT 战略规划中的新建类项目预算作为参考。在企业加速数字化转型发展的阶段，企业往往会规划采用新技术的诸多项目，希望借此提升企业的数字化水平。在此情况下，需要尽可能收集对标企业或有关厂商的相关项目实际投资数据，作为该类项目预算编制的重要参考数据。同时，在预算总体水平方面，对标企业近年来的 IT 预算数字往往具有重要参考意义。如果对标企业属于上市公司，那么通常可以从其定期财务报告中获取该类数字。

8.2.2 预算编制的概念与方法

1. 资本性支出与日常费用

开展预算编制工作，应当先辨析会计核算中的基本概念。从会计核算角度出发，如果支出的收益仅与本会计年度相关，对该类从本会计年度实现的收入得到补偿的支出，称为收益性支出；反之，对于支出的收益与多个会计年度相关，需要在多个会计年度所实现的收益中逐步得到补偿的支出，称为资本性支出。按照会计准则，收益性支出应在支出当期全部作为本期费用，可以称为日常费用；资本性支出可以按照一定的标准，分别分摊成多个会计期间的费用。

就 IT 战略规划的预算而言，资本性支出包括固定资产（如服务器等设备设施）、无形资产（如软件产品）、递延资产等。例如，机房建设、服务器、存储设备、网络设备等生命周期大于 1 年的硬件设备及配套软件应作为资本性支出。同样，生命周期大于 1 年的软件系统及相关费用（包括产品费用、开发费用、实施费用、培训费用、技术咨询费用）也可以纳入资本性支出。对于日常费用，一般包括信息技术人力资源投入、软硬件维护费、机房与网络的维护费或租赁费、运维所需要的技术外包费等。

2. 零基预算与增量预算的编制方法

通常会有两种预算编制方法：零基预算与增量预算。零基预算不会考虑过往预算发生情况，而是从实际情况出发，研究和分析每项预算的必要性和支出数字。增量预算主要依据过往已经发生的预算基数，在考虑新预算周期中可能影响支出的因素，按照一定的增长比例确定预算数字。

对于以上两种方法，可以结合不同项目的情况，采用适合的编制方法。大体上，IT 战略规划的预算包括项目预算和运行维护预算两大类。项目预算经常用于新建或重大升级的各类项目，包括新机房建设、新的应用系统建设、已有应用系统的重大升级或替代等。该类项目预算可采用零基预算编制方法，具体数字确定方面可以结合企业实际情况，多参考对标企业的类似项目投入水平。运行维护类的项目预算相对容易预测，可以通过历史发生的相关费用数据，结合可能新增的运行维护事项,进行增量预算编制。

使用表 8.2 来说明预算编制方法的应用。见表 8.2,可以将一个企业 IT 战略规划的项目划分为不同的项目群,针对项目类型分为新建、升级和运维 3 个类型。按照三年战略规划期编制预算,每个项目的预算可以分为资本性支出、运行维护费两个类别,分别进行估算。

表 8.2　IT 战略规划预算示例

项目群	项目	项目类型	2022 资本性支出(万元)	2022 运行维护费(万元)	2023 资本性支出(万元)	2023 运行维护费(万元)	2024 资本性支出(万元)	2024 运行维护费(万元)
企业业务项目群	项目 A_1	新建	900	0	350	50	0	75
	项目 A_2	升级	800	15	400	50	100	60
	项目 A_3	升级	900	15	300	40	150	60
	小计		2600	30	1050	140	250	195
零售业务项目群	项目 B_1	升级	1300	15	600	100	150	100
	项目 B_2	新建	900	0	800	100	150	100
	项目 B_3	升级	500	15	600	80	50	80
	项目 B_4	新建	300	0	150	60	150	60
	小计		3000	30	2150	340	500	340
管理系统项目群	项目 C_1	新建	400	0	100	50	100	70
	项目 C_2	新建	300	0	100	50	100	70
	小计		700	0	200	100	200	140
IT 基础设施项目群	项目 D_1	运维	0	200	0	200	0	200
	项目 D_2	运维	0	100	0	150	0	150
	项目 D_3	运维	0	300	0	300	0	350
	项目 D_4	升级	500	50	500	50	500	50
	项目 D_5	升级	100	50	100	50	100	50
	小计		600	700	600	750	600	800
合计			6900	760	4000	1330	1550	1475

8.2.3　IT 预算编制应遵循企业预算管理机制

IT 战略规划预算编制工作本身应属于企业预算编制的范畴,因而 IT 战略规划制订者应当注意的是,这项工作应遵循企业预算管理机制的安排。在实际工作中,需要关注以下两个重要环节:

(1) 要做好预算编制的沟通工作,需要跟预算事项相关单位(往往也是成本承担单位)就预算数字达成共识,并就预算编制结果征求企业预算管理部门(往往是财务部门)的意见,从而才能形成可以执行的预算结果。

(2) 要做好预算编制的汇报与审批事项,按照企业预算管理的程序安排,完成向企业管理层的汇报,并按照企业治理有关规定,经过企业董事会等机构的审议和审批,IT战略规划预算才能正式生效。

本 章 小 结

企业IT战略的实施计划会通过一组项目群及项目的定义来完成,本章介绍了项目群及项目的概念,说明了项目群设计的基本方法。在此基础上,本章提出了从规划出发定义项目群及项目的方法,包括项目优先级分析、项目复杂性分析以及实施计划编制的常用规则。

在实施计划基础上,本章进一步提出IT战略规划的预算编制方法,解释了资本性支出、日常费用的基本概念,围绕IT项目的不同情况阐述了零基预算与增量预算编制方法的应用,并通过示例进行了说明。

练 习

各项目组各自分别选择项目群管理的计划编制、预算管理、实施管理、风险管理等细分主题,撰写一篇关于项目群管理的论文,不少于3000字。

参考文献

[1] Merali Y, Papadopoulos T, Nadkarni T. Information systems strategy: past, present, future? [J]. Journal of Strategic Systems, 2012, 21(2): 125-153.

[2] Saldanha T. Why digital transformations fail: the surprising disciplines of how to take off and stay ahead[M]. Oakland: Berrett-Koehler, 2019.

[3] Brocke J, Fay M, Schmiedel T, et al. A journey of digital innovation and transformation: the case of hilti[M]//Oswald G, Kleinemeier M. Shaping the Digital Enterprise: Trends and Use Cases in Digital Innovation and Transformation. Switzerland: Springer International Publishing, 2017: 237-251.

[4] Clemons E K, Thatcher M E. Capital one: exploiting an information-based strategy[C]//IEEE Proceedings of the Thirty-First Hawaii International Conference on System Sciences, Volume VI, Organizational Systems and Technology Track. California: IEEE Computer Society, 1998: 311-320.

[5] Buvat J, Kvj S. Doing business the digital way: how capital one fundamentally disrupted the financial services industry[EB/OL]. [2014-06-17]. https://www.capgemini.com/resources/capital-one-doing-business-the-digital-way/.

[6] Capital One. Annual Report 2020[EB/OL]. https://investor.capitalone.com/financial-results/annual-reports, 2021.

[7] 牛福莲, 陈维宣, 程曦. 当前国企数字化转型的进程、挑战与思路[EB/OL]. [2021-06-07]. https://new.qq.com/omn/20210607/20210607A09OR500.html.

[8] Chen D Q, Mocker M, Preston D S, et al. Information systems strategy: reconceptualization, measurement, and implications[J]. MIS Quarterly, 2010, 34(2): 233-259.

[9] Zachman J. A framework for information systems architecture[J]. IBM Systems Journal, 1987, 26(3): 276-292.

[10] The Open Group. The TOGAF Standard (Version 9.2)[EB/OL]. [2018-04-16]. https://www.opengroup.org/togaf.

[11] Chandler A D. Strategy and structure: chapters in the history of the American industrial enterprise[M]. Maryland: Beard Books, 1962.

[12] 杜春娥. 企业战略: 理论方法与案例分析[M]. 北京: 中国传媒大学出版社, 2014.

[13] Parnell J A. Strategic management: theory and practice[M]. 4th ed. California: SAGE Publications, 2013.

[14] Porter M E. Competitive strategy: techniques for analyzing industries and competitors[M]. New York: Free Press, 1980.

[15] Chakravarthy B S, White R E. Strategy process: forming, implementing and changing strategies[M]//Pettigrew M, Thomas H, Whittington R. Handbook of Strategy and Management. California: SAGE Publications, 2006: 182-205.

[16] Nielsen C, Lund M, Montemari M, et al. Business models: a research overview[M]. New York: Routledge, 2018.

[17] Osterwalder A, Pigneur Y. Business model generation: a handbook for visionaries, game changers, and challengers[M]. New Jersey: John Wiley and Sons, 2010.

[18] Timmer P. Business models for electronic markets[J]. Journal of Electronic Markets, 1998, 8(2): 3-8.

[19] Marrs F, Bmundt M B. Enterprise concept: business modeling analysis and design[M]//Salvendy G.

Handbook of Industrial Engineering：Technology and Operations Management[M]. 3rd ed. Chichester：John Wiley&Sons,2001：26-60.

[20] Morris M H,Schindehutte M,Allen J. The entrepreneur's business model：toward a unified perspective[J]. Journal of Business Research,2005,58(6)：726-735.

[21] Cadbury A. Report of the committee on the financial aspects of corporate governance[M]. London：Gee,1992.

[22] Gillan S L. Recent developments in corporate governance：an overview[J]. Journal of Corporate Finance,2006,12(3)：381-402.

[23] 陈萍,潘晓梅.企业财务战略管理[M].北京：经济管理出版社,2010.

[24] 金科地产集团股份有限公司.金科地产集团股份有限公司发展战略规划纲要（2021—2025 年）[EB/OL].[2020-12-15]. http://disc.static.szse.cn/download/disc/disk02/finalpage.

[25] 项目管理协会.项目管理知识体系指南（PMBOK 指南）（中文版）[M].6 版.北京：电子工业出版社,2018.

[26] 徐丕尚.探究项目干系人的管理实践[J].中国工程咨询,2016,17(12)：20-23.

[27] 张春泉.术语的认知语义研究[M].武汉：武汉大学出版社,2017.

[28] 张莉,刘宝巍.管理沟通[M].3 版.北京：高等教育出版社,2017.

[29] 党跃武,谭祥金.信息管理导论[M].3 版.北京：高等教育出版社,2015.

[30] 史蒂文·麦克沙恩.新技术下的组织沟通[J].北大商业评论,2013,11(6)：54-65.

[31] 芭芭拉·明托.金字塔原理[M].海口：南海出版公司,2019.

[32] Pruitt W F. Some assembly required：structured problem solving demands structured communication[J]. Quality Progress,2020,53(5)：16-21.

[33] 李忠秋.结构思考力[M].北京：电子工业出版社,2014.

[34] Simon D,Schmidt C. Business architecture management：architecting the business for consistency and alignment[M]. Switzerland：Springer International Publishing,2015.

[35] Whelan J,Meaden G. Business architecture：a practical guide[M]. New York：Routledge,2016.

[36] Pohle G,Korsten P,Ramamurthy S. Component business model：making specialization real[EB/OL]. www.ibm.com/downloads/cas/8RB5RWVE.

[37] 电信管理论坛.增强的电信运营图（eTOM）[M].北京：中信出版社,2003.

[38] 刘希俭.企业信息技术总体规划方法[M].北京：石油工业出版社,2012.

[39] 郭竖行.企业架构与 IT 战略规划设计教程[M].北京：清华大学出版社,2013.

[40] Thomas A,Gupta A,O'Neill M. Not just microservices：choose the right service granularity for your applications[EB/OL].[2019-07-17]. https://www.gartner.com/en/documents/3947496.

[41] 陈镇光,丁一.新一代证券交易系统应用架构研究[EB/OL].[2020-05-14]. http://www.sse.com.cn/services/tradingservice/tradingtech/sh/transaction/.

[42] Burke B,Davis M,Dawson P. Hype cycle for emerging technologies,2021[EB/OL].[2021-08-11]. https://www.gartner.com/en/documents/4004623.

[43] Curry E. The Big Data value chain：definitions,concepts,and theoretical approaches[M]//Cavanillas J M,Curry E,Wahlster W. New Horizons for a Data-Driven Economy. Switzerland：Springer International Publishing,2016：29-37.

[44] Duncan N B. Capturing flexibility of information technology infrastructure：a study of recource[J]. Journal of Management Information Systems,1995,12(2)：37-57.

[45] 冯国礼,李蓉,王晔.浅析数据中心网络安全防护与设计要求[J].信息系统工程,2017,30(3):132-134.
[46] Barton R.Global IT management:a practical approach[M].Chichester:Wiley,2003.
[47] 云安全联盟.云计算的 11 类顶级威胁[EB/OL].[2021-01-29].https://www.c-csa.cn/research/results-detail/i-187.
[48] 周围.数据中心基础设施建设的规划阶段管理分析[R].天津:天津大学,2016:12-16.
[49] 中国人民银行.云计算技术金融应用规范 容灾:JR/T 0168—2020[S].2020-10-16.
[50] 中华人民共和国国家质量监督检验检疫总局,中国国家标准化管理委员会.信息安全技术 信息系统灾难恢复规范:GB/T 20988—2007[S].2007-06-14.
[51] 中国证券监督管理委员会.证券期货经营机构信息系统备份能力标准[S].2011-04-11.
[52] 中国证券监督管理委员会.证券基金经营机构信息技术管理办法[S].2017-05-05.
[53] IX-ISO.Information technology-security techniques-information security management systems-overview and vocabulary:ISO/IEC 27000—2018[S].2018-02-07.
[54] 闻天棋.企业信息安全风险防控探讨[J].科技创业月刊,2019,32(7):75-77.
[55] IX-ISO.Information technology-security techniques-information security management systems-requirements:ISO/IEC 27001—2013[S].2013-10-01.
[56] 谢宗晓,刘斌.ISO/IEC 27001 与等级保护的整合应用指南[M].北京:中国质检出版社,2015.
[57] 郭启全.《网络安全等级保护条例(征求意见稿)》解读[J].中国信息安全,2018,9(8):29-32.
[58] 王伟萌,刘承亮,朱韦桥,等.企业应用软件开发安全体系的构建[J].铁路计算机应用,2021,30(2):58-62,67.
[59] 国家市场监督管理总局,中国国家标准化管理委员会.信息安全技术 数据安全能力成熟度模型:GB/T 37988—2019[S].北京:中国标准出版社,2019.
[60] 全国信息安全标准化技术委员会.网络安全标准实践指南:网络数据分类分级指引:TC260-PG-20212A[S].2021-12-31.
[61] 白晓媛,李世奇.数据安全管理框架国际标准化研究[J].信息技术与标准化,2021,63(8):33-35,47.
[62] 郑文云.数据安全架构设计与实践[M].北京:机械工业出版社,2020.
[63] 王韶坤.大型数据中心数据备份管理的方法与实践[J].中国金融电脑,2010,22(12):48-51.
[64] 中国国家标准化管理委员会.信息安全技术 信息安全事件分类分级指南:GB/Z 20986—2007[S].2007-06-14.
[65] Weill P,Ross J.IT governance:how top performers manage IT decision rights for superior results[M].massachusetts:Harvard Business Review Press,2005.
[66] ISACA.COBIT 2019 框架:简介和方法[Z].2018.
[67] ISACA.COBIT 2019 框架:治理和管理目标[Z].2018.
[68] ISACA.COBIT 2019 设计指南:信息和技术治理解决方案的设计[Z].2018.
[69] ISACA.COBIT 2019 实施指南:信息和技术治理解决方案的实施和优化[Z].2018.
[70] Agutter C.ITIL® 4 essentials:your essential guide for the ITIL 4 foundation exam and beyond[M].2nd ed.Cambridgeshire:IT Governance Publishing,2020.
[71] 孙强,左天祖,刘伟.IT 服务管理:概念、理解与实施[M].北京:机械工业出版社,2004.
[72] Selig G J.实施 IT 治理:方法论、模型、全球最佳实践[M].北京:中国经济出版社,2011.
[73] 林琳,赵甦.我国商业银行 IT 管理体制的完善:汇丰集团的启示[J].上海金融,2009,30(8):84-87.
[74] 黄长胤.智能财务建设中的 IT 治理框架构建研究[J].商业会计,2020,41(23):9-14.
[75] 王仰富,刘继承.中国企业的 IT 治理之道[M].北京:清华大学出版社,2010.

[76] Brickley J, Smith C, Zimmerman J. 管理经济学与组织架构[M]. 4版. 张志强,王春香,张彩玲,译. 北京:人民邮电出版社,2014.

[77] Didinsky I. Practitioner's guide to program management[M]. Pennsylvania:Project Management Institute, 2017.

[78] PMI. The standard for program management[M]. 4th ed. Pennsylvania:Project Management Institute,2017.

[79] 李长江,杨慧,朱楠. 项目群管理理论与实践:北斗导航卫星系统项目群管理最佳实践[M]. 北京:电子工业出版社,2014.

[80] 史俊仙,张弢. 中小企业互联网化战略实施路径探讨[J]. 现代管理科学,2019,38(10):55-57.

[81] 李辉山,费纪祥. 工程项目群管理协同度测度研究[J]. 工程管理学报,2016,30(5):98-102.

[82] Goldratt E M. Critical chain[M]. Massachusetts:The North River Press,1997.

[83] 李俊亭. 关键链多项目管理理论与方法[M]. 北京:中国社会科学出版社,2016.